1초 만에 정답 찾는 비법을 알려주는

G-TELP

모두의
지텔프
기본서

1초 비법 알려주는
지텔프의 신 김소라

용감한어학연구소
소장 송승환

대한민국 최고의 지텔프 전문가가 모두지와 함께합니다!

모두의 지텔프 기본서 문법 (군무원 기본서)

저자	용감한어학연구소 김소라, 송승환

출판책임	(주)유패스에듀테크
출판사	용감한북스
북디자인	디자인마루
발행일	초판1쇄 **2022**년 **1**월 **1**일
주소	경기도 광주시 곤지암읍 경충대로 **135-26**
등록번호	제2016-000098호
도서구입문의	**1661-9577**(용감한컴퍼니 고객센터)

ISBN	**979-11-6743-095-3 [13740]**

모두의 지텔프가 반드시 필요한 이유?
"토익보다 5배 쉬운, 지금은 G-TELP 시대!"

1위
토익

2위
지텔프

3위
텝스

4위
토플

네이버 2020년 10월 기준

누구든지 **10시간** 안에, 극단적인 점수향상을 체감하게 해주는 가장 완벽한 교재!
진짜 실제 시험에 나오는 문제들의 모든 출제패턴을 알려주는 지텔프 기본서!
최근 **5년간 120회** 출제된 진짜 문제들을 분석해서 도출한 풀이비법을 알려주는 비법서!
지텔프를 준비하거나 가르치는 사람이라면 반드시 사용해야 하는 지텔프 시리즈!

토익보다 5배 쉬운, 지금은 지텔프의 시대! 1986년 국내에 도입된 **G-TELP**는 **ITSC**에서 주관하는 국제공인 영어시험으로, 최근 토익 다음으로 가장 많은 수험생들이 준비하는 국제공인 영어시험입니다. 지텔프는 특정 비즈니스에 특화된 상황이 아닌 일반적인 영어능력을 평가하며, 토익과는 다르게 지나치게 세부적인 유형 분석에 의존하지 않아도 기본적이고 실질적인 영어능력을 갖추고 있다면 무난하게 점수를 획득할 수 있는 합리적인 시험이기에 토익보다 **5**배 더 준비하기 쉬워 최근 응시생이 급증하고 있는 시험입니다.

용감한 컴퍼니가 만든 진짜 기본서! 본 교재는 지텔프의 시대를 맞이하여 급증하는 응시생들과 새롭게 지텔프 분야에서 강의를 시작하는 예비 지텔프 전문 강사들을 위해 용감한 컴퍼니가 만든 대한민국 최고의 지텔프 기본서입니다. 최근 늘어나는 지텔프 응시생들을 대상으로 많은 지텔프 교재들이 우후죽순 격으로 출간되고 있으나, 매우 우려스럽게도, 거의 대부분의 교재들은 지텔프 시험에 한 번도 응시를 해 보지 못한 가짜 지텔프 강사들이 공무원영어 문제나 중·고등학교 내신영어 및 수능영어 문제들을 짜깁기해 가져다 붙인 엉터리 교재들입니다. 이러한 **G-TELP** 시험의 특성을 제대로 파악하지도 못하고, 어처구니없게 출제되지도 않는 허구의 문제들을 만들어 지텔프 문제라고 속이는 사기 교재들과 엉터리 강사들의 강의 범죄가 가지고 오는 폐해를 막고 지텔프 교육의 올바른 지침을 제시하기 위해 본 지텔프 기본서가 출간되었습니다.

수험생의 입장에서 지텔프는 토익보다 5배 더 쉬우며, 가르치는 입장에선 50배 더 쉽다! 그러나 『가르치는 입장에서 **50**배 더 쉽다!』라고 말할 수 있기 위해서는 본 기본서를 통해 국제공인 영어시험인 지텔프를 정확히 알아야 합니다. 실제 한국에서는 아직도 현대 영문법과 하나도 맞지 않는 일제식 콩글리시 영문법의 이론들이 학교(일반적인 대부분의 중·고등학교)나 학원(특히 노량진과 같은 공무원영어 학원이나 대다수의 내신 및 수능영어 교습의 보습학원 및 수능영어 인강 사이트 강좌)의 교육현장에서 잘못 교수되고 있습니다. 지텔프는 국제공인 영어시험으로 이러한 **105**년 전 엉터리 일본 영어교재들을 베껴 만든 쓰레기 콩글리시 영문법 책들의 잘못된 치부들을 아주 가감 없이 드러내 보이게 하는 문법 영역들도 출제하기 때문에, 콩글리시 엉터리 영문법 책들에서 잘못 설명하는 이론들을 아주 예리하게 도려낼 수 있는 강사의 영어능력이 필수적입니다. 본 지텔프 기본서는 누구나 이러한 영어능력을 갖출 수 있도록 제작되었습니다.

여러분의 쉽고 빠른 목표달성을 기원합니다!
용감한어학연구소 김소라, 송승환

7 steps

사이트를 통해 여러분의 목표달성에 필요한 모든 것이 제공됩니다!

대한민국 **540만** 학생들을 위한 교육혁명! 기존 인강의 틀을 깨고 학생들의 공부 습관과 생활 습관까지 잡아주고 이끌어 주는 혁신적이고 획기적인 신 개념 인강이 제공됩니다. 이것은 생각만해도 가슴 뿌듯해지는 지금까지 없던 세상의 교육 혁신입니다.

#1

교재 구입

온라인 서점에서 구입해도 됩니다.

대학교 구내서점과 주요 오프라인 대형서점 어학코너에서 구입하셔도 됩니다.

무조건 사이트 방문하기

▣ 모두지
▣ 모두공
▣ 모두경
▣ 모두군

#2

#3

어학전문가들에게 바로 질문

공부하는 영어책이다 보니 혼자 보시다가 궁금한 점이 생길 때가 많습니다. 편하게 질문하시면 본 교재의 저자가 바로 바로 답변해 드립니다.

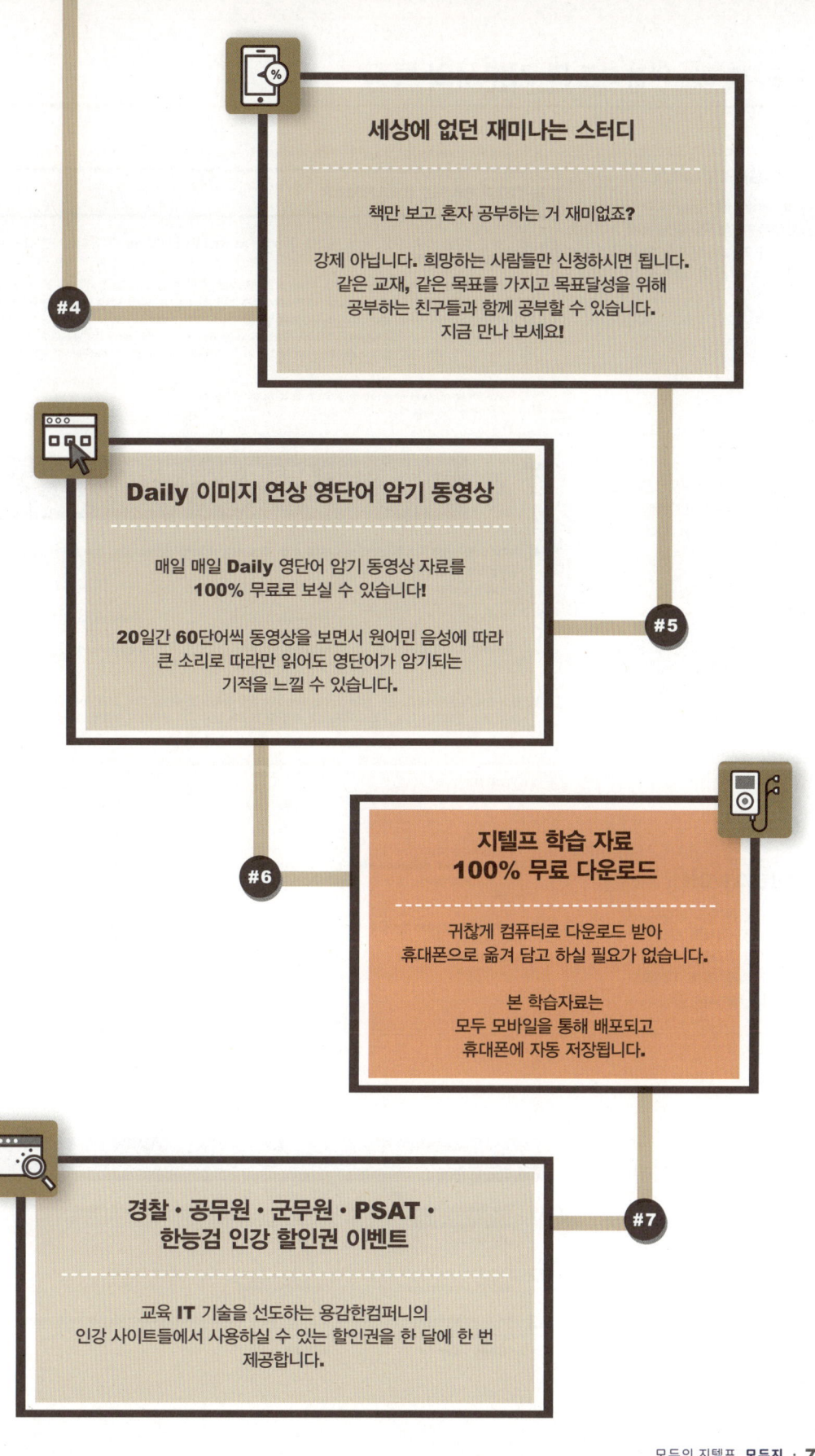

세상에 없던 재미나는 스터디

책만 보고 혼자 공부하는 거 재미없죠?

강제 아닙니다. 희망하는 사람들만 신청하시면 됩니다.
같은 교재, 같은 목표를 가지고 목표달성을 위해
공부하는 친구들과 함께 공부할 수 있습니다.
지금 만나 보세요!

#4

Daily 이미지 연상 영단어 암기 동영상

매일 매일 **Daily** 영단어 암기 동영상 자료를
100% 무료로 보실 수 있습니다!

20일간 **60**단어씩 동영상을 보면서 원어민 음성에 따라
큰 소리로 따라만 읽어도 영단어가 암기되는
기적을 느낄 수 있습니다.

#5

#6

지텔프 학습 자료
100% 무료 다운로드

귀찮게 컴퓨터로 다운로드 받아
휴대폰으로 옮겨 담고 하실 필요가 없습니다.

본 학습자료는
모두 모바일을 통해 배포되고
휴대폰에 자동 저장됩니다.

#7

경찰 · 공무원 · 군무원 · PSAT ·
한능검 인강 할인권 이벤트

교육 **IT** 기술을 선도하는 용감한컴퍼니의
인강 사이트들에서 사용하실 수 있는 할인권을 한 달에 한 번
제공합니다.

기존 교재들과는 완전 다른 본 기본서의 특징

BASIC GRAMMAR
오래전에 영어를 포기하셨던 분들이나 오랫동안 영어를 공부하지 않아 영어의 기초가 부족한 분들에게 영문법의 기본을 알려 드립니다.

지텔프 출제공식
지텔프 레벨 2 시험에 공식 출제되는 출제 영역을 평가항목에 맞춰 정확히 소개하고 있습니다.

핵심 POINT
실제 지텔프의 출제 세부 패턴들을 깔끔한 **POINT**로 정리했습니다. 별도 박스로 정리한 주의할 지텔프 공식과 고난이도 영역의 대비법들은 지금까지 출판된 그 어떤 지텔프 교재에서도 만날 수 없는 실전비법들입니다.

핵심 QUESTION
힌트 찾는 훈련과 1초 비법의 실전 적용을 위해 세세히 하나하나 정성을 다해 별색 지정을 하였습니다. 컬러 시각화를 통해 자동적으로 실전비법을 체화시켜 줍니다.

핵심 PRACTICE
학습한 내용들을 총괄하여 연습할 수 있도록 매 **DAY**의 정리부분에 복합 패턴 형태로 엄선된 문제들이 제시되어 있습니다.

G-TELP BASIC GRAMMAR 기본 개념 다지기

01 명령, 제안, 의무, 주장, 요청, 권고를 나타내는 ARSID 동사 뒤에 that절이 나타나면 should가 생략된 동사원형을 고른다.

| 우리나라 영문법 책에서 일반적으로 당위절을 이끄는 명령, 제안, 의무, 주장, 요청, 권고를 나타내는 전달동사['말하다' 동사] 뒤에 that절이 나타날 때 that절 속에는 should가 생략된 동사원형을 쓴다고 서술할 때 나타나는 동사원형을 원어민 영문법서에서는 **subjunctive verb**[서법동사]라고 부르며, 줄여서 **subjunctive**라고 한다. G-TELP 성적표의 평가항목에서도 **Subjunctive**로 분류되며 채점된다. **subjunctive verb**는 '~해야 한다'의 의미를 가지는 조동사 **should**가 생략된 형태이므로 **subjunctive verb**가 사용되기 위해서는 **that**절 속의 내용이 '~해야 한다'의 의미를 가져야 한다.

He insisted that she (should) <u>have</u> a look at every car.
그는 그녀가 모든 차를 봐 봐야 한다고 주장했다.

지텔프 공식 **4** 당위절을 이끄는 **ARSID** 동사의 명사형

12회에 1문제 정도 출제

P1 ARSID 동사들의 파생명사들이 that절을 이끌 때 that절 속의 동사형태는 같은 논리를 가지게 되기 때문에 동사원형을 고르면 된다.
ARSID 동사의 명사형 문제는 자주 출제되는 패턴은 아니지만, 꾸준히 출제되고 있다.

advice 조언	insistence 주장, 고집	recommendation 권고
demand 요구	order 명령	request 요구
desire 바람, 욕구, 갈망	proposal 제안, 제의	suggestion 제안

P2 총 4개의 세부공식으로 해석 없이 풀리는 should 생략 동사원형 패턴은 매회 26문제 중 3문제 정도가 출제되며, 단순 힌트의 암기로 3초 이내에 답을 고를 수 있도록 함정 없이 출제되기 때문에 절대 틀려서는 안 된다.

지텔프 실전 풀이법	① ARSID 동사를 무조건 암기한다. ② ARSID 동사 뒤에 that절이 있는지 확인하고 that절이라면 동사원형을 무조건 고른다[찍는다]. ③ 당위절을 이끄는 IMABCD 형용사를 무조건 암기하고 뒤에 that절이 나오면 동사원형을 무조건 고른다[찍는다]. ④ ARSID 동사나 IMABCD 형용사 뒤에 that절이 나오지 않으면 to부정사나 동명사를 고르는 문제이니 조심한다.

Q1 Washington will not concede a point about its insistence that rice and other farm products _____ included.
(a) be   (b) are

Q2 We do support also the recommendation that these issues _____ under the negotiated procedure. [고난이도]
(a) have been handled   (b) be handled

모두지 PRACTICE

01 The theater requests that every patron _____ their phones before entering the performance hall.
(a) silence   (b) silences

02 The manager asked that the sale items _____ in an orderly fashion.
(a) will be displayed   (b) be displayed

03 Mr. Randall requested that we _____ care of all customers more attentively every time they walk in the door.
(a) had taken   (b) take

너무나도 친절하고 자세하게 **1초 비법 알려주는 강의노트**

지텔프 공식 **1**   가정법 과거완료   매회 26문제 중 3~4문제 출제

Q1 Anne said to Sue, "If you **had not helped** me come up with a creative bag design, I _____ the job."

(a) would not have landed   (b) could not land

- 공식   If절에 **had + p.p.**가 보이면 가정법 과거완료의 짝을 찾는다.
- 해석   앤은 슈에게 "만약 가방 디자인을 창의적으로 하는데 네가 나를 도와주지 않았다면, 나는 그 직업을 얻지 못했을 거야"라고 말했다.
- 어휘   say to ~에게 말하다 help 돕다 come up with 생각해 내다 creative 창의적인 bag design 가방 디자인 land the job 직업을 얻다

Q2 If you **had performed** regular maintenance, you _____ malfunction of the control system.

(a) are preventing   (b) could have prevented

- 공식   If절에 **had + p.p.**가 보이면 가정법 과거완료의 짝을 찾는다.
- 해석   만약 당신이 정기적인 관리를 수행했었다면, 당신은 통제 시스템의 오작동을 막을 수 있었을 것이다.
- 어휘   perform 수행하다 regular 정기의 maintenance 유지, 보수, 관리 prevent 예방하다, 막다 malfunction 오작동 control system 제어 시스템

Q3 The two female astronauts _____ a new milestone for space exploration **if** NASA **had prepared** well-fitting suits beforehand.

(a) will be achieving   (b) would have achieved

- 공식   If절에 **had + p.p.**가 보이면 가정법 과거완료의 짝을 찾는다.
- 해석   그 두 명의 여성 우주 비행사들은 만약 나사가 잘 맞는 우주복을 미리 준비했었더라면 우주 탐사를 위한 새로운 이정표를 달성했었을 것이다.

Q6 Our energy efficiency _____ last winter **if** the company **had followed** the recommendation from the Outlaw Electron Consulting Firm.

(a) will improve   (b) would have improved

- 공식   If절에 **had + p.p.**가 보이면 가정법 과거완료의 짝을 찾는다.
- 해석   만약 우리 회사가 아웃로 일렉트론 컨설팅 회사로부터의 권고를 따랐었더라면 우리의 지난 겨울 에너지 효율성은 개선되었었을 것이다.
- 어휘   energy 에너지 efficiency 효율성 improve 개선되다 follow 따르다 recommendation 추천 consulting firm 컨설팅 회사

Q7 Mr. Howard _____ the job offer from The Stone Construction Company **if** there **had been** a lot of opportunities to work abroad.

(a) will accept   (b) would have accepted

- 공식   If절에 **had + p.p.**가 보이면 가정법 과거완료의 짝을 찾는다.
- 해석   해외에서 일할 수 있는 기회가 많이 있었더라면 하워드씨는 더 스톤 컨스트럭션 컴퍼니로부터의 취업 제의를 받아 들였었을 것이다.
- 어휘   accept 받아들이다 job offer 취업 제의 construction company 건설 회사 a lot of 많은 opportunity 기회 work abroad 해외에서 일하다

Q8 If she _____ pregnant, he **would not have married** her, at least not this quickly.

(a) did not get   (b) had not gotten

- 공식   귀결절에 **would have p.p.**가 보이면 if절 속 동사는 **had + p.p.**를 답으로 고른다.
- 해석   그녀가 임신을 하지 않았다면, 그는 최소한 이렇게 성급하게 그녀와 결혼을 하지는 않았었을 것이다.
- 어휘   get pregnant 임신하다 marry 결혼하다 at least 최소 quickly 빠르게

Q9 **If** only Trump's campaign team _____ the damage right away, he **would have gotten** more votes than his opponents.

(a) had controlled   (b) controlled

- 공식   귀결절에 **would have p.p.**가 보이면 if절 속 동사는 **had + p.p.**를 답으로 고른다.
- 해석   트럼프의 선거 운동 팀이 그 피해를 즉시 통제하기만 했었어도, 그는 그의 상대편보다 더 많은 득표를 얻었을 수 있었을 것이다.
- 어휘   campaign team 선거운동 팀 control 통제하다 damage 손상, 손해 right away 즉시 vote 투표, 득표 opponent 상대방

정답 01 (a) 02 (b) 03 (b) 04 (b) 05 (a) 06 (b) 07 (b) 08 (b) 09 (a)

출제공식의 힌트

힌트 부분의 별색 지정을 통한 컬러 시각화는 실제 시험장에서 무의식적으로 힌트를 찾을 수 있는 반자동화 풀이 능력을 개발시켜 줍니다.

실전 풀이 공식

실제 시험장에서 통하는 실전 풀이 공식을 정리했습니다. 반복해서 읽는 것만으로도 지텔프 출제 패턴에 대한 학습이 이루어질 수 있을 것입니다.

문제의 어휘 정리

오래 전에 영어를 포기했거나, 근본적으로 영어에 자신감이 없는 분들도 쉽게 학습할 수 있도록 초등학교 3학년 수준의 어휘들까지도 자세하고 친절하게 문제의 주요 어휘로 정리해 주고 있습니다.

지텔프 안내

G-TELP 소개

G-TELP(General Tests of English Language Proficiency)는 ITSC(International Testing Services Center)에서 주관하고, 국제적으로 시행되는 국제공인 영어능력 평가 시험입니다. 국내에서는 1986년 도입 이후 G-TELP KOREA가 시험을 주관하고 있습니다. G-TELP는 국제공인 영어시험이 가지는 신뢰성(Reliability), 타당성(Validity), 실용성 (Practicality)을 갖춘 시험으로 토익처럼 어떤 특정한 비즈니스 분야에 치중된 내용이 아닌, 일 상생활과 관련된 일반적인 성격의 영어의사소통능력을 종합적으로 평가하며, 수험자의 영어능력을 객관적으로 분석하고 진단하여 수험자가 자신의 영어언어능력으로 무슨 일을 어느 정도로 잘 해낼 수 있는지를 알려주는 시험입니다.

G-TELP 시험에는 Level 1부터 Level 5까지 다섯 종류의 등급시험(Level Test)이 있습니다. 이 중 G-TELP Level 2 시험은 우리나라 국가고시인 외무 · 행정 · 기술 · 입법 · 법원행정 처 등의 공무원 선발 영어대체시험과 변리사 · 노무사 · 회계사 · 세무사 · 감정평가사 등 각종 자격 시험의 영어대체시험으로 활용되고 있으며, **주요 공기업과 대기업의 신입사원 선발 및 기존사원들의 영어대체시험으로 활용되고 있습니다. 또한 대학교의 졸업자격 영어대체시험과 초 · 중 · 고등학교 영어교육자료로 활용되고 있습니다.**

본 지텔프 교재와 인강을 포함해 시중에서 판매되는 지텔프 교재와 인강은 모두 공인영어능력 평가시험으로 인정되는 G-TELP Level 2 시험을 준비하기 위한 교재와 인강이며, 매달 2회씩 치러지는 지텔프 시험도 지텔프 레벨 2 시험입니다.

G-TELP Level 2 시험 구성

시험	구성	풀이시간	점수 비율	평균점수 계산	간단한 문항 당 점수
G-TELP Level 2	문법 26문항	20분	100점	(맞은 점수÷300) ×100	문항 당 1.25점 (실제 독해 문항은 점수가 더 낮음)
	듣기 26문항	약 30분	100점		
	독해와 어휘 28문항	40분	100점		
	전체 80문항	총 1시간 30분	총점 300점	평균 100점	80문항/100점 평균

*2018년부터 G-TELP 시험감독 규정이 공식적으로 바뀌어, 듣기 문제를 풀어야 할 때 그냥 다 찍고 듣기를 풀어야 할 30분 동안 앞부분 문법이나 뒷부분 독해 문제를 풀어도 됨!

지텔프 레벨 2 성적의 활용현황

지텔프 활용현황

활용	지텔프 레벨 2 시험 기준점수	토익 시험 기준점수
5급 외교관 후보생	G-TELP Level 2 **88**점	TOEIC **870**점
변리사	G-TELP Level 2 **77**점	TOEIC **775**점
7급 외무영사직 공무원	G-TELP Level 2 **77**점	TOEIC **790**점
경찰(순경) 가산점 **4점**	G-TELP Level 2 **75**점	TOEIC **800**점
병무청 카투사 입대	G-TELP Level 2 **73**점	TOEIC **780**점
5급 국가 및 지방직 공무원	G-TELP Level 2 **65**점	TOEIC **700**점
법원 행정고시	G-TELP Level 2 **65**점	TOEIC **700**점
입법고시	G-TELP Level 2 **65**점	TOEIC **700**점
군무원 **5급**	G-TELP Level 2 **65**점	TOEIC **700**점
7급 국가 및 지방직 공무원	G-TELP Level 2 **65**점	TOEIC **700**점
공인회계사	G-TELP Level 2 **65**점	TOEIC **700**점
세무사	G-TELP Level 2 **65**점	TOEIC **700**점
공인노무사	G-TELP Level 2 **65**점	TOEIC **700**점
감정평가사	G-TELP Level 2 **65**점	TOEIC **700**점
경찰간부 후보생	G-TELP Level 2 **50**점	TOEIC **625**점
소방간부 후보생	G-TELP Level 2 **50**점	TOEIC **625**점
경찰(순경) 가산점 **2점**	G-TELP Level 2 **48**점	TOEIC **600**점
군무원 **7급**	G-TELP Level 2 **47**점	TOEIC **570**점
경찰(순경) **2022**년 개편과목	G-TELP Level 2 **43**점	TOEIC **550**점
군무원 **9급**	G-TELP Level 2 **32**점	TOEIC **470**점
주요 대기업	G-TELP Level 2 **75**점	TOEIC **800**점
주요 공기업	G-TELP Level 2 **75**점	TOEIC **800**점

*최종적으로 목표점수 도달까지 지텔프가 **5**배 더 돈도 적게 들고, 교재비도 싸고, 학원비도 싸고, 응시 횟수도 적게 됨!

*공기업 및 대기업 준비생들은 토익, 텝스, 토플 대신 지텔프로 공부량을 **1/5**로 줄이고 그 시간에 오픽이나 토스 고득점 달성에 집중하는 방법이 좋음!

지텔프 접수와 응시

시험 접수 방법

www.g-telp.co.kr을 통해 온라인 접수를 하거나 수험 본부와 협의된 지정접수처에서 접수를 합니다.

시험장과 실시 횟수

서울, 인천, 부산, 대전, 대구, 광주, 수원, 전주, 춘천, 제주도 등에서 월 **2**회, 연 **24**회 실시됩니다. 시험 실시 지역과 횟수는 변동될 수 있으니 시험 접수 시 신청을 정확히 하셔야 합니다.

응시료

정기시험 응시료는 **2021**년 기준 **60,300**원이며, 졸업인증 할인 및 군인 할인 등이 있습니다.

시험 준비물

수험표는 별도로 출력할 필요가 없으며, 시험장에는 신분증(주민등록증, 운전면허증, 여권, 공무원증, 군인신분증, 중고등학교 학생의 경우 학교장 직인이 철인된 학생증)과 필기도구(연필, 지우개, 컴퓨터용 사인펜, 수정테이프)를 준비하시고 가셔야 합니다. 대학생의 경우 학생증을 신분증으로 사용할 수 없습니다. 답안의 마킹 실수 시 수정액은 사용할 수 없으나 수정테이프는 사용할 수 있으며, 마킹 실수가 많을 시 답안지 교체를 요청하시면 됩니다.

시험장 입실

지텔프는 토익처럼 이른 오전에 치르지 않고, 대부분의 경우 점심 이후 **3**시에 실시됩니다. 지텔프 위원회는 **2**시 **20**분까지 입실 완료를 규정으로 하고 있으나, 시험이 시작되기 **10**분전인 **2**시 **50**분까지는 입실이 허용됩니다. 시험시작 **10**분 전부터는 입실이 불가능하며, 시험시작 후 입실은 절대 불가능합니다.

OMR 카드의 작성

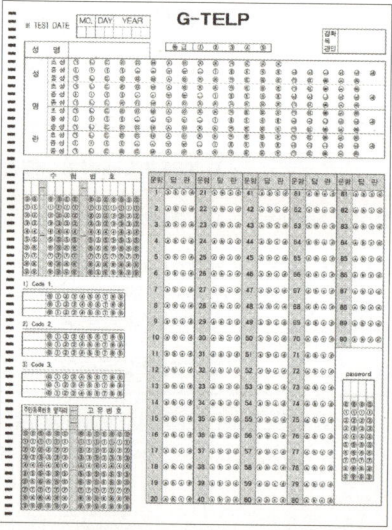

① 수험번호, **Code 1, Code 2, Code 3** 난에는 **OMR** 카드 뒷면을 참조하여 본인이 해당하는 숫자를 기입합니다.

② **Grammar Section**을 풀고 나서 바로 **Reading & Vocabulary Section**을 푸셔도 됩니다. 시험의 시작 이후 마치는 시간 안에 마킹을 끝낸 답안지를 제출하면 되며, **Listening Section** 풀이 시간에 다른 **Section**을 풀어도 부정행위가 아닙니다.

③ 답안지는 시험 시작 전 **OMR** 답안지 작성 요령 안내방송을 듣고 작성하며, 시험 후 답란의 별도 마킹 시간은 주어지지 않습니다.

④ **OMR** 카드의 오른쪽 맨 아래 비밀번호 **4**자리 칸은 온라인상에서 성적을 확인할 때 사용하는 용도입니다.

⑤ 모든 성적처리는 전산으로 처리되며, 시험 문제와 정답은 비공개입니다. 문제의 부정공개 시 형사처벌 됩니다.

⑥ 답안지는 **90**문제가 출제되는 레벨 **1** 시험과 공용으로 사용하므로 **80**번까지 답안을 마킹한 후 이후 **10**개의 답란은 비워 둡니다.

지텔프 성적표와 유효기간

성적확인

시험일로부터 **5**일 후 성적 확인이 가능합니다.

성적표 출력 및 발송

성적표는 **www.g-telp.co.kr**에서 확인 후 출력 가능하며, 성적표 우편발송은 성적발표 후 다음 주 화요일에 우편발송 됩니다.

성적유효기간

시험일로부터 **2**년간을 원칙으로 합니다.

성적표에서 자기 점수 확인하는 법

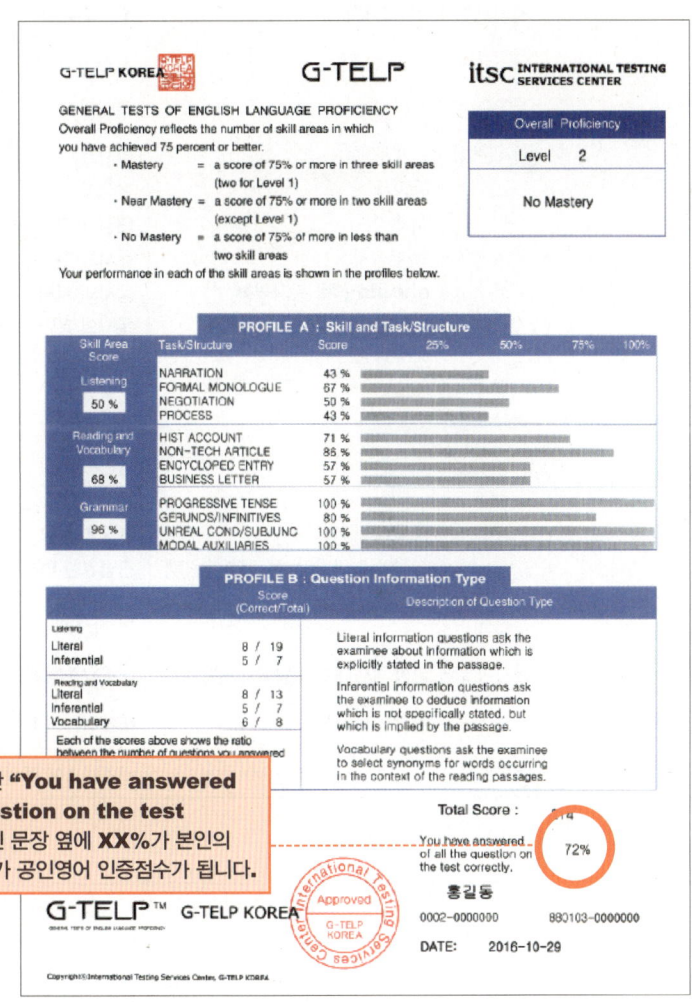

성적표의 오른쪽 맨 하단 **"You have answered 00% of all the question on the test correctly."** 라고 쓰인 문장 옆에 **XX%**가 본인의 평균 점수이며, 이 점수가 공인영어 인증점수가 됩니다.

지텔프와 토익의 비교

지텔프와 토익의 비교

비교	지텔프 레벨 2	토익
시험구성	문법 / 듣기 / 독해와 어휘	**LC / RC**
문항수	**80문항**	**200문항**
시험시간	**1**시간 **30**분	**2**시간
체감 시험시간	기본 실력이 부족해도 시간의 압박이 없음	**830**점 정도의 수준이 될 때 시간 내에 모든 문제를 풀 수 있으며 **600**점대 수험생의 경우 뒷부분 **40**문제 정도를 풀지 못하는 시간의 압박이 있음
시험횟수	**1**년 **24**회	**1**년 **24**회
성적발표	시험 후 **5**일	시험 후 **15**일
시험구성	절대평가	상대평가
출제문법	관계사 동명사 시제 **to**부정사 **should** 생략 동사원형 가정법 조동사 접속사 접속부사 총 **9**개 함정이 거의 없는 정해진 쉬운 패턴	명사　　　　형용사 한정사　　　　부사 대명사　　　　전치사 동사의 수　　　접속사 동사의 시제　　관계사 동사의 용법　　의문사 동사의 태　　　강조문 조동사　　　　도치문 **to**부정사　　　비교문 동명사　　　　명령문 분사　　　　　가정문 총 **22**개 광범위한 범위와 답이 안 보이는 논란문제 그리고 한국식 문법책이 설명을 못하는 세부적 지식과 함정 패턴
듣기내용	일상적인 대화와 담화	비즈니스에 특화된 대화와 담화
독해내용	일상적인 지문	비즈니스에 특화된 지문
어휘범위	수능보다 쉬운 일상단어	비즈니스에 특화된 단어

무조건 지텔프

결론	- 토익, 텝스, 토플 등과 비교해 볼 때 수능을 경험한 대한민국 수험생들에게 지텔프가 가장 이질감이 적기 때문에, 평균 **5**배 정도 더 준비하기가 쉽다. - 공무원 및 전문직 시험대비 영어대체시험은 무조건 지텔프를 선택하면 된다. - 공기업 및 대기업 준비생들은 토익, 텝스, 토플 대신 지텔프로 공부량을 **1/5**로 줄이고 그 시간에 오픽이나 토스 고득점 달성에 집중하는 방법이 좋다.

지텔프의 출제형태

문법 26문제	특징	- 지텔프는 언어 발달과 활용의 정도에 따라, **5**가지 레벨별로 시험에서 물어보는 문법적 분야가 각각 다르게 설정되어져 있다.
		- **is**와 **are**의 구별처럼 기초적인 수일치는 가장 쉬운 난이도인 레벨 **5**에서 출제하며, 일반적인 영어 시험에 흔하게 출제되는 명사, 한정사, 대명사, 수동태 등의 문제는 지텔프 레벨 **2**가 아닌 다른 레벨 시험에서 출제한다. **현재, 과거, 미래 시제와 같은 단순 시제나 현재완료, 과거완료, 미래완료 시제와 같은 완료시제는 레벨 3에서 출제하고, 레벨 2에서는 현재진행, 과거진행, 미래진행과 같은 진행시제와 현재완료진행, 과거완료진행, 미래완료진행과 같은 완료진행시제를 출제한다.**
		- 지텔프 레벨 **2** 시험의 문법 문제는 패턴화 되어 정해져 있기 때문에 **26**개의 문법 문제 중 조동사, 접속사, 접속부사 **4**문제를 제외한 **22**문제는 문제를 완전히 해석하지 못해도, 문제에 주어진 힌트를 중심으로 해석 없이 풀 수 있다.

지텔프 레벨 **2** 출제영역	해석이 필요 없는 문제 **22**문항		해석이 필요한 문제 **4**문항
	관계사	**to**부정사	조동사
	동명사	**should** 생략 당위절	접속사
	시제	가정법	접속부사

	난이도	공무원 영어 > 토익 > 수능 > 지텔프

듣기 26문제	특징	- 리스닝 섹션은 총 **4**개의 파트로 구성된다. 각 파트는 긴 대화 또는 긴 담화로 구성되며 한 개의 대본에 **6**개에서 **7**개의 문제가 짝을 이루는 토플식 구성이다.
		- 시험지에 문제의 질문이 없고 선택문만 인쇄되어 있으며, 문제의 질문을 대화나 담화가 시작되기 전에 한 번 대화나 담화를 다 듣고 실제 정답을 골라야 할 때 한 번 총 두 번 성우가 읽어 준다.
		- **듣기가 다소 어려운 편이지만 문제의 순서가 99% 대본의 흐름대로 배정되어 있고, 일부러 꼬거나 난해하게 출제하지 않아 기대 이상의 성적을 낼 수도 있다.**
		- 지텔프 **50**점을 목표로 하는 수험생이라면 듣기를 모두 찍고, 그 시간에 문법과 독해에 집중하는 방법을 써도 좋으며, **65**점 이상을 목표로 하는 수험생들도 다 알아들을 필요까지는 없고, 무엇을 묻는지 키워드만 듣고 답을 선택해도 예상외의 성적이 나온다.

	난이도	지텔프 ≥ 토익 > 수능

독해와 어휘 26문제	특징	- 독해 섹션도 **4**개의 파트로 구성되며, 각 파트는 **7**개의 문제가 하나의 지문 옆에 붙어 있는 구조이다. 그러나 이 **7**개의 문제 중 **2**문제씩은 동의어를 물어보는 단순 어휘문제이기 때문에, 독해 문제라고 분류되는 문제는 총 **20**문제이다.
		- **지문이 길지만, 지문의 흐름과 문제의 순서가 99% 동일하다.**
		- 완전한 독해를 하지 못했어도, 같은 그림 찾기처럼 문제에 나온 단어와 지문의 단어를 비교해 가면서 하나씩 소거해 나가면 단어 독해를 하는 수험생들도 상당히 높은 점수를 받을 수 있다.
		- 어휘는 독해 각 파트의 마지막에 **2**문제씩 총 **8**문제가 출제된다. 선택문에 밑줄 친 어휘와 같은 의미를 가지는 것처럼 보이는 어휘가 **2**개 출제되어 오답을 유도할 때가 있는데, 이런 경우엔 반드시 문맥의 의미에 따라, 다의어의 의미를 파악해야 한다.

	난이도	수능 > 공무원 영어 > 토익 ≥ 지텔프

모두의 지텔프
GRAMMAR
SECTION

DAY 01 | GRAMMAR SKILL

지텔프 시험에 매회 **100%** 출제되는 문법패턴

관	동	시	투	수	가	조	접	접
관계사	동명사	시제	to부정사	should 생략	가정법	조동사	접속사	접속부사

지텔프 시험에 매회 반드시 출제되는 문법의 평균 문항 수

관계사	동명사	시제	to부정사	should 생략	가정법	조동사	접속사	접속부사
2문제	3문제	6문제	2문제	3문제	6문제 (7문제)	2문제 (1문제)	1문제	1문제

*지텔프는 가정법과 시제에서 **70~80%**가 출제된다고 하는 말은 옛날에나 통하던 거짓말이다!
2018년 이후 가정법이 **1**문제 줄고 조동사가 **2**문제 나오는 경우가 많아졌다.
출제 영역별로 출제 문항수가 규정상 정해져 있는 것은 아니지만 대략 평균과 같다.

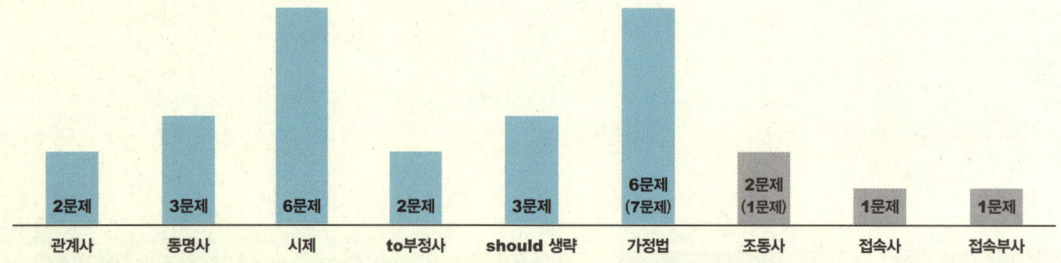

지텔프 레벨 2 출제영역	해석이 필요 없는 문제 **22**문항		해석이 필요한 문제 **4**문항
	관계사	**to**부정사	조동사
	동명사	**should** 생략 동사원형	접속사
	시제	가정법	접속부사

토익 문법의 출제영역과 비교한 지텔프 문법의 출제영역

매회 **26문제**로 구성

DAY 01
DAY 02
DAY 03
DAY 04
DAY 05
DAY 06
DAY 07
DAY 08
DAY 09
DAY 10

P1 **수험생의 입장에서 지텔프는 토익보다 5배 더 쉬우며, 가르치는 입장에선 50배 더 쉽다.**

토익과 지텔프는 각각 다른 시험이기 때문에 준비하는 방법과 사용하는 교재가 전혀 다르다. 토익시험에는 거의 정답으로 출제되지 않는 현재완료진행시제나 과거완료진행시제 그리고 미래완료진행시제를 지텔프는 매회 **1문제**씩 **3문제**를 출제하고 있으며 토익시험에는 **10년**에 한 번도 출제되지 않는 가정법 과거의 짝찾기 등을 지텔프는 매회 그것도 **3문제**씩 출제를 한다. 따라서 올바른 지텔프 교재로 지텔프를 공부하지 않고 토익 책이나 공무원영어 책이나 수능영어 책을 가지고 지텔프 시험을 준비하는 우매한 짓을 해서는 안 된다.

비교	지텔프 레벨 2	토익	
시험구성	문법 / 듣기 / 독해와 어휘	**LC / RC**	
문항수	**80문항**	**200문항**	
시험시간	**1시간 30분**	**2시간**	
체감 시험시간	기본 실력이 부족해도 시간의 압박이 없음	**830점** 정도의 수준이 될 때 시간 내에 모든 문제를 풀 수 있으며 **600점**대 수험생의 경우 뒷부분 **40문제** 정도를 풀지 못하는 시간의 압박이 있음	
시험횟수	**1년 24회**	**1년 24회**	
성적발표	시험 후 **5일**	시험 후 **15일**	
시험구성	절대평가	상대평가	
출제문법	관계사 동명사 시제 **to**부정사 **should** 생략 동사원형 가정법 조동사 접속사 접속부사 총 **9개** 함정이 거의 없는 정해진 쉬운 패턴	명사 한정사 대명사 동사의 수 동사의 시제 동사의 용법 동사의 태 조동사 **to**부정사 동명사 분사 총 **22개** 광범위한 범위와 답이 안 보이는 논란문제 그리고 한국식 문법책이 설명을 못하는 세부적 지식과 함정 패턴	형용사 부사 전치사 접속사 관계사 의문사 강조문 도치문 비교문 명령문 가정문
듣기내용	일상적인 대화와 담화	비즈니스에 특화된 대화와 담화	
독해내용	일상적인 지문	비즈니스에 특화된 지문	
어휘범위	수능보다 쉬운 일상단어	비즈니스에 특화된 단어	

P2 **공무원 및 전문직 시험대비 영어대체시험은 무조건 지텔프를 선택하면 된다.**

결론	- 토익, 텝스, 토플 등과 비교해 볼 때 수능을 경험한 대한민국 수험생들에게 지텔프가 가장 이질감이 적기 때문에, 평균 **5배** 정도 더 준비하기가 쉽다. - 공무원 및 전문직 시험대비 영어대체시험은 무조건 지텔프를 선택하면 된다. - 공기업 및 대기업 준비생들은 토익, 텝스, 토플 대신 지텔프로 공부량을 **1/5**로 줄이고 그 시간에 오픽이나 토스 고득점 달성에 집중하는 방법이 좋다.

지텔프
공식

2 누구나 맞힐 수 있는 해석이 필요 없는 문법 문제

매회 26문제 중 22문제 출제

P1 **관동시투수가 문제는 빈칸 앞뒤만 보고 해석 없이 힌트만 가지고 문제를 풀 수 있다.**

토익의 문법 문제는 **1**개의 문장으로 하나의 문제를 구성한다. 하지만 지텔프에 출제되는 문법 문제는 **2**개에서 **3**개의 흐름이 이어지는 문장들로 묶인 짧은 문단형태로 하나의 문제를 구성한다. 따라서 지텔프의 출제패턴을 모르고 토익과 비교해 볼 때 지텔프의 문법 문제가 더 길고 더 복잡하게 보이기 때문에 더 어렵게 보이게 된다. 그러나 지텔프 문법 문제 **26**개 중 **22**문제는 모든 문장을 읽을 필요 없이 빈칸이 들어간 해당 문장의 앞뒤만 보고 명확한 단서를 찾아 빠르게 정답을 찾을 수 있기 때문에, 실제는 토익 문법 문제보다 **50**배 더 쉽다. 독해는 독해 섹션에서 원 없이 할 수 있으므로 힌트를 기준으로 풀어야 하는 **22**문제는 힌트를 중심으로 푼다.

지텔프 레벨 2 출제영역	누구나 맞힐 수 있는 해석이 필요 없는 문제 22문항		
	관계사	시제	**should** 생략 동사원형
	동명사	**to**부정사	가정법

P2 **지텔프는 출제영역이 명확히 성적표의 평가항목에 정해져 있고, 출제영역을 벗어나는 항목은 오답이 원칙이다.**

그렇다면 지텔프는 출제영역만 달달 공부하고 영어의 해석도 못하는 사람들이 요령만 배워서 그림 맞추기 하듯 마구 찍어도 다 맞게 되는 엉터리 시험인가? 물론 아니다. 실제 기출문제들을 분석해 보면 정답을 유도하는 상황이 정교하고 정밀하게 설계되어 있는 국제공인영어 문제들임을 부정할 수 없다. 그러면 왜 지텔프는 수준[레벨]별로 출제영역을 정해놓고 거기에서만 정답을 유도하는가? 이것은 지텔프라는 시험이 수준별 교육목적을 설정하고 그 교육목적에 부합하는 평가문항을 개발하여 **5**단계 발달 수준[레벨]별로 학습자가 목표 언어능력을 개발하는데 중점을 두고 있기 때문이다. 더 쉽게 수학으로 예를 들어 설명하자면, 더하기와 빼기를 배워야 하는 학생들에게 미적분 문제를 풀게 하는 것은 의미가 없고 미적분 문제를 풀어야 할 단계의 학생들에게 미적분 문제를 출제하면서 그 문제에 교묘하게 숨겨놓은 더하기와 빼기의 연산실수 유발 문제를 통해 함정을 파서 그것을 정량적 점수로 채점하는 것은 시험목적에 부합하지 않는다는 수준별 평가이론에 근거한 국제공인 영어능력 평가시험이기 때문이다.

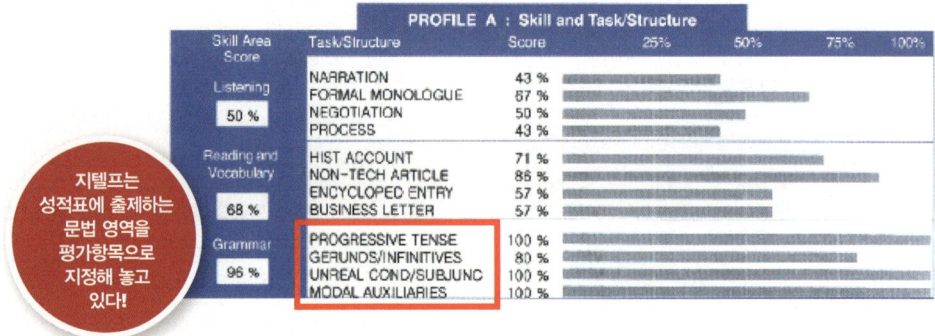

지텔프는
성적표에 출제하는
문법 영역을
평가항목으로
지정해 놓고
있다!

[G-TELP SAMPLE]
I _enjoy_ _____ to reggae music, and I especially like the **Brownman Beat Band**. It's amazing that by this time next month, the band will have been at the top of the charts for a record fifteen months.

(a) to have listened
(b) listens
(c) to listen
(d) listening

[해석] 나는 즐긴다 / 레게음악 듣는 것을 / 그리고 특히 좋아한다 / 브라운맨 비트 밴드를. // 놀랍게도 / 다음 달 이맘 때 즈음이면 / 이 밴드는 있게 되는 것일 것이다 / 차트의 최정상에 / 기록적으로 **15**개월 동안. //

[해설] enjoy는 동명사를 목적어로 쓰는 타동사이다. 지텔프 문법 문제 26개 중 22문제는 본 샘플 문제처럼 해석할 필요 없이 5초 이내에 풀 수 있는 문제들이다.

정답 **(d)**

DAY 01
DAY 02
DAY 03
DAY 04
DAY 05
DAY 06
DAY 07
DAY 08
DAY 09
DAY 10

지텔프 공식 3 해석이 필요한 문법 문제

매회 26문제 중 4문제 출제

P1 조접접 문제는 반드시 해석을 통해 문제의 정답을 찾도록 만드는 게 지텔프의 원칙이다.

지텔프에서 선택문항에 조동사 4개, 접속사 4개, 접속부사 4개가 나오는 문제는 해석으로 풀어야 하는 고난이도 문제이다. 문법 섹션에서 고득점이 필요하지 않다면 과감히 찍는 것도 나쁘지 않은 방법이다.

지텔프 레벨 2 출제영역	해석이 필요한 문제 4문항		
	조동사	접속사	접속부사

P2 하지만 조접접 문제에서 **100%** 정확한 해석을 하지 못했다고 해도 충분히 정답을 맞힐 수 있는 비법이 있다.

고난이도 영역의 대비법	지텔프 문법 영역에서 조동사, 접속사, 접속부사 문제는 고난이도 문제들이지만 본 기본서의 조동사, 접속사, 접속부사 편을 집중적으로 학습한다면 정답으로 도출되는 포인트와 상황이 항상 정해져 있기 때문에 짧은 시간 안에 충분히 해석으로 풀어야 하는 문제를 맞힐 수 있을 정도까지의 문제풀이 능력과 감을 키울 수 있다. 본 기본서에서 정리해 주는 조동사, 접속사, 접속부사의 출제패턴은 지금까지 그 어떤 지텔프 교재나 한국식 영문법 책에서 설명하거나 정리하지 못했던 아주 귀중한 내용으로 실제 영어 능력을 향상시키는 데 있어서도 큰 도움이 될 것이다.

[G-TELP SAMPLE]

Bill Sanders was recently appointed Chief Executive Officer of New Age Broadcasting. _____ he officially assumes his post **tomorrow**, he **will have** a lot of work ahead of him to put the company back into shape.

(a) Before
(b) As if
(c) As soon as
(d) Unless

[해석] 빌 센더스는 최근에 임명되었다 / 대표이사로 / 뉴 에이지 방송사의. // 그가 공식적으로 맡게 되자마자 / 그의 직책을 내일 / 그는 가지게 될 것이다 / 많은 일을 / 앞으로 할 / 회사를 원래 모습으로 되돌리기 위해서. //

[해설] 지텔프에 출제되는 접속사 문제는 정확히 해석을 한 후 앞뒤 문장의 언어논리관계를 이해하고 정답을 찾아야 하지만, 정확한 해석을 하지 못했다고 해도 어느 정도 정답을 맞힐 수 있는 확률을 높이는 방법이 있다. 빈칸이 들어간 문장의 뒷부분에 **tomorrow**와 **will have** 등을 통해 시간이나 시점과 관련된 접속사가 필요하다는 것을 파악할 수 있으므로 시간이나 시점과 관련이 없는 **As if**와 **Unless**를 소거하고 시간이나 시점을 나타내는 접속사 **Before**와 **As soon as** 중에서 선택을 하면 된다.

정답 (c)

모두의 지텔프 GRAMMAR SECTION

DAY 02 | should 생략 동사원형

매회 26문제 중 3문제 출제 |

G-TELP BASIC GRAMMAR 기본 개념 다지기

---

01 명령, 제안, 의무, 주장, 요청, 권고를 나타내는 **ARSID 동사** 뒤에 **that절**이 나타나면 **should**가 생략된 동사원형을 고른다.

| 우리나라 영문법 책에서 일반적으로 당위절을 이끄는 명령, 제안, 의무, 주장, 요청, 권고를 나타내는 전달동사['말하다' 동사] 뒤에 **that**절이 나타날 때 **that**절 속에는 **should**가 생략된 동사원형을 쓴다고 서술할 때 나타나는 동사원형을 원 어민 영문법서에서는 **subjunctive verb**[서법동사]라고 부르며, 줄여서 **subjunctive**라고 한다. G-TELP 성적표 의 평가항목에서도 **Subjunctive**로 분류되며 채점된다. **subjunctive verb**는 '~해야 한다'의 의미를 가지는 조동사 **should**가 생략된 형태이므로 **subjunctive verb**가 사용되기 위해서는 **that**절 속의 내용이 '~해야 한다'의 의미를 가져야 한다.

He insisted that she (should) <u>have</u> a look at every car.
그는 그녀가 모든 차를 봐 봐야 한다고 주장했다.

| '~해야 한다'의 의미가 있는 경우 동사원형을 쓴다.

He insisted that the accident <u>had taken</u> place on the crosswalk.
그는 그 사고가 횡단보도에서 일어난 것이라고 주장했다.

| '해야 한다'의 의미가 아니므로 내용에 따라 과거완료시제를 사용했다. '그는 사고가 횡단보도에서 일어나야 한다고 주장 했다'는 의미가 통하지 않는다. 다행히도 지텔프에서는 본 시제 패턴을 출제하지 않거나 선택문항에 조동사가 **4개** 나오는 고난이도 조동사 문제로 출제하기 때문에 **ARSID** 동사 뒤 **that**절에선 동사원형을 주저 없이 고르면 된다.

02 **ARSID 동사의 수동태나** 당위절을 이끄는 **형용사** 뒤에 **that절**이 오면 동사원형을 고른다.

03 **ARSID 동사의 명사형** 뒤에 **that절**이 올 때에도 동사원형을 고른다.

04 지텔프 시험에는 매회 **ARSID 동사** 뒤의 **that절** 속에 동사원형을 고르는 문제가 3문제씩 출 제된다.
  공식 1 당위절을 이끄는 **ARSID** 동사
  공식 2 당위절을 이끄는 **ARSID** 동사의 수동태
  공식 3 당위절을 이끄는 **IMABCD** 형용사
  공식 4 당위절을 이끄는 **ARSID** 동사의 명사형

지텔프
공식

1 당위절을 이끄는 ARSID 동사

P1 ARSID와 같은 전달동사 뒤에 나타나는 that절 속의 내용이 '~해야 한다'의 의미이면, 주어 다음에 (should) + 동사원형을 써야 한다.

'~해야 한다'의 의미가 아니어서 동사원형이 아닌 일반동사의 시제를 써줘야 하는 경우를 지텔프는 출제하지 않으므로 따지지 않고 동사원형을 고른다. 동사원형이 필요하므로 that절 속에서는 주어와 동사의 수일치를 맞추지 않아야 하며, next와 같은 미래 표현이 보여도 will 등을 고르지 않아야 한다.

ARSID 동사	that절의 형태	의미
Advise 조언하다 Advocate 주장[옹호/변호]하다 Ask 요구하다 Recommend 권고하다 Request 요청하다 Require 요구하다 Suggest 제안하다 Say 말하다 Insist 주장하며 말하다 Instruct 지시하다 Demand 요구하다 Desire 바라다 claim 주장하다 command 명령하다 mandate 명령[지시]하다 order 명령하다 plead 호소하다 prefer 선호하다, 주장하다 propose 제안하다 urge 주장하다 ...	that절 주어 + (should) + 동사원형	that절 속에 당위의 의미인 '~해야 한다'의 의미가 필요할 경우엔 (should) + 동사원형을 쓴다. should는 미국영어에서는 모두 생략한다.

P2 아주 가끔 ARSID 동사 뒤 that절 속에 동사원형을 고르는 문제가 아닌 문제가 나오는데 이럴 땐 모두 선택 문항에 조동사가 4개 나오는 조동사의 문제로 출제된다.

이런 문제에서는 항상 (a) (b) (c) (d) 선택문항 4개에 모두 조동사가 나오므로 should를 무턱대고 찍지 말고 해석으로 풀어야 하는 고난이도 조동사 문제로 접근해야 한다.

Q1 The conference organizer has recommended that every participant _____ to the registration desk upon arrival.
(a) report
(b) reports

Q2 The doctor has asked that he _____ to his office in three months for another round of tests and analysis.
(a) returns
(b) return

Q3 Peter Thompson, with whom I have a close working relationship, mentioned to me your name and strongly suggested that I _____ you.
(a) contacted
(b) contact

Q4 The manager required that every accountant _____ their daily report before leaving the office.
(a) submits
(b) submit

Q5 While the cause is not fully understood, doctors suggest that illness _____ be a result of childhood trauma. 고난이도
(a) should
(b) might

2 당위절을 이끄는 ARSID 동사의 수동태

5회에 1문제 정도 출제

P1 ARSID 동사의 수동태형 뒤에 that절이 나오면 동사원형을 고른다.

that절 속의 의미는 항상 '~해야 한다'이다.

It is[was]	advised 조언되다 advocated 주장[옹호/변호]되다 asked 요구되다 recommended 권고되다 requested 요청되다 required 요구되다 suggested 제안되다 said 말 되다 insisted 주장되다 instructed 지시되다 demanded 요구되다 desired 바라지다 claimed 주장되다 commanded 명령되다 mandated 명령[지시]되다 ordered 명령되다 pleaded 호소되다 preferred 선호[주장]되다 proposed 제안되다 urged 주장되다	that절 속에 (should) + 동사원형을 고른다. **It is advised that**절, **It is recommended that**절, **It is requested that**절 그리고 **It is required that**절 속에 동사원형을 물어보는 문제가 **5회에 1번** 정도 출제된다.

P2 ARSID 동사나 ARSID 동사의 수동태형 및 It is 당위절을 이끄는 IMABCD 형용사 그리고 ARSID 동사의 명사형 뒤의 that절 속의 동사원형이 be동사나 수동태라면 be가 먼저 나오며, 부정문이라면 (should) not + 동사원형에서 should가 생략된 not + 동사원형이 답이 된다.

Q1 **It is requested that** all employees _____ our new regional manager personally when he arrives for his first store meeting this Friday.
(a) met   (b) meet

Q2 **It is required that** all e-mail account passwords _____ every two months for security reasons. 고난이도
(a) are changed   (b) be changed

Q3 The public library has **requested that** all overdue books _____ returned by next week. 고난이도
(a) will be   (b) be

Q4 The researchers **recommend that** the air _____ as a potential cause of a growing resistance to antibiotics.
(a) will be explored   (b) be explored

Q5 Recently, the IMF director **suggested that** digital assets _____ to prevent their unfair advantage over other forms of money.
(a) are regulated   (b) be regulated

Q6 Doctors highly **recommend that** blood donors _____ any fatty food for at least three hours before donating.
(a) not eat   (b) will not eat

01 DAY
02 DAY
03 DAY
04 DAY
05 DAY
06 DAY
07 DAY
08 DAY
09 DAY
10 DAY

지텔프 공식 3 당위절을 이끄는 IMABCD 형용사

2회에 1문제 정도 출제

P1 당위절을 이끄는 형용사 뒤의 that절 속에 빈칸이 있으면 동사원형을 고른다.

that절 속의 의미는 항상 '~해야 한다'이다.

It is[was]	imperative 필수적인, 중요한 important 중요한 mandatory 필수적인 advisable 바람직한 best 최고의 compulsory 의무적인 critical 중요한 crucial 중요한 desirable 바람직한 essential 중요한 natural 자연스러운 necessary 필요한 obligatory 의무인 reasonable 합리적인 urgent 긴급한 vital 치명적으로 중요한	that절 속에 (should) + 동사원형을 고른다.

P2 당위절을 이끄는 형용사 뒤에 that절이 나오지 않을 때에는 보통 가주어 구문의 진주어로 쓰이는 to부정사 형태를 물어보는 문제로 출제가 된다.

당위절을 이끄는 형용사 뒤에 that이 있는지 없는지 반드시 확인을 해야 to부정사를 골라야 하는 문제에서 실수로 동사원형을 무턱대고 찍지 않게 된다.

Q1 It is imperative that the bank _____ lower interest rates to attract more new customers.
(a) offer
(b) offers

Q2 It was necessary that the shipment _____ on time to avoid some trivial problems.
(a) arrives
(b) arrive

Q3 It is vital that all prospective employees _____ extensive knowledge of every product and service offered by our firm.
(a) have
(b) had

Q4 It is essential that employees _____ sensitive documents in a secure location.
(a) keep
(b) kept

Q5 It is important _____ the terms of the contract carefully.
(a) review
(b) to review

Q6 It is advisable for the kitchen staff _____ meat in the refrigerator because it spoils very quickly at room temperature. 고난이도
(a) store
(b) to store

Q7 It is necessary for all candidates _____ in in time of their interview with the executives. 고난이도
(a) come
(b) to come

모두의 지텔프 GRAMMAR SECTION

지텔프
공식

4 당위절을 이끄는 **ARSID** 동사의 명사형

12회에 **1**문제 정도 출제

P1 **ARSID** 동사들의 파생명사들이 **that**절을 이끌 때 **that**절 속의 동사형태는 같은 논리를 가지게 되기 때문에 동사원형을 고르면 된다.

ARSID 동사의 명사형 문제는 자주 출제되는 패턴은 아니지만, 꾸준히 출제되고 있다.

advice 조언	**insistence** 주장, 고집	**recommendation** 권고
demand 요구	**order** 명령	**request** 요구
desire 바람, 욕구, 갈망	**proposal** 제안, 제의	**suggestion** 제안

P2 총 **4**개의 세부공식으로 해석 없이 풀리는 **should** 생략 동사원형 패턴은 매회 **26**문제 중 **3**문제 정도가 출제되며, 단순 힌트의 암기로 **3**초 이내에 답을 고를 수 있도록 함정 없이 출제되기 때문에 절대 틀려서는 안 된다.

지텔프 실전 풀이법	① **ARSID** 동사를 무조건 암기한다. ② **ARSID** 동사 뒤에 **that**절이 있는지 확인하고 **that**절이라면 동사원형을 무조건 고른다[찍는다]. ③ 당위절을 이끄는 **IMABCD** 형용사를 무조건 암기하고 뒤에 **that**절이 나오면 동사원형을 무조건 고른다[찍는다]. ④ **ARSID** 동사나 **IMABCD** 형용사 뒤에 **that**절이 나오지 않으면 **to**부정사나 동명사를 고르는 문제이니 조심한다.

Q1 Washington will not concede a point about its insistence that rice and other farm products _____ included.

(a) be   (b) are

Q2 We do support also the recommendation that these issues _____ under the negotiated procedure. 고난이도

(a) have been handled   (b) be handled

모두지 PRACTICE

01 The theater **requests that** every patron _____ their phones before entering the performance hall.
(a) silence
(b) silences

02 The manager **asked that** the sale items _____ in an orderly fashion.
(a) will be displayed
(b) be displayed

03 Mr. Randall **requested that** we _____ care of all customers more attentively every time they walk in the door.
(a) had taken
(b) take

04 To prevent her from feeling anxious and depressed much of the time, Dr. Langdon **advised that** she _____ in an enjoyable hobby or sport.
(a) will engage
(b) engage

05 His climbing buddy, Jake, **suggests that** they _____ Mount Kilimanjaro, the highest mountain in Africa where they can still encounter exotic wildlife.
(a) engage
(b) engaged

06 **It is advisable that** passengers _____ blood clots on such a long flight by walking up and down the aisles every few hours.
(a) to prevent
(b) prevent

07 The Olsen Manufacturing Plant **requires that** all applicants for factory manager _____ their ability to identify problems which might occur on the assembly line and suggest on-site solutions for fixing them. 고난이도
(a) to prove
(b) prove

08 Mr. Rauren, one of the temporary workers in the accounting department, **proposed that** our accounting system _____ to the newest version.
(a) is updated
(b) be updated

09 Aside from personal hygiene, health agencies also **suggest that** common surfaces such as doorknobs, light switches, and telephones _____ and kept clean at all times. 고난이도
(a) are disinfected
(b) be disinfected

10 The law **mandates that** imported goods _____ as such.
(a) are identified
(b) be identified

11 Many subscribers **request that** the orders _____ to their business address.
(a) being sent
(b) be sent

12 This is why environmental activists **advocate that** everyone _____ a little green cleaning into their lives.
(a) instill
(b) instills

DAY 03 | 가정법

G-TELP BASIC GRAMMAR 기본 개념 다지기

01 가정법은 사실을 반대로 가정하거나 비사실, 불가능, 불확실을 표현하는 화법으로 G-TELP 성적표의 평가항목에 **Unreal Conditional Sentence**로 평가된다.

ㅣ한국의 영문법 책에서 일반적으로 가정법이라고 부르는 문장을 원어민 영문법 교재에서는 **conditional sentence**나 줄여서 **conditionals**라고 부르며 한국어로 번역한 정확한 영문법 명칭은 조건가정문이다. G-TELP 성적표의 평가항목 분류표에서도 **Conditionals**로 표기된다. **Day 02**에서 설명한 **subjunctive**(서법)를 120년 전 일본식 영어사전에서 가정법이라고 잘못 번역해 사용한 이후 여전히 지금까지 많은 한국식 영문법 책에서 **subjunctive**를 가정법이라고 설명하고 있으나 **subjunctive**와 **conditionals**는 다른 개념이다.

사실 구분	conditional sentence(조건가정문)	
	real[true] conditional sentence(조건문)	**unreal[untrue] conditional sentence(가정문)**
단순 현재나 미래 의미	If I <u>have</u> enough time, 　　　I <u>watch</u> TV every evening. 충분한 시간이 있으면, 나는 매일 저녁 **TV**를 본다.	If I <u>had</u> enough time, 　　　I <u>would watch</u> TV now or later on. 충분한 시간이 있다면, 지금 **TV**를 보거나 나중에 볼 텐데.
완료 과거 의미	If I <u>had</u> enough time, 　　　I always <u>watched</u> TV. 충분한 시간이 있었을 때면, 나는 항상 **TV**를 봤다. *If대신 When이나 Whenever를 더 많이 사용, 본 기본서에도 실제 쓰임이 나옴	If I <u>had had</u> enough time, 　　　I <u>would have watched</u> TV yesterday. 충분한 시간이 있었더라면, 어제 **TV**를 봤을 것이다.

*과거 의미의 완료 조건문은 일반적으로 **If**대신 보통 **When**이나 **Whenever**를 쓰기 때문에 **G-TELP**에서는 문법 문제로 출제되지 않는다.
***G-TELP**에서는 간단하게 단순 가정문과 완료 가정문을 주로 출제한다.

02 가정법 과거라 불리는 단순 가정문은 문장의 기준시제와 같은 시제의 사실을 반대로 가정하거나 비사실, 불가능, 불확실을 표현할 때 사용한다.

Tom said if he were rich, he could travel all around the world.
탐은 그가 부자였다면, 세계 여행을 할 수 있었을 것이라고 말했다.

03 가정법 과거완료라 불리는 완료 가정문은 문장의 기준시제보다 하나 더 이전[과거] 시제의 사실을 반대로 가정하거나 비사실, 불가능, 불확실을 표현할 때 사용한다.

Tom said if you had not lent him the book, he could not have done his homework.
탐은 네가 그에게 책을 빌려주지 않았다면, 그가 그의 숙제를 다 끝내지 못했을 것이라고 (나중에) 말했다.

04 지텔프 시험에는 매회 가정법 과거의 짝찾기와 가정법 과거완료의 짝찾기를 중심으로 6문제가 출제된다.

공식 1 가정법 과거완료　　　　　　　공식 4 가정법 현재
공식 2 가정법 과거　　　　　　　　　공식 5 혼합 가정법
공식 3 가정법 미래　　　　　　　　　공식 6 가정법 구문의 도치와 주의할 가정법 구문

DAY 01
DAY 02
DAY 03
DAY 04
DAY 05
DAY 06
DAY 07
DAY 08
DAY 09
DAY 10

지텔프 공식 1 가정법 과거완료

P1 가정법 과거완료의 짝찾기는 지텔프 시험에 매회 26문제 중 3~4문제 정도 출제된다.

지텔프 문법 문제 풀이에 있어, If절에 **had + p.p.**가 보이면 **would have p.p.**나 **could have p.p.** 그리고 **might have p.p.** 등을 원칙상 무조건 고른다[찍는다]. 독해를 못해도 또는 문법 지식이 부족해도 상관없다. 매회 26개의 문법 문제 중 **3~4문제**가 출제되는 가정법 과거완료의 짝찾기는 눈만 있으면 그냥 그림 맞추기 하듯이 짝을 찾아 답을 찍어도 모두 맞힐 수 있다. 현대영어에서 **should have p.p.**나 **must have p.p.**는 가정법 과거완료 구문의 귀결절로 (거의) 쓰이지 않기 때문에 보통 가정법 과거완료의 짝찾기에 정답이 되지 못한다. 우리말 해석은 "(이전에) ~했었더라면, ~했을 텐데[것이다]"로 해석한다.

If + 주어 + had + p.p.,	주어 + **would have** + p.p. 주어 + **could have** + p.p. 주어 + **might have** + p.p.

P2 가정법의 If절은 귀결절 뒤에 나올 수도 있다.

가정법의 If절보다 귀결절이 앞에 나타날 수 있다. 가정법의 짝을 찾을 땐, **If**절과 귀결절의 짝만 맞추면 되며, 가정법은 상대시제의 독립성이 있으므로 하나의 문장 속에 있다고 해도 가정법 부분이 아닌 다른 부분의 시제에는 신경 쓰지 않는다.

Q1 Anne said to Sue, "If you had not helped me come up with a creative bag design, I _____ the job."
(a) would not have landed　　(b) could not land

Q2 If you had performed regular maintenance, you _____ malfunction of the control system.
(a) are preventing　　(b) could have prevented

Q3 The two female astronauts _____ a new milestone for space exploration if NASA had prepared well-fitting suits beforehand.
(a) will be achieving　　(b) would have achieved

Q4 If Ms. Price _____ the bus, she would not have arrived for class on time.
(a) has missed　　(b) had missed

Q5 If Ms. Winston _____ to reserve the seats earlier, we would have received a larger discount and a better spot.
(a) had called　　(b) would call

Q6 Our energy efficiency _____ last winter if the company had followed the recommendation from the Outlaw Electron Consulting Firm.
(a) will improve　　(b) would have improved

Q7 Mr. Howard _____ the job offer from The Stone Construction Company if there had been a lot of opportunities to work abroad.
(a) will accept　　(b) would have accepted

Q8 If she _____ pregnant, he would not have married her, at least not this quickly.
(a) did not get　　(b) had not gotten

Q9 If only Trump's campaign team _____ the damage right away, he would have gotten more votes than his opponents.
(a) had controlled　　(b) controlled

지텔프 공식

2 가정법 과거

P1 가정법 과거의 짝찾기는 지텔프 시험에 매회 26문제 중 3문제 정도 출제된다.

지텔프 문법 문제 풀이에 있어, If절에 동사의 과거형이나 **could + 동사원형** 그리고 간혹 **would + 동사원형**이 보이면, 귀결 절에는 **would + 동사원형**이나 **could + 동사원형** 그리고 가끔 **might + 동사원형**이 출제지침 상 무조건 정답이 되기 때문 에 고민하지 말고 무조건 고른다[찍는다]. 독해를 못해도 또는 문법 지식이 부족해도 상관없다. 매회 26개의 문법 문제 중 **3문** **제**가 출제되는 가정법 과거의 짝찾기도 눈만 있으면 그냥 그림 맞추기 하듯이 짝을 찾아 답을 찍어도 모두 맞힐 수 있다. 가정법 과거 구문에서 If절 속의 **be**동사는 인칭과 수에 상관없이 **were**로 나타내는 것이 원칙이다. 구어체 영어에서는 **If**절 속에 **be** 동사가 **were**가 아닌 **was**로 표현되기도 하지만 G-TELP에서는 출제되지 않는다. 현대영어에서 **should**나 **must**는 가정법 과거 구문의 귀결절로 (거의) 쓰이지 않기 때문에 보통 가정법 과거의 짝찾기에 정답이 되지 못한다. 우리말 해석은 **"(지금) ~한** 다면, ~할 텐데[것이다]"로 해석한다.

If + 주어 + 동사의 과거형 (be동사는 **were)**,	주어 + **would** + 동사원형
If + 주어 + could + 동사원형, <지텔프 빈출>	주어 + **could** + 동사원형
If + 주어 + would + 동사원형,	주어 + **might** + 동사원형

P2 정답으로는 능동태형뿐만 아니라 수동태형과 긍정문형, 부정문형이 모두 등장한다.

지텔프에는 의미로 구별해야 하는 능동태와 수동태의 태 구별 문제가 출제되지 않고, 긍정이나 부정과 같은 의미에 따른 정답 선 택 문제가 출제되지는 않으나, If절과 귀결절 속에 들어가는 동사의 변화 형태를 알아야 정답의 선택이 어색하지 않게 된다.

Q1 If he could deliver on this particular promise, many poor countries _____ from loss of jobs.
(a) would have suffered   (b) would suffer

Q2 It _____ us if you could forward us additional information about the freight costs, delivery dates and warranties.
(a) would really have helped   (b) would really help

Q3 The hiring manager gladly let him go, knowing that if she hired him, the candidate _____ a problem employee.
(a) will just be   (b) would just be

Q4 I _____ it if you would exchange the items.
(a) would appreciate   (b) would have appreciated

Q5 If I were him, I _____ on selling unique, locally-made handcrafted wooden figurines rather than giving in to mass production.
(a) would focus   (b) focused

Q6 If you _____ him, you wouldn't be so quick to condemn him.
(a) know   (b) knew

Q7 You _____ to apologize if you hurt or teased someone.
(a) might need   (b) can need

Q8 If I were a genius, I _____ being treated like one.
(a) would not mind   (b) will not mind

Q9 If only John did not have food allergies, he _____ the meal.
(a) would definitely devour   (b) would definitely have devoured

지텔프 공식 3 가정법 미래

15회에 1문제 정도 조동사 문제로 주로 출제

P1 원어민 영문법 교재에는 '가정법 미래'라는 용어도 존재하지 않는다. If절 속에 **were to**가 나타나는 문장도 지텔프 공식 2의 가정법 과거이다.

잘못된 일제식 영문법 책의 영향을 받은 한국의 대부분 영문법 책에서 대표적으로 잘못 설명하고 있는 '가정법 미래'는 원어민 영문법 교재에서는 존재하지도 않는 허구의 문법이론으로 그 내용도 대부분 엉터리이다. **"If절 속의 were to**는 미래의 일에 대한 **100%** 불가능을 가정하고 If절 속의 **should**는 미래 **1%**정도 일어날 가능성[**99%** 불가능 가정]이 있을 때 쓴다!**"**와 같은 세상에 존재하지도 않는 허구의 엉터리 설명을 영문법의 정상적인 이론이라고 설명하는 한국의 영문법 책들과 네이버 자료들과 학원이나 학교 선생들의 엉터리 강의가 넘쳐 난다. 원어민 영문법 교재에서는 If절 속에 **were to**가 나타난 문장을 모두 지텔프 공식 2에서 배운 단순 가정문인 가정법 과거로 정리해 설명한다. If절 속의 **were to**는 ① 가정적 의도(의도적으로 ~하고자 한다면)나 ② 가정적 결과(~하게 된다면)의 의미로 쓰인다.

주의할 지텔프 공식

지텔프 문법 문제의 풀이에 있어 If절 속에 **were to**가 보이면 가정법 과거의 짝찾기 공식에 따라 **would + 동사원형, could + 동사원형** 또는 **might + 동사원형**을 무조건 짝으로 고른다[찍는다].

P2 지텔프 문법 문제에서 If절 속에 **should**가 나타나 있다면, 절대 짝찾기 형태로 찍어서는 안 된다.

If절에 **should**는 '가망성'을 나타내는 표현으로, 가장 유사하게 한국어로 번역한 If절 속의 **should**는 '혹시'라는 의미이다. If절 속의 **should**는 '혹시 해가 서쪽에서 뜬다면'처럼 가망성이 없는 경우에만 쓰이는 표현[엉터리 콩글리시 문법 설명]이 아니라 '내일 회사에서 혹시 사장님을 만나면'처럼 가망성이 아주 많을 때[현대 영어]도 잘 쓰인다. If절 속 **should**는 **99%** 불가능을 가정하는 표현이 아니고 가망성만을 나타낸다. If절에 **should**가 나타나는 문장은, 일반적으로 다양한 형태의 주절을 가지는 형태로 쓰인다. 특히 지텔프에서는 해석으로 풀어야 하는 고난이도 조동사 문제로 자주 출제하기 때문에 무턱대고 **will**을 찍는 실수를 저질러서는 안 된다.

If + 주어 + should + 동사원형,	명령문 – 접속사 If나 If절 속 should를 물어보는 조동사 문제로 출제
	주어 + **will** + 동사원형 – 미래의 확실한 상황
	주어 + **must** + 동사원형 – 법률, 규정, 필수절차
	주어 + **can** + 동사원형 – 가능, 능력
	주어 + **would** + 동사원형 – 미래의 확실성이 약한 상황

주의할 지텔프 공식

지텔프에서 If절 속에 **should**가 나오는 문제는 절대 짝찾기 형태로 찍는 문제가 아닌 해석으로 풀어야 하는 고난이도 조동사 문제로 주로 출제된다. 지텔프 시험에 있어서 가정법 문제와 조동사 문제를 구별하는 방법은 간단하다. 가정법 문제는 선택문항이 길게 제시되고 조동사 문제는 선택문항이 짧게 제시된다.

지텔프 가정법 문제	지텔프 조동사 문제	구별 방법
(a) will probably reach	(a) must	
(b) would probably reach	(b) would	선택 문항을 보고 판단한다
(c) would have probably reached	(c) can	
(d) has probably reached	(d) shall	

Q1 They say **if** students **were to** disregard such events they _____ on all the fun activities that the school is offering.
(a) would miss out   (b) would have missed out

Q2 **If** these insects **were to** become extinct, the plants that they pollinate _____.
(a) would not reproduce   (b) would not have reproduced

Q3 **If** you **should** fail this exam, you _____ always re-take it. `고난이도`
(a) will   (b) can

Q4 **If** you **should** keep a daily journal, you _____ find yourself writing down thoughts that you carry with you all day. `고난이도`
(a) will   (b) must

Q5 **If** you _____ need some help with your physics project, **please let me know**. `고난이도`
(a) will   (b) should

지텔프
공식

4 가정법 현재

10회에 1문제 정도 조동사 문제로 주로 출제

P1 원어민 영문법 교재에는 '가정법 현재'라는 용어도 존재하지 않는다.

잘못된 일제식 영문법 책의 영향을 받은 한국의 대부분 영문법 책에서 '가정법 현재'라고 설명하거나 혹은 그 정확한 용어적 명칭을 모르고 '(시간과) 조건의 부사절'이라고만 설명하는 본 형태의 문장을 원어민 영문법 교재에서는 단순 조건문이라고 부른다.

P2 If + 주어 + 동사의 현재형이 나타나면, 절대 짝찾기 형태로 찍어서는 안 된다.

If + 주어 + 동사의 현재형 형태로 단순 조건문이 나타나면, 주절은 다양한 형태를 가질 수 있다. 단순 조건문은 보통 현재의 사실성, 확실성, 가능성이 높을 때 쓴다. 단순 조건문은 지텔프에서 조동사 문제나 If를 물어보는 접속사 문제로 출제한다. 보통 미래의 확실한 상황을 나타내는 will이 정답으로 70% 정도 등장하지만, must나 can 또는 should 등이 정답으로 등장하는 고난이도 함정 문제도 많기 때문에, 반드시 주절의 조동사는 해석으로 접근해 풀어야 하며, 무턱대고 will을 찍는 실수를 저질러서는 절대 안 된다.

If + 주어 + 동사의 현재형,	명령문 – If를 물어보는 접속사 문제로 출제 주어 + 동사의 현재형 – If를 물어보는 접속사 문제로 출제 주어 + will + 동사원형 – 미래의 확실한 상황 주어 + must + 동사원형 – 법률, 규정, 필수절차 주어 + can + 동사원형 – 가능, 능력 주어 + should + 동사원형 – 조언, 권고

P3 가정법 현재라고 알려진 단순 조건문은 고난이도 조동사 문제로 주로 출제된다.

주의할 지텔프 공식

지텔프에는 지텔프 강사들도 자주 틀리는 If절이 나오고 주절에서 will과 can을 고르는 어려운 문제가 자주 출제된다. 원칙상 어떤 조건이 해결되고 그 결과로 미래의 확실한 상황이 이어질 땐 will을 쓴다. can은 결과로 생기는 미래의 확실한 상황에서는 사용하지 않는다. 이러한 원칙적 설명을 이해했다고 해도 조동사는 우리말에 없으므로 역시 실전에서 아리송한 문제는 속 시원하게 해결되지 않는다. 따라서 **Day 08** 조동사편에서 정리해 주는 지텔프 기출 상황별 힌트를 반드시 숙지해야 한다.

① If절이 나오고 주절에서 정답이 can일 경우엔 will이 보통 선택문항에 나오지 않는다.
② If절이 나오고 주절에서 will과 can이 함께 나와 혼돈스러울 땐 둘 중 보통 70%의 확률로 will이 정답이다. will은 시간, 요일, 날짜, 규정, 조건, 규칙 등의 문맥에서 보통 정답이 된다.
③ If절이 나오고 주절에 will이 있음에도 불구하고 can이 답인 경우엔 보통 주절이 you can처럼 주어가 you인 경우가 대부분이다.

Q1 If New Balance Footwear **sells** 5,000 pairs of shoes by the end of this quarter, the store managers _____ receive a bonus. `고난이도`
(a) will   (b) can

Q2 If you **are** a member of the Andrew Library, you _____ check out at least three books at a time. `고난이도`
(a) will   (b) can

Q3 If you **experience** any problem with this product, you _____ refer to the troubleshooting guide first. `고난이도`
(a) will   (b) should

Q4 If the city council **approves** the new park plans by Tuesday, construction crews _____ begin working on it by the end of the month. `고난이도`
(a) can   (b) must

혼합 가정법

6회에 1문제 정도 한국식 문법책 설명과 다르게 출제

DAY 01
DAY 02
DAY 03
DAY 04
DAY 05
DAY 06
DAY 07
DAY 08
DAY 09
DAY 10

P1 지텔프의 혼합 가정법은 한국식 문법책이 엉터리로 설명하는 방식대로 출제되지 않는다.

원어민 국가의 영문법 교재들에서 발견할 수 없는, 우리나라에서만 통용되는 잘못된 혼합 가정법의 설명 방식을 고집하게 되면 조건가정문(conditional sentence)의 구성원리인 독립성과 혼합성을 설명할 수 없게 되고, 실제 잘 쓰이는 영어 문장들을 틀린 문장으로 생각하게 만들며 영문의 의미를 정확히 이해할 수 없게 만들게 된다. 조건가정문을 구성하는 If절과 귀결절은 각각 분리되어 혼자 쓰일 수 있는 독립성과, If절과 귀결절이 각각 의미하는 내용에 따라 각자 다른 조건문과 가정문의 부분과 연결되거나 조건가정문 자체가 다른 문장인 의문문, 명령문 등과 다양하게 혼합되어 쓰일 수 있는 혼합성을 가진다. 조건가정문은 의미만 허용된다면 모든 문장과 혼합될 수 있다.

> **기존의 한국식 설명 문장 <거의 출제 안 됨>**
>
> If we <u>had purchased</u> the tickets early, we <u>would be</u> enjoying the game now. <now가 힌트>
> - 우리가 티켓들을 좀 더 일찍 구입했었더라면(과거가정), 우리는 지금 게임을 즐기고 있을 텐데(현재가정)
> If he <u>were</u> a good student, he <u>would have studied</u> for the test yesterday. <yesterday가 힌트>
> - 그가 착실한 학생이라면(현재가정), 어제 시험을 위해 공부를 했었을 텐데(과거가정).
>
> **실제 원어민 영문법 교재에 나오는 혼합된 조건가정문의 쓰임 <출제 안 됨>**
>
> If these two simple steps <u>are taken</u>, thousands of lives <u>could be saved</u>.
> - 이 두 가지 간단한 조치가 취해진다면(현재조건), 수많은 생명을 구할 수 있을 텐데(현재가정).
> If someone who wants to help the bird <u>picks</u> it up, it <u>might die</u>.
> - 그 새를 돕기 원하는 누군가가 새를 잡는다면(현재조건), 새는 죽을지도 모른다(현재가정).
> If you <u>missed</u> the astronomical show yesterday, you <u>are</u> really out of luck.
> - 당신이 어제 그 천문학적 쇼를 못 봤다면(과거조건), 당신은 정말로 운이 없는 것이다(현재조건).
> If you <u>knew</u> she was short of money, <u>why didn't you lend</u> her some?
> 그녀가 돈이 모자라다는 것을 알았다면(과거조건), 왜 그녀에게 돈을 조금 빌려주지 않았니(과거 의문문)?

*지텔프 시험에는 아래 설명처럼 혼합 가정법이 출제된다

P2 최근 지텔프에 혼합 가정법이 자주 출제되고 있다.

최근 지텔프 시험에 혼합 가정법이 자주 출제되고 있다. 단순가정문과 완료가정문을 구성하는 각각의 If절과 귀결절은 의미만 허용된다면 서로 서로 혼합될 수 있다. 이런 혼합 가정법이 지텔프 시험에 출제될 때에는 한국식 영문법 책이 설명하는 것처럼 **now**나 **yesterday**와 같은 힌트를 주면 쉽게 풀리겠지만 실제 지텔프 시험에서는 힌트를 거의 주지 않는다. 그렇다면 어떻게 풀어야 할까? 해답은 아래 박스의 풀이법에 있다. 지텔프 시험에 혼합 가정법이 출제될 때에는 아래 실제 기출공식 문제들처럼 선택문항에 **would feel**(가정법 과거의 귀결절)과 **would have felt**(가정법 과거완료의 귀결절)가 함께 나오지 않는다.

> **주의할 지텔프 공식**
>
> 실제 영어에서 쓰이는 혼합된 조건가정문의 쓰임에 신경 쓰지 말고 지텔프의 가정법 문제는 본 기본서에서 설명한 대로만 출제되기 때문에 지텔프 시험의 문법 문제를 풀 때에는 반드시 다음 공식대로 문제를 푼다.
>
> ① 가정법 과거완료의 짝찾기가 보이면 무조건 짝을 찾는다.
> ② 가정법 과거의 짝찾기가 보이면 무조건 짝을 찾는다.
> ③ 가정법 과거완료나 가정법 과거 문장인데 짝이 선택문항 (a) (b) (c) (d)에 없다면 혼합 가정법이라고 생각하고 혼합 가정법의 짝을 찾는다.
> ④ If절에 **should**나 동사의 현재형이 보이면 무조건 짝을 찾으려고 하지 말고, 해석으로 풀어야 하는 조동사 문제라고 생각하고 접근한다.

Q1 Planets in the solar system get light and heat from the sun due to its enormous size and brilliant glow. **If the sun had shrunk** long ago, these planets _____ like a cold dark place.
`2019년 6월 고난이도 유형`

    (a) will feel   (b) will have felt
    (c) had felt   (d) would feel

Q2 Shane Mosley is a former boxing champion, who held titles across three divisions. He officially retired in 2017 after 23 years of competition. He said that he _____ **if** only he still **had** the endurance for it. `2019년 9월 고난이도 유형`

    (a) will continue boxing   (b) has continued boxing
    (c) had continued boxing   (d) would have continued boxing

6 가정법 구문의 도치와 주의할 가정법 구문

P1 2회에 한 문제 꼴로 가정법 과거완료의 If절에서 If가 생략된 후 나타나는, 도치된 가정법 과거완료의 짝찾기가 출제된다.

가정법 구문의 도치문제 중 가장 많이 출제되는 형태이기 때문에 반드시 익숙하게 만들어 두어야 한다. If절이 귀결절보다 뒤에 나오는 문장에서 if가 생략되고 도치된 문장은 문장구조의 분석이 힘들기 때문에 고난이도 문제가 된다. 문장 중간에 갑자기 나오는 **had + 주어 + p.p.** 구문에 익숙해 져야 한다.

If I had known, I would have told you. = Had I known, I would have told you. 만약 내가 알았더라면, 당신에게 말했었을 것이다.	I would have told you if I had known. I would have told you had I known.

P2 가정법 과거의 If절에서 If는 were가 나타나는 경우에만 생략 후 도치가 가능하다.

도치된 가정법 과거 구문의 짝찾기는 2년에 한 번 정도, 즉 48회에 1문제 정도가 출제된다.

If I were you, I would seriously consider moving your boat. = Were I you, I would seriously consider moving your boat. 내가 너라면, 나는 보트를 옮기는 걸 심각하게 고려할 거야.

P3 If + 주어 + should + 동사원형 구문에서도 If가 생략되면, Should + 주어 + 동사원형 형태로 도치가 나타난다.

이러한 구문은 지텔프에서 **should**를 정답으로 고르는 조동사 문제로 출제된다. If절이 귀결절보다 뒤에 나오는 문장에서 if가 생략되고 도치된 문장에서 **should**를 골라야 하는 문제는 문장구조의 분석이 힘들기 때문에 고난이도 문제가 된다. 문장 중간에 갑자기 나오는 **should + 주어 + 동사원형** 구문에 익숙해 져야 한다.

If anyone should call, please take a message. = Should anyone call, please take a message. 만약 누군가가 혹시 전화를 한다면, 메시지를 남겨주세요.	Please take a message if anyone should call. = Please take a message should anyone call.

P4 If + 주어 + 동사의 절이 분사구문을 이용해 If + 분사구문 형태로 축약된 가정문의 짝은 빈칸의 앞뒤에서 추가적인 힌트를 찾아야 한다.

If it were demonstrated to be true, this technic could be used. = If demonstrated to be true, this technic could be used. 사실로 입증만 된다면, 이 기술은 사용될 수도 있을 것이다.

P5 그 외 I wish 가정법, 가정법 대용어구를 사용한 가정법 등이라고 우리나라 영문법 책에 정리되는 잡다한 가정법들은 지텔프에 (거의) 출제되지 않는다.

Q1 **Had it not been for** outside financial assistance, we _____ the construction.
(a) could not complete
(b) could not have completed

Q2 **Had it not rained** last Saturday, we _____ Tom's birthday with a barbecue in the garden.
(a) would celebrate
(b) would have celebrated

Q3 **Had he received** the instructions earlier, Mr. Martin _____ preliminary work for the project.
(a) could begin
(b) could have begun

Q4 **Were we** to have children, we _____ to move to a bigger house.
(a) would have needed
(b) would need

Q5 Please report it to the security office immediately _____ **you find** any message containing computer viruses. 고난이도
(a) can
(b) should

모두지 PRACTICE

01 If he had the means of doing so, he _____ to another apartment to avoid awkward encounters with her.
(a) would have moved   (b) would move

02 If he could only paint like a real artist, he _____ his mark in the art world.
(a) made   (b) would make

03 Mr. Shibusawa _____ his position as Chief Executive of Epson Technology had the merger with Google Software succeeded. 고난이도
(a) would have relinquished   (b) had relinquished

04 If she only knew who were responsible for it, she _____ them to the authorities immediately.
(a) would have reported   (b) would report

05 If she had accepted the offer, she _____ one of the models gracing the catwalk yesterday.
(a) would have been   (b) will have been

06 Many priceless artworks _____ lost forever, had it not been for their painstaking efforts. 고난이도
(a) would have been   (b) would be

07 Were it not for the Internet, we _____ a need for "instant gratification" and be more willing to wait for fulfillment. 고난이도
(a) would not have   (b) would not have had

08 If he hadn't purchased it, he _____ enough money to pay his bills.
(a) would have had   (b) would have

09 Of course, it _____ if you could defy gravity.
(a) helps   (b) would help

10 In 2017, he was diagnosed with having a blood clot in his lung, which could have been deadly if he _____ playing.
(a) continued   (b) had continued

11 If the sun _____ to suddenly disappear, the planets would just scatter about freely through outer space.
(a) is   (b) were

12 We _____ it if you would bring this announcement to the notice of your accounting department. 고난이도
(a) had appreciated   (b) would appreciate

DAY 04 | 동명사

G-TELP BASIC GRAMMAR 기본 개념 다지기

01 동명사란 동사원형에 ing를 붙여 만든 준동사의 일종으로, 문장 속에서 동사가 아닌 명사로 쓰인다.

| G-TELP 성적표의 평가항목에 **Gerund**로 채점되는 동명사는 동사에서 만들어지므로 동사의 성질을 부분적으로 가지게 되나, 완벽한 동사는 아니므로 문장의 술어를 구성할 수 없고, 태를 부분적으로만 표현해 줄 수 있으며, 시제를 극히 제한적인 방법으로 상대화시켜 나타낼 수밖에 없다는 특징을 가진다. 그러나 동사에서 만들어졌으므로 목적어와 보어를 가질 수 있고, 부사와 같은 여러 가지 요소에 의해 수식을 받을 수도 있다는 동사적 특징도 가진다.

02 동명사의 종류는 4가지이다.

| 동사의 의미를 전달하며 명사의 기능을 하는 동명사는 주절의 동사 시제와 시제 표현의 논리를 맞추기 위해서 이론적으로 단순형과 완료형을 가지며, 동사의 성질을 가지므로 태 변화에 따라 능동형과 수동형을 가진다.

종류		형태	특징
단순형	능동형	**ing**	본동사의 시제와 같은 시제를 가지며 능동의 의미를 가진다. 일부 동사는 본동사의 시제보다 하나 더 과거를 나타내는 경우도 있다.
	수동형	**being p.p.**	본동사의 시제와 같은 시제를 가지며 수동의 의미를 가진다.
완료형	능동형	**having p.p.**	본동사의 시제보다 상대적으로 하나 더 분명한 과거의 시제를 가지며 능동의 의미를 가진다.
	수동형	**having been p.p.**	본동사의 시제보다 상대적으로 하나 더 분명한 과거의 시제를 가지며 수동의 의미를 가지나, 자주 쓰이지는 않는다.

03 지텔프 시험에는 동명사를 목적어로 쓰는 동사를 중심으로 매회 평균 3문제가 출제된다.

공식 **1** 동명사를 목적어로 쓰는 동사

공식 **2** 동명사와 **to**부정사를 모두 목적어로 쓸 수 있는 동사

공식 **3** 주어와 보어와 전치사의 목적어 역할을 하는 명사적 용법

공식 **4** 동명사의 관용표현

지텔프 공식 **1** 동명사를 목적어로 쓰는 동사

매회 **26문제** 중 **2문제** 출제

P1 지텔프 시험에 자주 나오는 동명사를 목적어로 쓰는 동사들을 암기해야 한다.

아래 표에 정리해 둔 동사 외에도 to부정사가 아닌 동명사를 목적어로 쓰는 동사들이 더 있지만, 지텔프에서는 거의 출제를 안한다. 동명사를 목적어로 쓰는 동사들은 대체로 내용상 인정, 부정, 회피, 관행, 회전, 반복 등의 의미를 가지며 시제상 현재 또는 과거의 느낌을 전달한다. 지텔프 준비 시에 아래 표의 암기는 필수적인 것이다. 만약 독학으로 암기가 안 된다면 강의를 통해 도움을 받아야 한다.

acknowledge 인정하다	detest 혐오[싫어]하다	imagine 상상하다, 그리다	recall 상기하다, 생각해 내다
admit 인정하다	discontinue 중단하다	include 포함하다	recollect 생각해 내다
advise 조언하다	discuss 논의[상의]하다	involve 관련시키다	recommend 추천하다
advocate 지지[옹호]하다	dislike 싫어하다	justify 정당화하다	report 말하다, 전하다
allow 허용하다	dodge 기피[회피]하다	mention ~라고 말하다	require 요구하다
anticipate 기대하다	doubt 의심하다	mind 꺼리다	resent 분하게 여기다
appreciate 감사하다	enjoy 즐기다	miss 피하다, 면하다	resist 저항[반항]하다
avoid 꺼리다	entail 수반하다	oppose 반대하다	resume 다시 시작하다
consider 고려하다	escape 피하다, 모면하다	permit 허용하다	risk 위험을 걸다
defer 늦추다, 미루다	evade 피하다, 회피하다	postpone 미루다, 연기하다	suggest 제안하다
delay 미루다	fancy 원하다	practice 실행하다	tolerate 참다, 견디다
deny 부인하다	favor 선호하다	prevent 막다	
describe 말[묘사]하다	finish 끝내다	prohibit 금지하다	
despise 경멸[혐오]하다	grudge 억울해[싫어]하다	quit 그만두다	

P2 가끔 acknowledge, admit, deny와 같은 동사 뒤에서는 완료동명사가 정답으로도 등장한다.

완료동명사는 본동사의 시제보다 상대적으로 하나 더 분명한 과거의 시제를 나타낸다. '말하는 시점보다 이전에 했던 사실을 지금 인정하다'의 의미로 쓰이는 **acknowledge**나 **admit** 그리고 '이전에 했던 사실을 지금 부인하다'의 의미로 쓰이는 **deny**와 같은 단어 뒤에서는 완료동명사가 정답으로 등장한다.

> **주의할 지텔프 공식**
> ① 일반적으로 동명사를 목적어로 쓰는 동사의 문제에서 단순동명사와 완료동명사가 모두 나오면 단순동명사가 거의 무조건적 정답이 된다. 지텔프에서는 단순동명사와 완료동명사의 상대시제 구별식의 문제가 출제되지 않는다.
> ② 그러나 동명사를 목적어로 쓰는 동사 문제에서 단순동명사가 안 나오고 단순to부정사와 완료동명사가 나올 땐 완료동명사를 고른다. 완료동명사는 무조건 답이 될 수 없다고 생각하고 다른 오답을 골라서는 안 된다.

Q1 Human resources has **suggested** _____ semi-annual performance reviews for all newly hired employees.
(a) to conduct (b) conducting

Q2 A sales person's duties **include** _____ the customer's orders so as not to place the order in a wrong manner.
(a) confirming (b) confirmation

Q3 Some companies **avoid** _____ high corporate tax bills by investing in research and development to promote new technologies.
(a) to pay (b) paying

Q4 Despite several weather-related setbacks, workers **finished** _____ the road in half the predicted time.
(a) repaving (b) to repave

Q5 The junior accountant **denied** _____ anything illegal during his service at the government office. 고난이도
(a) to commit (b) having committed

2 동명사와 to부정사를 모두 목적어로 쓸 수 있는 동사

2회에 1문제 정도 출제

P1 동명사와 to부정사를 목적어로 쓸 때 의미 차이가 거의 없는 동사

지텔프에 출제되는 본 패턴의 빈출동사는 love, begin, start, continue, hate 등이며 출제될 때에는 단순to부정사 또는 단순동사 둘 중 하나만 나오기 때문에 정답을 찾기가 쉽다. 간혹 단순동명사와 완료to부정사가 선택문항에 같이 나오면 단순동명사를 고른다. 지텔프에서 완료to부정사나 완료동명사는 매우 예외적인 쓰임에 있어서만 정답이 되며, 일반적인 경우엔 모두 오답으로 등장한다.

attempt 시도[기도]하다	**dread** 두려워하다**	**love** 좋아하다	**stand** 참다, 견디다
bear 참다, 견디다	**endure** 참다, 인내하다	**omit** 빼먹다, 잊다	**start** 시작[착수]하다
begin 시작하다	**fear** 두려워하다	**prefer** 더 좋아하다	**intend** 의도하다*
cease 중지하다, 그치다	**hate** 싫어하다, 질색하다	**propose** 작정[의도]하다**	**need** 필요하다*
continue 계속하다	**like** 좋아하다	**purpose** 목표로 작정하다	

옛날 문법책에 동명사와 to부정사를 모두 목적어로 쓸 수 있다고 나오는 intend는 현대영어에서는 to부정사만을 쓴다. 동명사가 있어도 to부정사만을 정답으로 골라야 하는 문제로 토익과 지텔프 모두 시험에 매우 자주 출제된다. need는 일반적인 쓰임으로 지텔프에서 뒤에 빈칸이 나오면 동명사가 있어도 to부정사를 정답으로 고른다. need는 My shoes need mending. '신발의 수리가 필요하다.'처럼 사물이 주어인 문장에서 능동의 형태로 수동의 의미를 가지는 특별한 경우에만 쓰이는 표현이다. want와 deserve에도 need와 같은 용법이 있고 이러한 표현을 토익 시험에서는 출제하지만 지텔프에서는 거의 출제하지 않는다. dread와 propose는 지텔프 시험에서 단순to부정사와 단순동명사가 동시에 선택문항에 나올 때가 있는데 이럴 땐 문맥상 미묘한 뉘앙스의 차이로 동명사가 답이 되는 문제가 대부분이기 때문에 동명사를 답으로 고른다.

P2 동명사와 to부정사를 목적어로 쓸 때 분명하게 의미 차이가 있는 동사

지텔프에서는 forget, regret, remember, stop, try가 주로 출제된다. 출제가 될 때는 동명사와 to부정사가 모두 선택문항에 나오므로 차이를 구별해야 하지만, 보통 forget과 regret은(는) to부정사가 정답이 되는 문제가 주로 출제되며, remember, stop, try는 동명사와 to부정사가 정답이 되는 경우가 60:40으로 출제되므로, 이런 문제는 반드시 뒤 부분에서 시제나 의미 단서를 찾아야 한다.

주요단어	ing 명사를 쓰는 경우	to부정사를 쓰는 경우
forget	기준시제보다 과거의 일 (한 일) **forget hearing** 들었던 것을 잊다	기준시제보다 미래의 일 (안한 일) **forget to bring** 데려오는 것을 잊다
regret	기준시제보다 과거의 일 (한 일) **regret being** ~가 된 것을 후회하다	기준시제보다 미래의 일 (안한 일) **regret to say** 알려드리게 돼서 유감입니다
remember	기준시제보다 과거의 일 (한 일) **remember hearing** 들은 기억이 나다	기준시제보다 미래의 일 (안한 일) **remember to get** 잊지 말고 가져 오세요
stop	하고 있던 또는 해 왔던 일의 중단 **stop smoking** 금연하다, 담배를 끊다	목적을 나타내는 to부정사의 부사적 쓰임 **stop to smoke** 담배를 피기위해 하던 일을 멈추다
try	'실험삼아 한 번 시도해 보다' **tried eating** 한 번 먹어봤다 (먹었다)	'~해보려고 노력하다' **tried to eat** 먹으려고 노력했다 (그러나 못 먹었다)

Q1 As soon as we got back from our vacation last week, we immediately had to begin _____ the next new ad campaign.

(a) designing   (b) to have designed

Q2 As soon as the Blue Jay Construction Company gets approval from the government, they will start _____ the new downtown library.

(a) building   (b) to have built

Q3 In the 1870s, the German statesman Bismarck introduced 65 as the age at which citizens could stop _____ and receive a pension.

(a) to work   (b) working

Q4 We have received your order placed yesterday afternoon. However, we regret _____ you that the items you ordered are currently out of stock. `고난이도`

(a) informing   (b) to inform

DAY 01
DAY 02
DAY 03
DAY 04
DAY 05
DAY 06
DAY 07
DAY 08
DAY 09
DAY 10

지텔프 공식

3 주어와 보어와 전치사의 목적어 역할을 하는 명사적 용법

6회에 1문제 정도 출제

P1 주어역할을 하는 동명사의 명사적 용법이 자주 출제 된다.

문장 속에서 주어 역할을 하는 동명사 문제를 지텔프는 자주 출제한다.

> **Fishing** in the lake is my hobby.
> 호수에서 낚시하는 것이 나의 취미이다.

P2 도치된 문장에서 동명사 주어 찾기 문제도 아주 가끔 출제된다.

전치사 + 명사가 문장의 맨 앞에 오게 되어서 주어와 동사가 도치될 수 있는 문장 속에서 주어 역할을 하는 동명사 문제가 아주 가끔 출제된다.

> Among our best options is __arranging__ a meeting between the two companies.
> 우리가 선택할 수 있는 최고의 선택 사항들 중에 그 두 회사 간의 만남을 준비하는 것이 있다.

P3 아주 가끔 be동사의 보어 역할을 하는 동명사의 명사적 용법도 출제된다.

> My favorite hobby is __playing__ the guitar.
> 내가 가장 좋아하는 취미는 기타를 연주하는 것이다.

P4 for와 같은 전치사 뒤에서 전치사의 목적어 역할을 하는 동명사의 명사적 용법도 가끔 출제된다.

다음 페이지의 지텔프 공식 4에서 설명하는 동명사의 관용적 표현으로 보통 출제가 많이 되지만 그냥 전치사 뒤에서 쓰이는 동명사의 용법을 물어보는 경우도 있다.

Q1 _____ the revised procedures effectively will be a challenging task.
(a) Implement (b) Implementing

Q2 _____ their paper at the academic conference could help the graduate students further their career.
(a) Presenting (b) Presentation

Q3 _____ a competent real estate agent is the first step towards renting a proper commercial space.
(a) Recruitment (b) Recruiting

Q4 _____ a suitable venue for the marketing meeting would be difficult at this late date.
(a) Find (b) Finding

Q5 _____ your reservation without any advance notice can result in penalty fees. 고난이도
(a) Cancelling (b) Cancel

4 동명사의 관용표현

매회 **26문제** 중 **1문제** 출제

P1 동명사의 관용적 표현도 지텔프 시험에 자주 출제된다.

be capable of ~ing ~할 수 있다	have trouble[problem] ~ing ~하는데 곤란을 겪다
be caught ~ing ~하다가 잡히다	It is no use[good] ~ing ~해도 소용없다
be far from ~ing ~하는 것이 아니다	keep + ~ing 계속 ~하다
be fined for ~ing ~때문에 벌금을 받다	keep A from ~ing A가 ~ing하는 것을 금지하다
be on the point of ~ing 막 ~하려 하다	make a point[habit] of ~ing 규칙적으로 ~하다
cannot help ~ing ~하지 않을 수 없다	prevent A from ~ing A가 ~ing하는 것을 막다
feel like ~ing ~하고 싶어 하다	prohibit A from ~ing A가 ~ing하는 것을 막다
give up ~ing ~하는 것을 포기하다	put off ~ing ~을 연기하다
go + ~ing ~하러 가다	speed up ~ing ~하는데 속도를 높이다
have a capacity of ~ing ~할 능력이 있다	spend + 시간/돈 + ~ing ~하는데 시간/돈을 쓰다
have a hard time ~ing ~하는데[하면서] 어려움을 겪다	take up ~ing ~을 (재미로) 배우다[시작하다]
have difficulty ~ing ~하는데 어려움을 겪다	There is no ~ing ~할 방법이 없다

P2 be동사 + 형용사 + 동명사 형태의 동명사 관용구문도 시험에 자주 출제된다.

be busy ~ing ~하는데 바쁘다	be worth ~ing ~할 가치가 있다

P3 지텔프에는 전치사 to 다음에 동명사를 쓰는 토익식 문제는 거의 출제가 되지 않지만, 독해를 위해 알아 두면 좋다.

be accustomed to ~ing ~에 익숙하다	contribute to ~ing ~에 기여하다
be addicted to ~ing ~에 탐닉하다[빠지다]	in addition to ~ing[명사] ~에 추가하여[더하여]
be committed to ~ing ~에 헌신하다	lead to ~ing ~을 야기하다
be dedicated to ~ing ~에 전념하다	listen to ~ing[명사] ~을 듣다
be devoted to ~ing ~에 헌신하다	look forward to ~ing ~을 학수고대하다
be related to ~ing ~와 관련되다	object to ~ing ~에 반대하다
be subject to ~ing[명사] ~을 겪기 쉽다, ~가 필요하다	react to ~ing ~에 반응하다
be[get] used to ~ing ~에 익숙해지다	reply to ~ing ~에 응답하다
be[remain/stand] opposed to ~ing ~에 반대하다	respond to ~ing ~에 응답하다
come near to ~ing 거의 ~할 뻔하다	when it comes to ~ing[명사] ~의 이야기[문제]라면

Q1 That's why she **keeps** _____ to other countries when her schedule allows.
(a) to travel　　(b) travelling

Q2 I believe it **is worth** _____ whether or not that is still valid.
(a) to consider　　(b) considering

Q3 This new laser printer **has a capacity of** _____ 25 pages a minute along with a wireless file transfer function.
(a) printing　　(b) prints

Q4 Bankers and real estate agents both **have great difficulty** _____ the future mortgage loan market rate.
(a) predicting　　(b) to predict

Q5 The regulations of the Basin City explicitly stipulate that foreign investors **are prohibited from** _____ any properties within its historic district. 고난이도
(a) purchasing　　(b) to purchase

모두지 PRACTICE

01 He is considering _____ to New York City, and recently hired a realtor to sell his house.
(a) to move　　　　　　　(b) moving

02 Deadlines may sound negative at first, but they actually motivate you to keep _____ action.
(a) taking　　　　　　　(b) to take

03 _____ the oven is important because this will prevent the food that you bake from either becoming overcooked or undercooked. 고난이도
(a) Preheated　　　　　　(b) Preheating

04 I suggest _____ Mr. Jones to the role of Senior Manager because he has demonstrated very good decision-making and leadership qualities.
(a) promoting　　　　　　(b) to promote

05 The CEO is considering _____ another branch in Bangkok in order to expand the business and appeal to Asian consumers.
(a) to open　　　　　　　(b) opening

06 The store manager suggested _____ two additional sales representatives, but headquarters rejected the idea for budgetary reasons.
(a) to hire　　　　　　　(b) hiring

07 Besides playing basketball professionally, he also enjoys _____ his boat.
(a) to sail　　　　　　　(b) sailing

08 _____ a cure for autism hasn't been easy for the medical community.
(a) Find　　　　　　　　(b) Finding

09 When the red indicator on the control panel blinks, the engine will most likely quit _____ within one hour.
(a) working　　　　　　　(b) to work

10 The English teacher encourages her foreign students to practice _____ English daily.
(a) speaking　　　　　　(b) to speak

11 Ms. Hopkins has been busy _____ the data collected from the customer satisfaction survey.
(a) analyzing　　　　　　(b) to analyze

12 One reason why people postpone _____ something is because big tasks appear overwhelming.
(a) to do　　　　　　　(b) doing

DAY 05 | to부정사

G-TELP BASIC GRAMMAR 기본 개념 다지기

01 **to부정사란 동사원형에 to를 붙여 만든 준동사의 일종으로, 문장 속에서 동사가 아닌 명사, 형용사, 부사로 쓰인다.**

| **G-TELP** 성적표의 평가항목에 **Infinitive**로 채점되는 **to**부정사는 동사에서 만들어지므로 동사의 성질을 부분적으로 가지게 되나, 완벽한 동사는 아니므로 문장의 술어를 구성할 수 없고, 태를 부분적으로만 표현해 줄 수 있으며, 시제를 극히 제한적인 방법으로 상대화시켜 나타낼 수 밖에 없다는 특징을 가진다. 그러나 동사에서 만들어졌으므로 목적어와 보어를 가질 수 있는 동사적 특징도 가진다.

02 **일반적으로 쓰이는 to부정사의 종류는 4가지이다.**

| 동사의 의미를 전달하며 명사, 형용사, 부사의 역할을 하는 **to**부정사는 주절의 동사 시제와 시제 표현의 논리를 맞추기 위해서 단순형과 완료형을 가지며, 동사의 성질을 가지므로 태 변화에 따라 능동형과 수동형을 가진다.

종류		형태	특징
단순형	능동형	**to + 동사원형**	본동사의 시제와 같은 시제를 가지며 능동의 의미를 가진다. 일부 동사는 본동사의 시제보다 하나 더 미래를 나타내는 경우도 있다.
	수동형	**to be p.p.**	본동사의 시제와 같은 시제를 가지며 수동의 의미를 가진다.
완료형	능동형	**to have p.p.**	본동사의 시제보다 상대적으로 하나 더 분명한 과거의 시제를 가지며 능동의 의미를 가진다.
	수동형	**to have been p.p.**	본동사의 시제보다 상대적으로 하나 더 분명한 과거의 시제를 가지며 수동의 의미를 가진다.

*****to be + ing** 형태의 진행형도 있으나 매우 구어체적인 표현으로 보통 지텔프 시험의 정답이 되지는 않는다.

03 **지텔프 시험에는 목적어나 목적격보어로 to부정사를 쓰는 동사를 중심으로 매회 2문제가 출제된다.**

공식 **1** **to**부정사를 목적어로 쓰는 동사

공식 **2** **to**부정사를 목적격보어로 쓰는 동사

공식 **3** 수동태와 어울리는 **to**부정사

공식 **4** **to**부정사의 관용표현

공식 **5** 가주어, 가목적어 **it** 다음에 이어지는 명사적 용법

공식 **6** 목적의 의미로 쓰이는 **to**부정사의 부사적, 형용사적 용법

DAY 01
DAY 02
DAY 03
DAY 04
DAY 05
DAY 06
DAY 07
DAY 08
DAY 09
DAY 10

지텔프 공식 1 to부정사를 목적어로 쓰는 동사

매회 **1**문제 출제

P1 지텔프에 자주 출제되는 **to**부정사를 목적어로 쓰는 동사들을 기억한다.

아래 표에 정리해 둔 동사 외에도 동명사가 아닌 **to**부정사를 목적어로 쓰는 동사들이 더 있지만, 지텔프에서는 거의 출제를 안한다. **to**부정사를 목적어로 쓰는 동사들은 대체로 내용상 계획, 결정, 약속, 희망, 추구, 할 일, 1회성 등의 의미를 가지며 시제상 미래의 느낌을 전달한다. 지텔프 준비 시 아래 표의 단어들을 암기하는 것은 필수적인 것이다. 독학으로 암기가 안 된다면 강의를 듣고 도움을 받는 것이 좋다.

afford ~할 여유가 있다	**desire** ~하기를 바라다	**long** ~하기를 갈망하다	**swear** 맹세하다
agree ~하는데 동의하다	**determine** 결심하다	**manage** ~을 해내다	**tend** ~하는 척 하다
aim ~하기로 목표하다	**elect** 선택[결정]하다	**need** ~할 필요가 있다	**threaten** ~할 것 같다
arrange 마련[주선]하다	**endeavor** 노력하다	**offer** 제안[제의]하다	**volunteer** 자진[자청]하다
ask 요청하다, 구하다	**expect** 예상[작정]하다	**plan** ~할 것을 계획하다	**want** 원하다
care 노력하다, 좋아하다	**fail** ~하는데 실패하다	**pretend** ~인 체 하다	**wish** ~하기를 바라다
choose ~하기로 선택하다	**guarantee** 약속하다	**promise** ~할 것을 약속하다	**would like** ~하고 싶다
claim 주장하다	**hesitate** 주저하다	**refuse** ~하기를 거절하다	**would love** ~하고 싶다
consent ~하는데 동의하다	**hope** ~하기를 희망하다	**resolve** 결심하다	**would prefer** ~을 원하다
dare 감히 ~하다	**incline** ~하고 싶어 하다	**seek** 시도[노력]하다	
decide ~하기로 결정하다	**intend** 의도하다	**strive** ~하려고 노력하다	
demand 요구하다	**learn** ~을 배우다	**struggle** 투쟁[분투]하다	

*like, love, prefer는 would와 함께 쓰일 경우 to부정사만을 뒤에 쓴다.

P2 **to**부정사를 자동사의 보어로 쓰는 동사들도 있다.

appear to be ~처럼 보이다	**remain to be** ~한 상태로 남아 있다
happen to be 혹시 ~이다	**seem to be** ~처럼 보이다
prove to be ~으로 판명되다	**turn out to be** ~으로 판명되다

P3 가끔 **appear to have p.p.** 형태로 완료**to**부정사가 정답이 되는 경우가 있다.

완료**to**부정사는 본동사의 시제보다 상대적으로 하나 더 분명한 과거의 시제를 나타낸다. '말하는 시점보다 이전에 ~했었던 것처럼 지금 보인다'의 의미로 쓰이는 **seem to have p.p.**나 **appear to have p.p.**처럼 가끔 완료**to**부정사가 정답으로 등장한다.

> **주의할 지텔프 공식**
> ① 일반적으로 **to**부정사를 목적어로 쓰는 동사의 문제에서 단순**to**부정사와 완료**to**부정사가 모두 나오면 단순**to**부정사가 거의 무조건적 정답이 된다. 지텔프는 단순**to**부정사와 완료**to**부정사의 상대시제 구별식의 문제를 출제하지 않는다.
> ② 다만 **to**부정사를 목적어로 쓰는 동사 문제에서 단순**to**부정사가 안 나오고 단순동명사와 완료**to**부정사가 나올 땐 완료**to**부정사를 고른다. 완료**to**부정사는 무조건 답이 될 수 없다고 생각하고 다른 오답을 골라서는 안 된다.

Q1 Mr. Song can be reached at 4452-5338, should you wish _____ an appointment with him.
(a) to arrange
(b) arranging

Q2 Boston Consulting intends _____ information from various sources in order to provide a single comprehensive directory of local businesses.
(a) combining
(b) to combine

Q3 The new account director chose _____ the client-appreciation party at the end of the year.
(a) to hold
(b) holding

Q4 The company desires _____ its headquarters at some point in the near future.
(a) to relocate
(b) relocating

Q5 Because she felt that the tourism video appeared _____ hastily made, Ms. Monica recommended that it be filmed again. 고난이도
(a) to have been
(b) having

모두의 지텔프 GRAMMAR SECTION

2 to부정사를 목적격보어로 쓰는 동사

P1 지텔프에 출제되는 목적어 다음에 목적격보어로 to부정사를 쓰는 동사들을 기억한다.

advise 조언하다	determine 결정하다	intend 작정[의도]이다	require 요구하다
allow 허락하다	enable ~하게 하다	invite 초대하다	tell 말하다
ask 요청하다	encourage 용기를 불어넣다	need 필요가 있다	urge 촉구하다
assign 맡기다, 배치하다	expect 기대하다	order 명령하다	want 원하다
believe 믿다	forbid 금지하다	permit 허가하다	warn 경고하다
cause 원인을 제공하다	force 강요하다	persuade 설득하다	would like ~하기를 원하다
compel 강요하다	incline 마음이 생기게 하다	recommend 추천하다	would love ~하기를 원하다
convince 확신시키다	inspire 고무하다	remind 상기시키다	
dare 대담하게 ~하게 하다	instruct 지시하다	request 요청하다	

P2 목적어로는 동명사를 쓰지만 목적격보어로는 to부정사를 쓰는 동사들을 정리한다.

advise 조언하다	permit 허용하다	require 요구하다
allow 허용하다	recommend 추천하다	

P3 목적어와 목적격보어로 모두 to부정사를 쓰는 동사들을 정리한다.

ask 요청하다	expect 기대하다	need 필요가 있다	would love ~하기를 원하다
dare 대담하게 ~하게 하다	incline 마음이 생기게 하다	want 원하다	
determine 결정하다	intend 작정[의도]이다	would like ~하기를 원하다	

Q1 Your expertise has **enabled** us _____ our resources on major priorities.
(a) focus
(b) to focus

Q2 The director **wanted** me _____ the budget report thoroughly for the upcoming meeting.
(a) reading
(b) to read

Q3 The rapid reconfiguration of the main assembly line will **allow** the plant _____ in full capacity by March.
(a) to operate
(b) operating

Q4 A group of teachers in Asgard School **urges** their students _____ school festivities.
(a) attending
(b) to attend

Q5 In order to receive your Christmas bonus on time, please indicate where you **want** it _____ before the December 10th deadline. 고난이도
(a) to be sent
(b) being sent

Q6 Scientists having figured out the human genetic code will **allow** many genetic defects _____ before a baby is born.
(a) to be repaired
(b) being repaired

Q7 The management staff **would like** _____ all new employees to a special dinner on Thursday evening.
(a) to invite
(b) inviting

DAY 01	
DAY 02	
DAY 03	
DAY 04	
DAY 05	
DAY 06	
DAY 07	
DAY 08	
DAY 09	
DAY 10	

지텔프 공식 3 수동태와 어울리는 to부정사

2회에 1문제 정도 출제

P1 to부정사를 목적격보어로 쓰는 동사들의 수동태 뒤에는 to부정사가 나온다.

목적어 다음에 목적격보어로 **to**부정사를 쓰는 동사들의 수동태 뒤에는 **to**부정사가 남는다. 현대 영어에서 **to**부정사를 목적격보어로 쓰는 동사들의 수동태는 3가지로 분류된다.

'~해야 한다' 계열	'~할 수 있다' 계열	'~할 것이다' 계열
be advised to + v	be allowed to + v	be believed to + v
be asked to + v	be enabled to + v	be expected to + v
be caused to + v	be permitted to + v	be intended to + v
be compelled to + v		
be convinced to + v		
be encouraged to + v		
be forced to + v		
be invited to + v		
be needed to + v		
be persuaded to + v		
be recommended to + v		
be reminded to + v		
be requested to + v		
be required to + v		
be told to + v		
be urged to + v		
be warned not to + v		

P2 be caught ~ing나 be done ~ing처럼 수동태 뒤에 ~ing를 쓰는 특별한 경우를 제외하고는 수동태 뒤에는 보통 to부정사가 온다.

지텔프에서는 일반적인 수동태 뒤의 빈칸에는 **90%** 이상 **to**부정사가 들어간다. 일반적인 수동태 표현 뒤의 **to**부정사는 '~하기 위해서'의 의미를 가진다. **be done ~ing**는 '~하는 것을 끝내다'의 의미이며 **be done to + v**는 '~하기 위해 행해지다'의 의미이기 때문에 해석으로 구별해야 한다.

be celebrated to + v ~하기 위해 축하되어지다	be pleased to + v ~해서 기쁘다
be designed to + v ~하기 위해서 디자인되다	be satisfied to + v ~해서 기쁘다[만족스럽다]
be done to + v ~하기 위해 행해지다	be scheduled to + v ~하기로 예정되어 있다
be formed to + v ~하기 위해 형성되다	be supposed to + v ~하기로 되어 있다, ~해야 한다
be guaranteed to + v ~할 것이라고 보증되다	be surprised to + v ~해서 놀라다
be known to + v ~한다고 알려져 있다	be trained to +v ~하기 위해 훈련을 받다
be made to + v ~하기 위해 만들어지다	be used to + v ~하기 위해 사용되다

Q1 International students are recommended _____ the online orientation prior to their arrival on campus. 고난이도
(a) completing
(b) to complete

Q2 The training session was designed _____ employees with information on safety regulations available.
(a) to provide
(b) to have provided

Q3 This cleverly concealed steel safe is guaranteed _____ fully functional in both extremely hot and cold conditions. 고난이도
(a) to remain
(b) remaining

Q4 An all-clear announcement will be made _____ you when it is safe to re-enter the building.
(a) alerting
(b) to alert

Q5 The committee that was formed _____ workplace diversity at Falabella Manufacturing was highly successful.
(a) to address
(b) addressing

모두의 지텔프 GRAMMAR SECTION

지텔프
공식

4 to부정사의 관용표현

4회에 1문제 정도 출제

P1 지텔프에 출제되는 to부정사를 뒤에 쓰는 형용사 관용표현을 반드시 기억한다.

be able to + v ~할 수 있다
be about to + v 막 ~하려고 하다
be anxious to + v ~을 갈망하다
be apt to + v ~하는 경향이 있다
be certain to + v 확실히 ~하다
be eager to + v 기꺼이 ~하다
be easy to + v ~하기 쉽다
be eligible to + v ~할 자격이 있다
be fortunate to + v 운 좋게 ~하다
be free to + v 자유롭게 ~하다

be glad to + v 기꺼이 ~하다
be going to + v ~할 예정이다
be hesitant to + v ~을 주저하다
be likely to + v ~하기 쉽다
be quick to + v 빠르게 ~하다
be ready to + v ~할 준비가 되다
be reluctant to + v 마지못해 ~하다
be[make] sure to + v 확실히 ~하다
be unable to + v ~할 수 없다
be willing to + v 기꺼이 ~하려고 하다

P2 지텔프에 출제되는 to부정사를 뒤에 쓰는 부사 관용표현을 기억해야 한다.

① **too ~ to + v** 너무 ~해서 ~할 수 없다, 너무 ~하다... ~하기에
You are too young to live alone. 너는 너무 어려서 혼자 살 수 없다.
② **enough ~ to + v** ~할 정도로 충분하게, ~하기 위해서 충분하게 <enough는 부사로도 쓰인다>
He was foolish enough to think so. 그는 그렇게 생각할 정도로 충분히 바보였다.
③ **only to + v** 그러나[그런데] ~하다[했다]
He worked hard only to fail. 그는 열심히 했으나 (그러나) 실패했다.
④ **never to + v** 그러나[그런데] ~하지 못한다[못했다]
He went to Africa never to return. 그는 아프리카로 갔으나 돌아오지 못했다.

P3 지텔프에 출제되는 to부정사의 관용표현을 반드시 기억해야 한다.

have no[little] choice but to + v ~하지 않을 수 없다   there is no (best) way to + v ~하는 방법은 없다
there is no need to + v ~할 필요가 없다

Q1 The contractor's crew was able _____ work on Coastland Parkway despite the shortage of construction equipment.
(a) completing
(b) to complete

Q2 According to a recent newspaper article, those who frequently work out are much less likely _____ from stress or anxiety. 고난이도
(a) suffering
(b) to suffer

Q3 Guests may choose either a regular room, if they are willing _____ more, or deluxe rooms with a bathroom spa tub.
(a) to pay
(b) paying

Q4 He had no choice but _____ at New York Airport.
(a) waiting
(b) to wait

Q5 The old computers in the library are too outdated _____ the new design programs.
(a) running
(b) to run

지텔프 공식 5 — 가주어, 가목적어 it 다음에 이어지는 명사적 용법

12회에 1문제 정도 출제

P1 진주어와 진목적어로 쓰이는 to부정사의 명사적 용법이 출제된다.

to부정사의 명사적 용법이란 to부정사구가 문장 내에서 명사처럼 쓰이는 경우를 말한다. 지텔프 시험에서 to부정사구는 문장 내에서 가주어나 가목적어 it 다음에 이어지는 진주어나 진목적어로도 가끔 출제된다. 가주어나 가목적어 구문을 만드는 형용사들과 to부정사의 관계를 이해해야 한다. 경우에 따라 의미상의 주어를 표시해 줄 때가 있는데 to부정사의 의미상의 주어는 **for** + 명사로 나타내는 것이 기본이다.

가주어 It	appropriate 적절한 best 최고의 certain 확실한 clear[obvious/apparent] 분명한	inevitable 피할 수 없는 likely ~일 것 같은 natural 자연스러운 necessary 필요한	to부정사 진주어
가목적어 it	difficult 어려운 easy 쉬운 essential 필수적인 important 중요한 impossible 불가능한	possible 가능한 true 사실인 uncertain 불확실한 unlikely ~일 것 같지 않은 vital 중요한	to부정사 진목적어

P2 시험에 잘 나오는 가목적어 구문을 이끄는 동사를 정리해 둔다.

주어	believe, consider, find, make, think	it 가목적어	목적격보어	to부정사 진목적어

Q1 To guarantee the objectivity of the survey, **it is important** _____ the most accurate information available.
(a) gathering
(b) to gather

Q2 Before deciding to purchase a new appliance, **it is important** _____ that it will fit the desired space. 고난이도
(a) ensuring
(b) to ensure

Q3 **It is essential** _____ customer needs by handling complaints properly.
(a) to meet
(b) meeting

Q4 The research center considers **it necessary** _____ with other institutions for efficiency.
(a) collaborating
(b) to collaborate

Q5 The board of directors agreed that the merger deal with Calvin Publishing was finalized and they found **it helpful** _____ the customer base.
(a) to broaden
(b) broadening

Q6 The abundance of the quality electronics available in stores or online makes **it difficult** _____ quick purchase decisions.
(a) making
(b) to make

Q7 Advances in wireless communications have made **it possible** _____ with people throughout the world.
(a) communicating
(b) to communicate

지텔프 공식

6 목적의 의미로 쓰이는 to부정사의 부사적, 형용사적 용법

매회 **1문제** 출제

P1 **'~하기 위해서[위하여]'의 의미로 쓰이는 to부정사의 부사적 용법은 거의 매회 출제된다.**

일반적인 수동태 표현 뒤뿐만 아니라 완벽한 문장구조를 가진 능동태 표현 뒤에서 목적('~하기 위하여)의 의미로 쓰이는 **to**부정사의 부사적 용법을 물어보는 문제[**2019**년 기출 자료를 분석해 보면 **to**부정사 문제의 **50%** 이상이 '목적'의 부사적 용법을 물어보는 문제로 매회 출제가 되었다.]가 자주 출제되며 **in order to + v** 형태의 관용표현도 자주 출제된다. 주어 다음에 자동사를 가지는 완벽한 문장 뒤에 **to**부정사 문제는 **come out to + v** (~하기 위해 나오다) 구문이 시험에 자주 나온다.

주어 + 타동사 + 목적어를 가지는 완벽한 문장 뒤 **to** + v 주어 + 자동사를 가지는 완벽한 문장 뒤 **to** + v	**in order to + v** ~하기 위해서 **in an effort to + v** ~하기 위해서 **so as to + v** ~하기 위해서 **in order not to + v** ~하지 않기 위해서 **so as not to + v** ~하지 않기 위해서

P2 **'~하기 위한'의 의미로 쓰이는 to부정사의 형용사적 용법이 출제된다.**

to부정사의 형용사적 용법이란 **to**부정사구가 명사 뒤에서 앞에 있는 명사를 수식하는 경우를 말한다. 해석으로 문제를 풀어야 하는 문제 같지만, 아래 박스의 명사들 다음 빈칸에 출제가 되는 형태이므로 본 정리의 단어들을 암기해 둔다면 해석이 부족해도 문제를 풀 수 있다.

attempt 시도 **authority** 권한 **capacity** 능력 **chance** 기회, 확률 **claim** 주장	**decision** 결정 **effort** 노력 **need** 필요 **opportunity** 기회 **place** 장소	**plan(s)** 계획 **plomise** 약속 **readiness** 준비 **time** 시간 **wish** 바램	**to 부정사** **'~하기 위한'**

Q1 Mr. Jenkins had to prepare all the documents by himself yesterday so as _____ the analysis in time for the staff meeting this coming Friday.
(a) to have
(b) having

Q2 Safety protocols at the Fukushima power plant were modified last month in order _____ with new standards.
(a) to comply
(b) complying

Q3 The NASA Space Museum is developing a Web-based tutorial _____ visitors with its exhibits.
(a) to familiarize
(b) familiarizing

Q4 Editor-in-chief Ronney Lewis confirmed plans to expand the distribution area of Dallas Times _____ Harlem County.
(a) to include
(b) including

Q5 All seminar participants will have an opportunity _____ knowledge on French cuisine.
(a) updating
(b) to update

Q6 The difference between the average person and great people is not just creative capacity, but the ability _____ that capacity. 고난이도
(a) developing
(b) to develop

Q7 There is an immediate need to hire more staff _____ with the increasing demand.
(a) to deal
(b) dealing

모두지 PRACTICE

01 You should **decide** _____ the fitness center before June to receive a new member discount.
(a) to join   (b) joining

02 The useful functions on this Web site **allow** readers _____ for specific information more quickly.
(a) searching   (b) to search

03 Many of the older buildings in this area **have been torn down** _____ room for the widening of the highway.
(a) to make   (b) making

04 State Farm Agricultural Research Center (SFARC) and White Water Chemicals Inc. **agreed** _____ a long-term cooperative system following their successful collaboration on the development of an environmentally-friendly chemical fertilizer.
(a) to build   (b) building

05 These are the questions that, when skillfully asked, will **persuade** customers _____ a change.
(a) making   (b) to make

06 Despite the current economic crisis, the team manager **wants** _____ next quarter's sales target.
(a) surpassing   (b) to surpass

07 SK corporate employees **are permitted** _____ casually on Fridays, with the exception of the receptionists, who must wear formally at all times. 고난이도
(a) wearing   (b) to wear

08 I am the mother of Anne Matthews, and I **would like** _____ for my daughter's admission to your school's third grade class on her behalf.
(a) having applied   (b) to apply

09 It has been proven that people **tend** _____ better at mental tasks right after a quick break.
(a) to perform   (b) performing

10 The place is enclosed with a wooded trail, so if you like to enjoy wonderful seafood in a calm and fresh atmosphere, don't **hesitate** _____ Cerea's.
(a) visiting   (b) to visit

11 As Mr. Daniels has a full schedule, he probably won't **be able** _____ it to the charity auction this weekend.
(a) making   (b) to make

12 The new employee **is** as **eager** as her boss _____ part of the development project team. 고난이도
(a) to be   (b) being

DAY 06 | 시제

G-TELP BASIC GRAMMAR 기본 개념 다지기

01 지텔프 레벨 2 시험에서 출제 원칙상 단순시제 3가지와 완료시제 3가지는 정답이 아니다.

| G-TELP 레벨 2 시험에서는 단순진행시제 3가지와 완료진행시제 3가지만이 정답으로 출제되는 것이 원칙이다. 성적표의 평가항목에는 **Progressive Tense**[진행시제]의 평가항목만이 있으며, **Simple Tense**[단순시제] 3가지나 **Perfect Tense**[완료시제] 3가지에 대한 평가항목이 없다. 단순시제와 완료시제는 지텔프 레벨 3 이하 시험에서 출제된다.

02 영어에는 12가지 시제가 있다.

| 동사와 형용사가 문장의 술어로 쓰일 수 있는 한국어와는 다르게 영어에서는 오직 조동사와 어울리는 동사만이 **12**가지 시제와 의미를 표현하며 술어로 쓰일 수 있다. 완료시제는 한국어에는 없는 표현법이므로 **1:1** 대응식의 한국어 표현이 존재하지 않는다. 따라서 한국어 해석으로 영어의 시제를 이해하는 것은 힘들다.

12시제	단순시제	현재시제	**I write a letter.** 나는 편지를 쓴다.
		과거시제	**I wrote a letter.** 나는 편지를 썼다.
		미래시제	**I will write a letter.** 나는 편지를 쓸 것이다.
	완료시제	현재완료시제	**I have written a letter.** 나는 편지를 썼다.
		과거완료시제	**I had written a letter.** 나는 편지를 썼다.
		미래완료시제	**I will have written a letter.** 나는 편지를 쓸 것이다.
	단순진행시제	현재진행시제	**I am wrting a letter.** 나는 편지를 쓰고 있다.
		과거진행시제	**I was writing a letter.** 나는 편지를 쓰고 있었다.
		미래진행시제	**I will be writing a letter.** 나는 편지를 쓰고 있을 것이다.
	완료진행시제	현재완료진행시제	**I have been writing a letter.** 나는 편지를 쓰고 있다.
		과거완료진행시제	**I had been writing a letter.** 나는 편지를 쓰고 있었다.
		미래완료진행시제	**I will have been writing a letter.** 나는 편지를 쓰고 있을 것이다.

03 12가지 시제의 원칙적 쓰임은 다음과 같다.

현재시제	현재의 사실, 상태, 진리, 통념	현재진행시제	현재 진행 중인 동작, 상태
과거시제	과거의 사실, 상태	과거진행시제	과거 한 시점에서 진행 했던 동작, 상태
미래시제	미래의 사실, 미래의 결심	미래진행시제	미래 한 시점에서 진행 중일 동작, 상태
현재완료시제	과거와 현재의 연결	현재완료진행시제	과거와 현재의 진행적 연결
과거완료시제	과거 특정 시점 이전과 과거의 연결	과거완료진행시제	과거 특점 시점 이전과 과거의 진행적 연결
미래완료시제	이전과 미래 특정 시점까지의 연결	미래완료진행시제	이전과 미래 특정 시점까지의 진행적 연결

04 지텔프 시험에는 매회 6가지 Progressive Tense[진행시제]가 각각 1문제씩 총 6문제 출제된다.

공식 **1** 현재진행시제
공식 **2** 과거진행시제
공식 **3** 미래진행시제

공식 **4** 현재완료진행시제
공식 **5** 과거완료진행시제
공식 **6** 미래완료진행시제

DAY 01
DAY 02
DAY 03
DAY 04
DAY 05
DAY 06
DAY 07
DAY 08
DAY 09
DAY 10

지텔프
공식

1 현재진행시제

매회 **26문제** 중 **1문제** 출제

P1 **지텔프 시험엔 현재진행시제가 정답인 문제가 매회 26문제 중 1문제 출제된다.**

시제 힌트가 명시적으로 나오는 경우가 **95%**이며 나머지 **5%**는 힌트가 눈에 쉽게 보이지 않는다. 힌트가 없는 경우에는 앞 문장이나 뒤 문장 등에 나타난 문맥의 전체 시제를 기준으로 판단해야 하는 어려운 문제가 된다. 한국어의 해석은 '**~하고 있다**'로 해석한다.

현재진행시제의 시제 힌트		형태
"직접화법 따옴표 속" as of this moment '지금' as we speak '말하고 있는 지금도' at present '현재' at this[the] moment '지금' currently '현재' now '지금'	now that '지금 ~이기 때문에' nowadays '요즘' presently '현재', '지금' right now '바로 지금' these days '요즘' today '오늘'	is[are] ~ing

*지텔프의 시제 문제는 한국어 해석을 기준으로 푸는 것이 아니라 시제 힌트를 기준으로 문제를 풀어야 한다.

P2 **현재시제와 현재진행시제는 분명히 다르게 쓰일 때가 있고 그런 상황에서만 출제를 하므로 지텔프 레벨 2의 평가 항목에 존재하지 않는 현재시제를 답으로 골라서는 안 된다.**

now와 같은 시제부사는 실제 현재시제와 현재진행시제뿐만 아니라 과거시제에도 쓰일 수 있다. 즉, 모든 영어에서 **now**는 오직 현재진행시제와만 쓰인다고 이해해서는 안 된다. 여기서 정리한 시제의 힌트에 따른 정답 찍기는 지텔프에서만 통용되는 문제 패턴이라고 정리를 해 두어야 한다. 그렇다면 지텔프는 해석도 못하는 사람들이 요령만 배워서 마구 찍어도 다 맞게 되는 엉터리 시험인가? 물론 아니다. 실제 기출문제들을 분석해 보면 시제의 정답을 유도하는 상황이 정교하고 정밀하게 설계되어 있는 국제공인영어 문제들임을 부정할 수 없다.

토익은 실제 비즈니스 상황에서 자주 쓰이지 않는 시제들을 문제화시켜 출제하지 않지만, 지텔프는 실생활의 사용빈도와 상관없이 집요할 정도로 각각의 진행시제를 출제하는데 이것은 지텔프라는 시험이 수준별 교육목적을 설정하고 그 교육목적에 부합하는 평가문항을 개발하여 **5단계** 발달 수준[레벨]별로 학습자가 목표 언어능력을 개발하는데 중점을 두고 있기 때문이다. 두 시험은 각자 차이가 있으므로 따라서 토익용 교재를 가지고 지텔프 시험을 준비하는 것도 매우 도움이 안 되는 우매한 짓이 된다.

한국어와 영어의 차이 때문에 한국어 해석 중심의 시제 이해는 힘들지만 **12가지** 영어 시제 모두는 각각 분명히 다른 점이 존재한다.

Q1 **At this very moment**, the shuttle _____ docking procedures in outer space.
(a) is initiating
(b) will be initiating

Q2 It's almost summer time and in order to help everyone get into their summer time swimsuit figure, the 24 Hour Gym _____ a discount on all memberships.
(a) was currently offering
(b) is currently offering

Q3 To ensure you find the perfect fabric to suit your needs, we _____ 30 cm x 30 cm fabric swatches for just $0.99 each.
(a) were now offering
(b) are now offering

Q4 The accounting software _____ correctly now that an updated version has been installed on company's computers. 고난이도
(a) is working
(b) was working

Q5 We _____ an appraisal undertaken to determine the true value of the property before we make a decision on purchasing it.
(a) are currently having
(b) were currently having

모두의 지텔프 GRAMMAR SECTION

지텔프
공식
2 과거진행시제

매회 26문제 중 1문제 출제

P1 지텔프 시험엔 과거진행시제가 정답인 문제가 매회 26문제 중 1문제 출제된다.

시제 힌트가 명시적으로 나오는 경우가 **95%**이며 나머지 **5%**는 힌트가 눈에 쉽게 보이지 않는다. 힌트가 없는 경우에는 앞 문장이나 뒤 문장 등에 나타난 문맥의 전체 시제를 기준으로 판단해야 하는 어려운 문제가 된다. 한국어의 해석은 '~하고 있었다'로 해석한다.

과거진행시제의 시제 힌트		형태
all day yesterday '어제 하루 종일' **all last week** '지난 주 내내' **at past** + 시간 **at that time** '그 때' **last night** '지난밤에' **then** '그 때'	**those days** '그 무렵에' **When** + 과거시제, 주절 과거진행시제 **While** + 과거진행시제, 주절 과거시제 **yesterday** '어제' 과거연도 '과거 ~년도에'	**was[were] ~ing**

*지텔프의 시제 문제는 한국어 해석을 기준으로 푸는 것이 아니라 시제 힌트를 기준으로 문제를 풀어야 한다.

P2 과거시제와 과거진행시제는 분명히 다르게 쓰일 때가 있고 그런 상황에서만 출제를 하므로 지텔프 레벨 2의 평가 항목에 존재하지 않는 과거시제를 답으로 골라서는 안 된다.

Q1 Joel **interrupted** the manager **while** he _____ a meeting with the regional vice president.
(a) was having   (b) has

Q2 The veteran legislator _____ before the Green Thumb Society **when** he **suffered** a massive heart attack.
(a) is speaking   (b) was speaking

Q3 She hurriedly **opened** the door and **asked** that he be quiet because her baby _____. 고난이도
(a) was sleeping   (b) will sleep

Q4 **While** he _____ his conclusion, his laptop suddenly **shut down** without saving.
(a) is typing   (b) was typing

Q5 She _____ at Oxford University **when** she **began** writing them.
(a) is studying   (b) was studying

Q6 I _____ my mom to visit me at my dorm **last night**.
(a) wasn't expecting   (b) won't be expecting

Q7 The light suddenly **went** out **while** she _____ us an especially frightening story.
(a) will be telling   (b) was telling

Q8 He _____ dinner **at that time** and assumed the child was still sleeping in the nursery.
(a) was eating   (b) is eating

Q9 She _____ her favorite song in the hallway, **when** our class adviser heard her and **urged** Michelle to join the contest.
(a) only sang   (b) was only singing

DAY 01
DAY 02
DAY 03
DAY 04
DAY 05
DAY 06
DAY 07
DAY 08
DAY 09
DAY 10

지텔프 공식 **3** ## 미래진행시제

P1 지텔프 시험엔 미래진행시제가 정답인 문제가 매회 26문제 중 1문제 출제된다.

시제 힌트가 명시적으로 나오는 경우가 **95%**이며 나머지 **5%**는 힌트가 눈에 쉽게 보이지 않는다. 힌트가 없는 경우에는 앞 문장이나 뒤 문장 등에 나타난 문맥의 전체 시제를 기준으로 판단해야 하는 어려운 문제가 된다. 한국어의 해석은 한국어에 조동사 **will**과 같은 품사가 존재하지 않기 때문에 미래시제처럼 해석될 때도 있다. 보통 '~하고 있을 것이다'나 '~할 것이다'로 해석한다.

미래진행시제의 시제 힌트		형태
after + 현재시제 '~한 이후에' **all day tomorrow** '내일 하루 종일' **all next week** '다음 주 내내' **all tomorrow** + 시점 '내일 ~ 내내' **as soon as** + 현재시제 '하자마자' **at the time of** + 미래 '~시간에' **before** + 현재시제 '~하기 전에' **beginning (on)** + 미래 '~부터' **by next week** '다음 주까지' **by then** '그 때 즈음엔' **by tomorrow** '내일까지' **coming** + 시간 '다가오는 ~에' **following** + 시점 '다음 ~에' **for upcoming** + 행사 '다가올 ~에'	**if** + 현재시제 '~한다면' **in** + 기간 '~쯤 지나서' **in** + 미래연도 '~년에' **in the** + 미래시점 '미래 ~에' **later** + 시점 '나중 ~에' **next** + 미래 '다음 ~에' **soon[shortly]** '곧' **starting (on)** + 미래[오늘] '~부터' **this afternoon** '오늘 오후에' **tomorrow** '내일' **tonight** '오늘 밤에' **until** + 미래 '~까지' **when** + 현재시제 '~할 때'	**will be ~ing**

*지텔프의 시제 문제는 한국어 해석을 기준으로 푸는 것이 아니라 시제 힌트를 기준으로 문제를 풀어야 한다.

P2 미래시제와 미래진행시제는 분명히 다르게 쓰일 때가 있고 그런 상황에서만 출제를 하므로 지텔프 레벨 2의 평가 항목에 존재하지 않는 미래시제를 답으로 골라서는 안 된다.

Q1 **Starting today,** he _____ to more than 50 high schools to give a series of lectures on it.
(a) will be traveling
(b) will have traveled

Q2 The Moscow Ballet Company _____ the Nutcracker during the Art Festival Week **next month**.
(a) will have performed
(b) will be performing

Q3 The commencement ceremony _____ **in a month**.
(a) will be happening
(b) happened

Q4 Our class _____ a rendition of Harper Lee's *To Kill a Mockingbird* **for the upcoming** school fair.
(a) will be doing
(b) was doing

Q5 Everyone _____ the town's annual celebration **tomorrow**.
(a) was attending
(b) will be attending

Q6 This **is to remind you that during the period of April 23 – 28**, we _____ used clothing in our regional stores. 고난이도
(a) will be accepting
(b) will have accepted

Q7 Prior to his retirement, Mr. Morhaime **has already announced** that Mike Pearce, co-founder of Dustwing and currently **vice-president**, _____ the position of company CEO. 고난이도
(a) will be assuming
(b) has assumed

모두의 지텔프 GRAMMAR SECTION

지텔프
공식

4 현재완료진행시제

매회 **26문제** 중 **1문제** 출제

P1 **지텔프 시험엔 현재완료진행시제가 정답인 문제가 매회 26문제 중 1문제 출제된다.**

시제 힌트가 명시적으로 나오는 경우가 **95%**이며 나머지 **5%**는 힌트가 눈에 쉽게 보이지 않는다. 힌트가 없는 경우에는 앞 문장이나 뒤 문장 등에 나타난 문맥의 전체 시제를 기준으로 판단해야 하는 어려운 문제가 된다. 한국어의 해석은 한국어에 완료시제의 표현법이 불완전하므로 현재완료나 현재진행 또는 과거처럼 해석될 때도 있다. 보통 '~해 오고 있다'로 해석한다.

현재완료진행시제의 시제 힌트		형태
for + 기간 + now **for + 기간 + nonstop** **for + 기간 + straight** **for a while** **constantly** **every day** **regularly** **lately** **in[for/over] the last[past] + 기간** **several + 일수[달수/연수]**	**since + 과거** '~한 이후로' **since then** '그 때 이후로' **so far** '과거부터 지금까지' **until now** '과거부터 지금까지'	**has[have] been ~ing**

*지텔프의 시제 문제는 한국어 해석을 기준으로 푸는 것이 아니라 시제 힌트를 기준으로 문제를 풀어야 한다.

P2 **현재완료시제와 현재완료진행시제는 분명히 다르게 쓰일 때가 있고 그런 상황에서만 출제를 하므로 지텔프 레벨 2의 평가항목에 존재하지 않는 현재완료시제를 답으로 골라서는 안 된다.**

완료진행시제라고 무조건 **for + 기간**이 나오는 것은 아니지만 보통 현재완료진행시제이건 과거완료진행시제이건 미래완료진행시제이건 지텔프에서는 진짜 자주 등장한다. **for + 기간**이 나오면 일단 완료진행시제 3가지 중 한 가지가 답이 된다고 판단하며, **for + 기간**이 나오는 문제인데도 완료진행시제가 답이 아닐 때에는 선택문항 자체에 아예 완료진행시제를 등장시키지 않는다.

Q1 To preserve its unspoiled environment, the town has organized Citizens' Group Watch to monitor the beach area for garbage. The group _____ this **for a month now**.
(a) is actively doing   (b) has been actively doing

Q2 Lizzy _____ her favorite monthly magazine Newsweek for five dollars each **for the last six months**.
(a) has been buying   (b) had been buying

Q3 He _____ the program **for four years now**, but he still finds himself struggling just to keep up in school.
(a) is pursuing   (b) has been pursuing

Q4 He is becoming increasingly irritated, as they _____ non-stop **for the last five hours**.
(a) will be partying   (b) have been partying

Q5 They _____ **for almost an hour**, but they still need to play two more sets to finish the game.
(a) were playing   (b) have been playing

Q6 Mr. Hacker's wood carving retail business _____ well **lately** due to international competition. 고난이도
(a) will not be doing   (b) has not been doing

Q7 Ms. Kameda _____ **several annual** research projects in collaboration with government agencies. 고난이도
(a) has been overseeing   (b) oversees

지텔프 공식 5 과거완료진행시제

매회 26문제 중 1문제 출제

P1 지텔프 시험엔 과거완료진행시제가 정답인 문제가 매회 26문제 중 1문제 출제된다.

시제 힌트가 명시적으로 나오는 경우가 **95%**이며 나머지 **5%**는 힌트가 눈에 쉽게 보이지 않는다. 힌트가 없는 경우에는 앞 문장이나 뒤 문장 등에 나타난 문맥의 전체 시제를 기준으로 판단해야 하는 어려운 문제가 된다. 한국어의 해석은 한국어에 완료시제의 표현법이 불완전하므로 과거완료나 과거진행 또는 과거처럼 해석될 때도 있다. 보통 '~했다'나 '~했었다', '해 오고 있었다'로 해석한다.

과거완료진행시제의 시제 힌트		형태
for + 기간 **some** + 사건들 **several** + 일수[달수/연수]	**before** + 과거 '~전에' **by the time** + 과거 '~때까지' **prior to** + 과거 '~전에' **until** + 과거 '~까지' **when** + 과거 '~했을 때'	**had been ~ing**

*지텔프의 시제 문제는 한국어 해석을 기준으로 푸는 것이 아니라 시제 힌트를 기준으로 문제를 풀어야 한다.

P2 **when**이나 **before** 다음에 과거가 나올 땐 **for** + 기간의 유무에 따라 과거진행시제나 과거완료진행시제가 답이 된다.

주어 + 과거진행시제	**when / before** + 과거
주어 + 과거완료진행시제 + **for** + 기간	
주어 + 미래진행시제	**when / before** + 현재 (동사의 형태는 현재이나 의미는 미래)
주어 + 미래완료진행시제 + **for** + 기간	

P3 과거완료시제와 과거완료진행시제는 분명히 다르게 쓰일 때가 있고 그런 상황에서만 출제를 하므로 지텔프 레벨 2의 평가항목에 존재하지 않는 과거완료시제를 답으로 골라서는 안 된다.

Q1 She _____ on sleeveless dresses for half an hour when her friend finally arrived.
(a) has been trying
(b) had been trying

Q2 The company _____ for a viable site for three years before they finally chose the coastal city of Oxnard for its stations.
(a) had been searching
(b) was searching

Q3 They _____ on the project for five months already when the developer abruptly cancelled it.
(a) have been working
(b) had been working

Q4 It was only then that his family revealed that he _____ with depression before he died.
(a) struggles
(b) had been struggling

Q5 He _____ on stage for only a few minutes when his sound system suddenly stopped working.
(a) have been performing
(b) had been performing

Q6 His boss gave him the present that he _____ for so long: a promotion. `고난이도`
(a) had been desiring
(b) will be desiring

Q7 Before it was finished, construction _____ some setbacks due to structural problems.
(a) was facing
(b) had been facing

지텔프
공식
6 미래완료진행시제

P1 지텔프 시험엔 미래완료진행시제가 정답인 문제가 매회 26문제 중 1문제 출제된다.

시제 힌트가 명시적으로 나오는 경우가 **95%**이며 나머지 **5%**는 힌트가 눈에 쉽게 보이지 않는다. 힌트가 없는 경우에는 앞 문 장이나 뒤 문장 등에 나타난 문맥의 전체 시제를 기준으로 판단해야 하는 어려운 문제가 된다. 한국어의 해석은 한국어에 완료시 제의 표현법이 불완전하므로 미래나 미래진행 또는 미래완료처럼 해석될 때도 있다. 보통 '~하고 있는 것이 될 것이다'나 '~하는 것이 될 것이다' 또는 간혹 '~할 것이다'로 해석된다.

미래완료진행시제의 시제 힌트		형태
for + 기간	**by + 미래** '그 때 즈음이면' **by the end of + 미래 시간 명사** '~때면' **by the time + 현재 (의미는 미래)** '~때면' **by then** '그 때 즈음이면' **next month** '다음 달이면' 시간의 접속사 + 현재시제 (의미는 미래) 조건의 접속사 + 현재시제 (의미는 미래)	**will have been ~ing**

*지텔프의 시제 문제는 한국어 해석을 기준으로 푸는 것이 아니라 시제 힌트를 기준으로 문제를 풀어야 한다.

P2 시간과 조건의 접속사절이 미래의 의미일 때는 **for + 기간**의 유무를 파악해야 한다.

시간과 조건의 접속사 + 현재시제 (의미는 미래)	주어 + 미래진행시제
	주어 + 미래완료진행시제 + **for** + 기간

P3 미래완료시제와 미래완료진행시제는 분명히 다르게 쓰일 때가 있고 그런 상황에서만 출제를 하므로 지텔프 레벨 2의 평가항목에 존재하지 않는 미래완료시제를 답으로 골라서는 안 된다.

Q1 Beginning as a secretary for Coopers & Randall, Jody is now the Director of Acquisitions. Next month, she _____ for the firm for 15 years.
(a) is working
(b) will have been working

Q2 He _____ for more than two months when he actually competes.
(a) is training
(b) will have been training

Q3 By the time he turns 70, he _____ tirelessly for over 30 years since starting the company.
고난이도
(a) has worked
(b) will have been working

Q4 She _____ Practical English Grammar for more than seven weeks by the time the program ends in July.
(a) has been studying
(b) will have been studying

Q5 By the time they get to savor its delectable pasta course, they _____ for two long weeks.
(a) will have been waiting
(b) has been waiting

Q6 He started racing at fourteen, and by next month, he _____ for over 20 years.
(a) has been racing
(b) will have been racing

Q7 By the time Mr. Mantis is appointed to the board of directors, he _____ for 16 years at our company.
(a) had been working
(b) will have been working

모두지 PRACTICE

01 **Presently**, the company _____ a fleet of five ships, with cruises to various destinations in Malaysia, Singapore, Thailand, Indonesia, Hong Kong, Japan, and Korea.
(a) is operating
(b) will operate

02 **In the afternoon** we _____ the different needs of different individuals when it comes to fitness management, so in the meantime, enjoy your lunch!
(a) had been discussing
(b) will be discussing

03 Faced with a chronic shortage of qualified workers, Malaysia's state-run telecommunications company _____ its recruitment drive to neighboring countries **at the moment**.
(a) had expanded
(b) is expanding

04 We _____ to protest the drastic action, **when** our supervisor **shouted**, "April fools!"
(a) will be beginning
(b) were beginning

05 They _____ up a narrow mountain road **at that time**.
(a) are climbing
(b) were climbing

06 **Until** Ms. Octavia's breakthrough, the bugs for new software programs _____ technicians **for days**. 고난이도
(a) had been frustrating
(b) frustrates

07 Researchers _____ an anti-bleeding gel – a substance that can quickly seal a wound and start the healing process.
(a) are **currently** developing
(b) had been currently developing

08 **This afternoon**, we _____ the calamity-stricken village shortly to perform humanitarian work.
(a) will be reaching
(b) reached

09 **Nowadays** we _____ for confident financial investors that can help us fund our business venture from its very inception.
(a) are looking
(b) will be looking

10 She got so absorbed in the story that she didn't even notice **when** Eric **arrived while** she _____ the book.
(a) was still reading
(b) are still reading

11 Significant numbers of youngsters _____ up in poverty **these days**.
(a) are growing
(b) will grow

12 Tokyo Airport Authority _____ an experienced air-traffic controller for long-term employment.
(a) is **now** seeking
(b) will be now seeking

DAY 07 | 관계사

G-TELP BASIC GRAMMAR 기본 개념 다지기

01 관계사란 접속사와는 다르게 앞쪽 문장 속의 특정 명사를 뒤쪽 문장이 수식하도록 하면서 문장과 문장을 연결하는 매우 유용한 영어 연결어의 일종이다.

| 관계사는 원칙상 의미상 동일한 명사를 가진 두 개의 문장을 하나의 문장으로 연결하며 뒤 문장이 앞 문장을 수식하게 만드는 기능을 한다.

> **Tom is a boy. + He likes to play tennis.** 탐은 소년이다. **+** 그는 테니스 치는 것을 좋아한다.
> ⇨ **Tom is a boy (who likes to play tennis).** 탐은 테니스 치는 것을 좋아하는 소년이다.

02 관계사는 관계대명사, 관계부사, 관계형용사로 나뉜다.

| 지텔프 시험에 관계형용사는 거의 출제되지 않는다.

	관계대명사	who, whom, which, that	관계대명사는 관계사 이하 문장에서 대명사의 역할을 하므로 뒤에 붙는 관계사절은 명사가 빠진 불완전한 문장이다.
관계사	관계부사	when, where, why	관계부사는 관계사 이하 문장에서 부사의 역할만을 하므로 뒤에 붙는 관계사절은 완전한 문장이다.
	관계형용사	whose	관계형용사는 관계사 이하 문장에서 명사를 수식하는 형용사의 역할만을 하므로 뒤에 붙는 관계사절은 완전한 문장이다.

03 관계사는 선행하는 명사를 제한하는 제한적 용법과 선행하는 명사를 이어서 계속 서술하는 계속적 용법으로 쓰인다. 최근 관계사 문제는 80% 이상이 컴마와 함께 쓰이는 계속적 용법에서 출제가 되고 있다.

| ① 제한적[한정적] 용법
He had two sons who became doctors.
그는 의사가 된 2명의 아들을 가지고 있었다.
의사가 된 **2**명의 아들 이외에 다른 직업을 가진 아들이 더 있었을지도 모른다는 뉘앙스를 가진다.

| ② 계속적[서술적] 용법
He had two sons, who became doctors.
그는 2명의 아들을 가지고 있었다. 그런데 그 2명의 아들이 (모두) 의사가 되었다.
2명의 아들을 가지고 있었는데 모두 의사가 되었고, 추가적인 아들은 더 이상 없었다는 뉘앙스를 가진다.

04 지텔프 시험에는 매회 관계대명사를 중심으로 총 2개의 문제가 출제된다.

공식 1 관계대명사의 선행사 수식

공식 2 관계대명사의 격 구별

공식 3 시간 관계부사와 장소 관계부사

공식 4 주로 오답으로 등장하는 whose와 what

DAY 01
DAY 02
DAY 03
DAY 04
DAY 05
DAY 06
DAY 07
DAY 08
DAY 09
DAY 10

지텔프 공식

1 관계대명사의 선행사 수식

매회 **26문제** 중 **2문제** 출제

P1 선행(명)사에 따라 관계대명사를 구분하는 문제가 지텔프 시험에 가장 많이 나온다. 관계사 문제는 선행(명)사를 먼저 확인하고 항상 소거법으로 문제를 푼다.

관계대명사절의 수식을 받는 명사에 따라 적절한 관계대명사를 고르는 시험 문제가 지텔프에는 가장 많이 나온다. 사람을 수식하는 **who**와 사물을 수식하는 **which**의 구별과 컴마와 컴마 사이 또는 컴마 뒤에 **which**를 물어보는 용법이 가장 많이 출제된다. 관계대명사 **that**은 사람과 사물을 모두 수식할 수 있기에 사람과 사물이 함께 선행사가 되면 원칙상 **that**을 쓴다. 그 외 보통 **–thing**으로 끝나는 명사를 수식하는 **that**의 용법과 선행사가 **those**일 때 지칭에 따라 **who**나 **which**를 구별하는 패턴도 출제가 된다. 계속적 용법의 관계대명사 **which**는 하나의 선행하는 명사뿐만 아니라 앞 문장 전체나 앞 문장의 일부를 마치 대명사 **it**처럼 선행사로 받아 수식할 수 있다.

격과 선행사		관계대명사의 종류	
선행사	격	주격 관계대명사 (뒤 문장 주어 없음)	목적격 관계대명사 (뒤 문장 목적어 없음)
사람		who	whom
동물, 사물		which	which
사람, 동물, 사물		that	that

P2 관계대명사 **that**은 컴마와 함께 계속적 용법으로 쓰이지 못한다.

that은 여러 가지 품사로 쓰일 수 있는데 관계대명사로 **that**이 쓰일 때, 관계대명사 **that**은 컴마와 함께 계속적 용법으로 쓰이지 않으며, 앞에 전치사도 붙지 않는다. 접속사 표현인 **in that**(~라는 점에서)은 앞에 명사가 없는 접속사 구문이지 관계대명사 구문이 아니다. 현대영어에서는 컴마가 두 개 찍히건 세 개 찍히건 컴마 뒤에 관계대명사 **that**은 삽입절 구조와 상관없이 쓰지 않는다. 간혹 콩글리시 영문법 책의 구문에 컴마 2개와 함께 삽입절에 쓰이는 **that**의 예문이 나오지만 현대영어가 아니며, 토익과 지텔프 모두 철저히 오답으로 채점하는 것이 원칙이므로 컴마 뒤에서는 관계대명사 **that** 대신에 **who**나 **which**를 골라야 한다.

Q1 The manager has decided to replace our old photocopier with the new one, _____ is able to print in both color and black and white.
(a) that
(b) which

Q2 His loyal customers agree that Ollie's steaks are the best-tasting ones _____ they have ever had.
(a) who
(b) that

Q3 Workshop participants may choose any seats in the auditorium except those in the front row, _____ are reserved for the presenters. 고난이도
(a) who
(b) which

Q4 As a token of our apology, we would like to offer you a 20 percent discount on this reservation, _____ is our way of compensating you for inconvenience.
(a) which
(b) that

Q5 The share price of Aviva Logistics, _____ was recommended by my financial advisor last year, has gone down since I bought it for my retirement fund.
(a) which
(b) who

Q6 The press conference, _____ Ms. Celine was planning to attend today, was canceled due to rain.
(a) which
(b) that

Q7 The new community college will be especially attractive to the part-time workers _____ want to enroll in night classes.
(a) which
(b) who

Q8 The Ferrari Car Factory was the first car parts company to switch to aluminum, _____ is lighter and less expensive than steel.
(a) which
(b) that

2 관계대명사의 격 구별

10회에 1문제 정도 출제

P1 **관계대명사의 격구분 문제는 who와 whom만 출제된다.**

관계대명사는 명사를 대신하는 대명사의 역할을 하므로 뒤에 나타나는 문장은 불완전해야 한다. 주어 자격으로 쓰이는 주격 관계대명사는 관계사절 속에서 주어의 역할을 하므로 뒤 문장에는 주어가 빠지게 되고, 타동사의 목적어나 전치사의 목적어 자격으로 쓰이는 목적격 관계대명사는 관계사절 속에서 목적어의 역할을 하므로 뒤 문장에서 목적어가 빠지게 된다. **whom**은 **10회**에 한 번 정도 출제되어 정답이 된다. 구어체 영어에선 **whom**대신 **who**를 쓰는 표현이 있지만 지텔프에서는 **who**와 **whom**의 쓰임을 구별해야 한다.

격과 선행사		관계대명사의 종류	
선행사　　　　　　　　격		주격 관계대명사 (뒤 문장 주어 없음)	목적격 관계대명사 (뒤 문장 목적어 없음)
사람		who	whom

P2 **관계대명사절 속의 문장 어순까지 분석해야 하는 문제들도 출제된다.**

지텔프 실제 문제에서는 단순히 **(a) who (b) whom (c) whose (d) what**처럼 한 단어짜리 선택문항을 주고 정답을 선택하는 형태가 아니라 관계사절의 뒷부분이 붙어 있는 약간 긴 문장이 선택문항에 나타난다. 이런 식의 긴 선택문항에서 선행사나 격에 따라 나머지 답이 될 수 없는 관계대명사들을 제거하고 남은 관계대명사 **that**과 **which**나 **who**를 고를 때, 가끔 뒤 문장의 구조와 어순까지 분석해 줘야하는 문제가 종종 출제된다.

P3 **관계대명사의 계속적 용법에 쓰이는 all of whom과 all of which 구문이 아주 가끔 출제된다.**

all of whom에서는 앞 문장의 명사와 뒤 문장을 연결하는 관계사인 **whom**이 일종의 연결어 역할을 하기 때문에 컴마 앞에 별도의 접속사가 필요하지 않다. **all** 자리에 올 수 있는 표현으로는 **one, each, some, any, many, much, most, all, both, several, half, the rest** 등이 있다. 선행하는 명사가 사람이면 **all of whom**을 쓰고 사물일 경우엔 **all of which**를 쓴다.

컴마로 끝나는 앞 문장의 선행명사, **all[one/some/most] of whom[which]** + 동사 이후 이어지는 불완전한 뒤 문장

Q1 Attendance is free for those _____ bring one canned food item for the homeless drive this afternoon.

(a) who　　　　　　　　　　(b) whom

Q2 The Chicago Art Gallery features works by artists _____ offer an array of paintings, drawing, and sculptures.

(a) who　　　　　　　　　　(b) whom

Q3 All of the articles in this month's magazine were written by college students _____ would like to become professional writers.

(a) who　　　　　　　　　　(b) whom

Q4 All of the employees _____ Christian Dior Cosmetics Ltd. fired worked in research and development.

(a) who　　　　　　　　　　(b) whom

Q5 Chevron Design Co. has 10 graphic artists, all of _____ are skilled designers with at least 3 years of experience. 고난이도

(a) who　　　　　　　　　　(b) whom

Q6 There are over 100 students from the University of New York's Political Science Department at today's conference, some of _____ will be selected to join the evening panel discussion. 고난이도

(a) who　　　　　　　　　　(b) whom

DAY 01
DAY 02
DAY 03
DAY 04
DAY 05
DAY 06
DAY 07
DAY 08
DAY 09
DAY 10

지텔프 공식 3 장소 관계부사와 시간 관계부사

6회에 1문제 정도 출제

P1 관계부사는 매회 출제되지는 않으나, 구체적 장소명사 및 추상적 장소명사 뒤에 **where**와 시간명사 뒤에 **when**을 물어보는 문제가 출제된다.

관계부사는 관계사절 속에서 부사의 역할만을 하므로 주격이나 목적격식의 격 구분이 없고 관계사절 속의 문장은 구조상 완전해야 한다. 관계대명사와 관계부사는 선행사의 확인과 함께 구조분석을 통해 정답을 고른다.

선행사	관계부사	뒤 문장 구조
시간명사	**when**	완전
장소명사	**where**	완전

P2 지텔프에서는 그 외 관계부사를 거의 출제 하지 않는다.

이유명사를 수식하는 관계부사 **why**는 최근에 거의 출제하지 않고 있으며, **how**는 원래 관계부사가 아니므로 출제를 거의 하지 않고 있다.

Q1 The Columbia Outfitter Company runs a Web site which allows backpackers from all over the world to find cheap hotels _____ they can share the room with others.
(a) which
(b) where

Q2 Ms. Lorena wants to know the place _____ we will be staying in case she needs to call us during our trip. 고난이도
(a) which
(b) where

Q3 The construction crew was preparing to start work on Monday _____ the building project was canceled.
(a) when
(b) which

Q4 Anyone applying should be prepared for a challenging career _____ the stakes are high and the rewards are too.
(a) where
(b) who

Q5 The catering service companies are usually busiest in December _____ many awards ceremonies and employee appreciation parties are being held.
(a) when
(b) which

Q6 Our new goal is to have a more open, relaxed work environment _____ employees can easily communicate with each other and have a great place to take breaks. 고난이도
(a) which
(b) where

지텔프
공식
4 주로 오답으로 등장하는 whose와 what

36회에 1문제 정도 출제

P1 whose는 관계대명사가 아니다.

잘못된 일제식 한자 쓰임 때문에 소유격 관계대명사라고 일반적으로 잘못 알려져 있는 관계대명사의 소유 형용사(possessive adjective of relative pronoun)인 관계형용사 whose는 관계대명사가 아니다. whose는 관계대명사가 아니므로 대명사의 역할을 하지 못하고 오직 형용사의 역할만을 하기 때문에, 관계부사절처럼 항상 뒤 문장은 완전하다. whose는 한정형용사(determiner)에 속하는 형용사이기 때문에 항상 whose 뒤에는 명사가 바로 붙어야 하며, whose 뒤에 관사, 소유형용사, 대명사 등을 쓸 수 없다. whose는 선행사로 사람과 사물을 모두 수식할 수 있으며, 선행사 + whose + 관사 등이 없는 명사로 시작되는 완전한 문장 형태로 쓰인다는 것을 기억해야 한다.

A carpenter is a person whose job is making wooden things.
목수는 직업이 나무로 된 것들을 만드는 사람이다.
① 관계사: (whose job is making wooden things)가 앞의 선행사 a person을 수식하고 있다.
② 한정형용사에 속하는 형용사: whose는 whose 이하 관계사절에서 명사 job을 수식하는 형용사의 역할을 하고 있다. 따라서 job is making wooden things처럼 whose 이하 문장은 항상 완전하다. 그리고 whose는 형용사 중에서도 중복해 쓸 수 없는 관사나 소유형용사 등과 같은 한정형용사에 속하므로 whose a job is making wooden things (틀린 문장)처럼 whose와 job 사이에 a, the, my 등을 붙일 수 없다.

whose a job (x), whose the job (x), whose his job (x), whose he (x)

P2 what 앞에는 명사가 나타나지 않는다.

선행사를 포함하는 관계대명사를 복합관계대명사라고 부르며, 선행사를 포함하는 관계부사를 복합관계부사라고 부른다. 그리고 선행사를 포함하는 관계형용사를 복합관계형용사라고 부른다. 복합관계대명사인 what은 관계대명사 that처럼 항상 불완전한 문장이 뒤에 오지만 선행사를 포함하므로 앞에는 선행명사를 붙일 수 없다. 따라서 what은 the thing that의 역할을 한다.

복합관계대명사의 2가지 종류	what	모두 선행사를 포함하므로 관계사 앞에 명사가 없게 된다. 즉 명사 수식이 불가능하며 앞에 선행명사가 올 수 없다.
	whoever, whomever, whichever, whatever	

P3 그래서 토익과는 다르게 지텔프에서는 whose와 what이 지텔프의 정답으로 자주 출제되지는 않으며, 보통 36회에 1문제 정도가 출제된다.

whose와 what이 정답으로 출제되는 문제는 선택문항에서 쉽게 who, whom, which, that 및 when, where를 제거할 수 있는 경우가 대부분이기 때문에 소거법으로 접근하면 간단하게 풀린다.

Q1 Voice actress, Emilia Dobbins, _____ stories have captivated children all over the world, announced that she is planning to retire at the end of this year.
(a) who
(b) whose

Q2 Taking a bath in water _____ temperature ranges between 35'C and 36'C helps calm you down when you are feeling nervous. 고난이도
(a) whose
(b) which

Q3 To better prepare for the meeting, you can use _____ you consider necessary.
(a) that
(b) what

Q4 Adobe Decor appeals to customers _____ tastes in home furnishings are simple yet sophisticated.
(a) who
(b) whose

Q5 A dinner took place last night for Roland Jason, _____ tenure as CEO of Santiago Securities lasted two decades. 고난이도
(a) whose
(b) who

모두지 PRACTICE

01 The Doctors Without Borders, a volunteer group _____ provides free medical aid to people in disaster areas, is known for its efficiency.
(a) whom
(b) that

02 Water treatment facilities are used in countries _____ there is limited freshwater. 고난이도
(a) which
(b) where

03 Other skills _____ were encouraged included mastery of the tea ceremony and of Go, a traditional Japanese board game.
(a) that
(b) who

04 They consulted a local family physician, _____ advised them to take a vacation.
(a) that
(b) who

05 We will concentrate on improving customer services, _____ offer rudimentary e-mail, Internet access and a variety of other bells and whistles.
(a) that
(b) which

06 Lydia Paula, _____ is a student at Harvard Medical School, wants to attend lectures with the most famous surgeon, Dr. Kris Loren.
(a) which
(b) who

07 Bexco made profits of over $200 million last year, _____ will allow it to expand its brand into foreign markets.
(a) that
(b) which

08 Each of our cruise ships follows a different set route, but they all offer the same high-quality accommodations, services, and value _____ our company has become known for.
(a) who
(b) that

09 Frank Morhaime, _____ turned a small computer company into one of the largest video game developers in the world, has announced to retire next week as president of Dustwing Entertainment.
(a) which
(b) who

10 This is done to avoid the hanging "tails" in certain letters like "j" and "q," _____ lessens the space between lines and makes them easier to read. 고난이도
(a) that
(b) which

11 Silver coins _____ are in mint condition are more desirable to collectors than those that are dented or damaged.
(a) where
(b) that

12 Mohan's creation was inspired by her observations in Chennai, India, _____ women fear going to public places due to sexual attacks. 고난이도
(a) which
(b) where

DAY 08 | 조동사 고난이도

G-TELP BASIC GRAMMAR 기본 개념 다지기

01 조동사란 동사를 보조해 동사가 가진 기본의미를 다양하게 표현할 수 있도록 해주는 품사로 G-TELP 성적표의 평가항목에 **Modal Auxiliary**로 채점된다.

법조동사는 동사의 시제를 표현하거나 의미를 보충하며, 뒤에 동사원형만을 쓰고 서로 겹쳐 쓰지 않는다. 법조동사는 단순형과 완료형으로 표현되며 동사가 아니므로 각각의 표현은 의미와 시제에 있어 개별성과 독립성을 가진다.

단순형	must + v	should + v	will + v	may + v	...
완료형	must have p.p.	should have p.p.	will have p.p.	may have p.p.	...

02 **could**는 **can**의 과거형이 아니고, **should**도 **shall**의 과거형이 아니다.

실제 현대 영문법과 하나도 맞지 않는 일제식 콩글리시 영문법이 아직도 학교(몇몇 국제고나 외고나 과학고를 제외한 일반적인 대부분의 학교)나 학원(특히 노량진과 같은 공무원영어 교육 학원이나 대다수의 내신 및 수능영어 교습의 보습학원 및 수능영어 인강 사이트 강좌)의 교육현장에서 잘못 교수되고 있다. 조동사는 동사가 아니므로 동사처럼 시제변화를 하지 않기 때문에 원어민 영문법서에는 조동사의 과거형이라는 용어조차도 존재하지 않는다. 즉 **can**이 들어간 문장이 과거 사실을 나타내게 되었다고 해서 무분별하게 **can**을 **could**로 바꿀 수 없다. **could**가 **can**의 과거 의미처럼 쓰이는 경우는 **could**의 **8**가지 사용법 중 **1**가지 뜻일 때만 가능하며, 그 외 **could**와 **can**은 완전히 다른 개별 조동사이다. 마찬가지로 **shall**이 **should**로 바뀌어야만 하는 법칙은 영어에 존재하지 않는다.

03 조동사 **will, must** 등은 주절이 과거일 때에도 시제와 의미만 맞는다면 당연히 종속절에 쓰일 수 있다.

"따옴표가 들어간 직접화법의 문장"에서 따옴표를 제거하고 간접화법의 문장으로 문장을 표현하는 화법전환의 글쓰기 순서에 관한 설명을 영문법의 규칙이라고 잘못 착각한 일제시대 엉터리 영어 교재들의 잔재가 아직도 여전히 많이 남아 있다. 시제일치의 법칙이라는 영문법에 존재하지 않는 허구의 엉터리 공식으로 주절이 과거가 되었으므로 **will**이 **would**로 바뀌어야만 한다거나 **must**가 **had to**로 바뀌어야 한다는 식의 설명은 영어를 언어로 사용하지 못하고 영어와 영문에 대한 이해 자체를 하지 못하고 있는 대표적인 콩글리시 설명이다. 이런 식의 잘못된 교육 때문에 많은 학생들이 국제공인영어시험인 지텔프나 토익에 출제되는 조동사 문제에서 오답을 무분별하게 선택하게 되고, 엉터리 지식에 시간과 돈을 들이다 결국 영어를 사용하지 못하게 된다. 지텔프에서는 주절이 과거시제여도 정답으로 **will**을 골라야 하는 문제들이 출제된다.

04 지텔프 조동사 문제는 지텔프 전문 강사들도 실수할 수 있는 고난이도 문제들이 출제될 때가 많지만 보통 지텔프 시험에는 매회 조동사의 단순형 쓰임을 중심으로 2문제가 출제된다.

공식 **1** 조동사의 단순형

공식 **2** 조동사의 완료형

DAY 01
DAY 02
DAY 03
DAY 04
DAY 05
DAY 06
DAY 07
DAY 08
DAY 09
DAY 10

지텔프 공식 1 조동사의 단순형

P1 동사와 조동사는 다르다.

동사 = 의미	동사원형이 존재하며, 동사원형의 의미를 중심으로 **12가지** 시제표현으로 활용된다. 예를 들어, 동사원형 **find**가 **10가지** 뜻을 가진다면 **12가지** 시제표현들에 따라 **10가지** 뜻이 모두 시제에 따른 의미를 갖는다.
조동사 = 시제+의미	조동사의 원형이란 존재하지 않으며, 12가지 시제변화를 하지 않는다. 따라서 조동사는 개별적으로 조동사마다 시제와 의미가 조합된 뜻을 가지며 독립성을 가지고 개별적으로 쓰인다.

P2 조동사 문제도 특정 힌트를 보고 정답을 맞힐 확률을 높일 수는 있지만, 기본기를 길러 차분히 해석하고 논리로 오답을 소거해 나가는 소거법으로 풀어야 한다. 만약 해석 능력이 하나도 없다면 가볍게 찍고 다른 맞힐 수 있는 쉬운 문제에 집중해야 하며, 독해 문제에 집중하는 것도 좋다.

본 패턴에서 정리한 기출 상황별 힌트는 해석을 완벽하게 하지 못했어도 정답을 찾게 해줄 수 있는 매우 중요한 내용으로 그 어떤 다른 영문법 책이나 지텔프 책에도 존재하지 않는 조동사의 활용에 도움이 되는 내용이니 반드시 학습해야 한다.

조동사	단순형으로 사용될 때 조동사의 기본적인 주요의미
can	**지텔프 기출 상황별 힌트** - 언어능력　　　　　　　- 예상능력 - 그리기능력　　　　　　- **speak, see, hear, feel** 등의 감각기관 능력 - 악기연주능력　　　　　- 지불가능, 이용가능 - 이동능력　　　　　　　- 의료기계의 진단 가능성 - 제공능력　　　　　　　- 대출 가능성 - 추측능력 ① 현재나 가까운 미래의 능력, 가능 '~할 수 있다' **How long can you stay?** 얼마나 있을 수 있니? ② 현재나 가까운 미래의 허가 '~해도 좋다' **You can go.** 가셔도 좋습니다. ③ 현재나 가까운 미래의 부탁 '~해 주시겠습니까?' **Can you give me a ride?** 좀 태워 주실 수 있을까요? ④ 현재의 의심 '~일[할]리가 있을까, 도대체 ~일까' <보통 의문문에서 의심> **Can it be true?** '도대체 그게 사실일까?' ⑤ 현재의 단정 '~일 리가 없다' <거의 항상 부정문에서 단정> **This can't be true.** 그것은 사실일 리가 없어. ⑥ 현재, 과거, 미래의 보편적 가능성 '~할[일] 때가 있다, ~이 있을 수 있다' **Anybody can make mistakes.** 누구나 실수할 때가 있다. ⑦ 현재의 상황 '~하니, ~하고 있니?' **Can you hear me?** 내 말 들려?
could	**지텔프 기출 상황별 힌트** - 가정법 과거의 짝찾기 중 주절 **could**의　- 과거 특정 시점의 능력, 가능 　가능 의미 (**would, might** 오답)　　　　- 스트레스의 질병유발 가능성 - **if**절 속 불확실한 가능 의미 (**might,**　- 확신할 수는 없지만 가능성 있는 약물복용 탓 의심 　**would** 오답) ① 현재나 가까운 미래의 능력과 가능에 대한 불가능, 불확실, 비사실 가정 '~할 수 있을 텐데' **If I tried, I could do it.** 하면 할 수도 있을 텐데. ② 현재나 가까운 미래의 불확실한 능력, 가능 '~할 수 있을지도 모른다' **He could drive a car.** 그가 차를 운전할 수 있을지도 모른다. ③ 현재나 미래의 공손한 부탁 '~해 주시겠습니까?' **Could you lend me some money, please?** 돈 좀 꿔주실 수 있으세요? ④ 과거의 능력, 가능 '~할 수 있었다' **In those days I could run faster.** 그 당시엔 더 빨리 달릴 수 있었다.

조동사	단순형으로 사용될 때 조동사의 기본적인 주요의미

will	**지텔프 기출 상황별 힌트**	- 규정이나 조건에 따른 미래의 확실한 결과 (**can**은 오답) - 게임의 정해진 규칙에 따른 결과 (**can**은 오답) - **need to**와 어울리는 표현으로 보통 **will need to** '~해야 할 것이다' (**must**와 **need to**는 보통 중복 불가)	- 시간, 요일, 날짜 등장 - 스케줄, 일정표에 따른 진행 - **when**절이나 **if**절 이후 주절에서 확실히 이어지는 미래의 절차 (**can, may** 오답) - **next**와 같은 분명한 미래 시제 부사의 등장과 시간적 순서상 사건의 진행

will

① 미래 조건 수행의 결과 '~하게 될 것이다'
  If you water the lawn, the grass will grow. 잔디에 물을 주면, 잔디가 자랄 것이다.
② 미래의 확실한 상황 '~할[일] 것이다'
  You will come of age next year. 내년에 너는 성인이 될 것이다.
③ 현재나 미래의 작정 '~할 작정이다, ~하겠다'
  I will write to him at once. 즉시 그에게 편지를 쓸 작정이다.
④ 현재나 미래의 상대 의지 '~할래요?'
  Will you dine with us on Monday? 월요일에 우리와 함께 식사하실래요?
⑤ 미래의 지시 '~해라, ~하길 바란다'
  You will do as I tell you. 내가 말한 대로 하는 거다.
⑥ 현재의 확실한 예측 '~일 거야'
  That'll be our train, I suppose. 아마도 저게 우리 기차일거야.
⑦ 현재의 강한 고집, 의지, 주장 '~하려고 한다'
  The door won't open. 문이 도무지 열리려고 하지 않는다.
⑧ 현재의 습성, 경향 '~하기 마련이다'
  Oil will float on water. 기름은 물에 뜨기 마련이다.

> 지텔프에는 지텔프 전문강사들도 자주 틀리는 If절이 나오고 주절에서 will과 can을 고르는 어려운 문제가 자주 출제된다. 원칙상 어떤 조건이 해결되고 그 결과로 미래의 확실한 상황이 이어질 땐 will을 쓴다. can은 결과로 생기는 미래의 확실한 상황에서는 사용하지 않는다. 이러한 원칙적 설명을 이해했다고 해도 조동사는 우리말에 없으므로 역시 실전에서 아리송한 문제는 속 시원하게 해결되지 않는다. 따라서 다음과 같은 확률 95%의 요령을 기억하는 것이 좋다.
> ① If절이 나오고 주절에서 정답이 can일 경우엔 will이 보통 선택문항에 나오지 않는다.
> ② If절이 나오고 주절에서 will과 can이 함께 나와 혼돈스러울 땐 둘 중 보통 70%의 확률로 will이 정답이다. will은 시간, 요일, 날짜, 규정, 조건, 규칙 등의 문맥에서 보통 정답이 된다.
> ③ If절이 나오고 주절에 will이 있음에도 불구하고 can이 답인 경우엔 보통 주절이 you can처럼 주어가 you인 경우가 대부분이다.

would	**지텔프 기출 상황별 힌트**	- 가정법 과거의 짝찾기 중 주절 would의 의지 의미 (**could, might** 오답)	- 과거의 습관 - **would later** 구문

would

① 현재나 미래의 가정에 따른 불확실, 불가능, 비사실의 결과 '~할[일] 텐데'
  If she saw this, she would be angry. 그녀가 이것을 보면 화를 낼 텐데.
② 현재나 가까운 미래의 정중한 부탁 '~해 주시겠습니까'
  Would you come this way, please. 이쪽으로 와 주시겠어요?
③ 현재의 선호 '~하겠다'
  I would rather die than submit. 굴복하느니 차라리 죽겠다.
④ 현재나 미래의 불가능에 대한 기원 '~이기를'
  I wish he would come. 그가 오기를 바란다.
⑤ 현재의 상습적인 상황 '늘 ~하다'
  He would be unavailable when we want him. 그는 필요할 때면 꼭 자리에 없다.
⑥ 과거의 습관 '~하곤 했다'
  When I was young, I would often go there. 젊었을 때 자주 거기에 가곤 했다.
⑦ 과거를 기점으로 앞으로의 미래 '~일 것이다'
  He said he would succeed. 그는 성공할 것이라고 말했다.
⑧ 과거의 강한 고집, 의지, 주장 '~하려고 했다'
  The door wouldn't open. 문이 도무지 안 열리려고 했다.
⑨ 과거를 기점으로 나중의 결과 '나중에 ~하게 되었다'
  I would later realize that this was a mistake. 이것이 실수라는 것을 나중에 깨닫게 되었다.

조동사	단순형으로 사용될 때 조동사의 기본적인 주요의미
may	**지텔프 기출 상황별 힌트** - 질병발생의 가능성 - 자연재해의 전조 현상 및 재해 예측 - **may seem** '~처럼 보일지 모른다'식의 추측 ① 현재의 추측 '~일지도 모른다' 　**It may be true.** 정말일지도 모른다. ② 현재의 허가 '~해도 괜찮다, ~해도 좋다' 　**You may go now.** 이제 가도 좋습니다. ③ 현재의 가능 '~할 수 있도록' <so that 구문 등의 뒤에서> (지텔프에서는 **can**이 우선) 　**A bridge has been built so that everyone may cross the river.** 모든 사람이 강을 건널 수 있도록 다리가 놓여졌다. ④ 현재나 가까운 미래의 기원 '빕니다, 바랍니다' 　**May you succeed!** 성공을 빕니다. ⑤ 현재의 추측 강조 '도대체 ~일까' 　**I wonder what may be the cause.** 도대체 원인이 무엇일까 궁금하다.
might	**지텔프 기출 상황별 힌트** - 불확실한 병의 원인 추측 - 불확실한 모임 참가 가능성 - **if**절 속 불확실한 약한 추측 의미 ① 현재의 불가능, 불확실, 비사실의 추측적 가정 '~일지[할지] 모를 텐데' 　**If we told him the whole story, it might be better.** 그에게 모든 이야기를 해 주면 좋을지도 모를텐데. ② 현재의 불확실한 추측 '~일지도 모른다' 　**He might be rich.** 그는 부자일지 모른다. ③ 현재의 정중한 허가, 용인 '~해도 좋은지' 　**I want to know if I might come in.** 들어가도 좋은지 알고 싶어요. ④ 현재의 정중한 의뢰, 요청 '해 주실래요' 　**You might pass me the newspaper, please.** 신문 좀 건네주세요. ⑤ 현재의 불확실한 추측 강조 　**I wonder what it might be.** 그것이 도대체 무엇일까 궁금하다. ⑥ 과거의 가능 '~할 수 있도록' <so that 구문 등의 뒤에서> (지텔프에서는 **could**가 우선) 　**We worked hard so that we might succeed.** 성공하기 위해서 열심히 일했다.

조동사	단순형으로 사용될 때 조동사의 기본적인 주요의미
shall	현대영어에 있어 주로 상대의 의향을 물어보는 특정의도의 의문문에만 쓰이거나 성경체적 고어표현에서만 쓰이는 등 쓰임이 제한적이어서 거의 정답으로 출제가 안 됨 ① 현재 상대방의 의향을 물어 보는 제안 '~할까요?' **Shall we dance?** 춤추실까요? ② 현재 나의 행위에 대한 상대의 허락 '~해도 될까요?, ~하면 좋을까요?' **Shall I go?** '가 봐도 될까요?' ③ 현재 의지와 상관없이 이루어지는 결과 '~하게 되어 있다' **He shall be responsible for the work.** 그는 그 일에 대한 책임을 지게 되어 있어.
should	<table><tr><td rowspan="4">**지텔프 기출 상황별 힌트**</td><td>- 교육받기에 대한 권고 수준의 명령</td><td>- 퇴사 고려 권고</td></tr><tr><td>- 엘리베이터 이용 권고</td><td>- 제거 권고</td></tr><tr><td>- 건강을 위한 식음료 섭취 권고</td><td>- 바람직한 도덕적 의무이행 권고</td></tr><tr><td>- 번잡스럽게 ~하지 말라고 권고</td><td>- 조사나 연구 필요성의 권고</td></tr></table> ① 과거나 현재 그리고 미래의 명령과 당연시되는 권고 '~해야 한다' **You shouldn't speak so loud.** 큰 소리로 이야기해선 안 된다. ② 미래의 강한 가능성, 기대, 추측 '틀림없이 ~할[일] 것이다' **I should be back by 12.** 나는 12시에 틀림없이 돌아올 것이다. **(지텔프에서는 will이 우선)** ③ 현재나 미래의 가망성 '혹시' <if절 속에서> **If you should see John, give him my best wishes.** 혹시 존을 만나게 되면 안부 전해 줘. ④ 현재의 어이없음의 강조 '도대체 어떻게 ~하나?' **How should I know?** 도대체 내가 어떻게 알아요? ⑤ 현재의 특정 감정 '~하다니' <특정 감정 형용사 뒤에서> **It's odd that you should not know about it.** 네가 그걸 모르고 있다니 이상한데. ⑥ 과거를 기점으로 그 당시의 강한 가능성, 기대, 추측 '틀림없이 ~할[일] 것이다' **He promised he should be back before 5 o'clock.** 그는 5시전에 틀림없이 돌아올 것이라고 약속했다. **(지텔프에서는 would가 우선)**
must	<table><tr><td rowspan="6">**지텔프 기출 상황별 힌트**</td><td>- 학교행사 참여규정</td><td>- 대학입학, 입학시험, 부정행위, 시험관련 의무</td></tr><tr><td>- '당장 응급실에 가야한다' 정도의 법률 수준에까지 이른 강한 필요</td><td>- 경찰, 소방, 보호 계도 의무</td></tr><tr><td>- 의사가 해야 할 병의 원인 찾기 의무</td><td>- 계약서, 임대조건, 금지사항, 흡연금지, 허용불가 의무</td></tr><tr><td>- 안전장치 추가 의무</td><td rowspan="3">- **must be** 형태로 영화나 소설이나 과학적 이론의 내용에 따른 논리적 추정에 의한 확신</td></tr><tr><td>- **any**나 **every** 등과 어울리는 주장과 의무</td></tr><tr><td>- 입국, 여권 소지 의무</td></tr></table> ① 현재의 규정이나 법률상의 의무, 필요 '~해야 한다' **Cars must not park in front of the entrance.** 입구 앞에 차를 주차해서는 안 된다. ② 현재의 논리적 추정에 의한 확신 '~임이 틀림없다' **It must be true.** 사실임이 틀림없다. ③ 현재나 미래의 간청, 요망 '~해주기를 바라다' **You must stay for dinner.** 부디 저녁 식사를 하고 가세요. ④ 현재, 과거, 미래의 필연성, 운명 '반드시 ~하게 되어 있다, 반드시 ~하다' **Everyone must die.** 누구나 반드시 죽는다.
ought to	현대영어에서 **should**나 **must**의 대용어로 매우 자주 쓰이나 지텔프에서는 거의 정답으로 출제되지 않음 ① 현재의 기대, 바람, 충고, 권고 '(보통 그렇게 하는 것이 옳으므로) ~해야 한다' **They ought to apologize.** 그들은 사과를 해야 한다. ② 현재의 추측 '~일 것이다, ~임이 틀림없다' **That ought to be enough food.** 그 정도면 충분한 음식이 될 것이다.

DAY 01
DAY 02
DAY 03
DAY 04
DAY 05
DAY 06
DAY 07
DAY 08
DAY 09
DAY 10

P3 조동사 will, must 등은 주절이 과거일 때에도 시제와 의미만 맞는다면 당연히 종속절에 쓰일 수 있다.

"주절이 과거일 때 종속절은 과거나 과거완료만을 쓴다."라거나 "will은 would로 바꾸고, shall은 should로 바뀐다." 또는 "must는 had to로 바뀌어야 한다."와 같은 콩글리시 문법책의 설명은 "따옴표 있는 직접화법 문장"을 따옴표 없는 간접화법 문장으로 바꾸는 화법 전환의 순서적 요령을 설명한 영어책의 부분을 영문법의 규칙이라고 착각한 일제시대 교재의 잘못된 설명이다. 주절이 현재일 때 종속절의 내용에 따라 시제와 의미에 맞게 could나 would 등이 당연히 쓰일 수 있듯이 주절이 과거가 되어도 종속절의 시제와 의미에 맞는다면 당연히 will이나 must 또는 현재시제 등이 종속절에 나타날 수 있다. 즉, 영어에는 수일치의 법칙 같은 법칙은 존재하지만 시제일치의 법칙이란 한국식 허구의 이론으로 그러한 용어 자체도 원어민 영문법 교재에는 존재하지 않는다. 주절과 종속절은 각각 분리가 가능한 문장이고 분리되었을 때처럼 각각의 절 속의 내용에 따라 시제와 의미에 맞는 조동사나 동사의 시제를 쓸 수 있다는 것이 영문법의 원칙이다. 국제공인 영어능력 평가시험을 출제하는 원어민 출제자들은 대한민국의 수험생들이 수능영어나 공무원영어 등을 어떤 잘못된 영문법 책으로 공부 했는지, 어떤 엉터리 영어 선생에게 잘못된 교육을 받았는지 알지도 못하고 신경도 쓰지 않는다. 〈아래 **Q1**문제와 **Q2**문제가 대표적인 기출의 형태이다.〉

주의할 지텔프 공식

① 한국어에는 조동사라는 품사 자체가 존재하지 않는다. 따라서 우리말에 없는 품사의 개념을 정확하게 설명할 수 있는 영문법 교재 자체가 없었다. 또한 그러하기에 한국의 영어 교육에 있어 조동사의 교육 자체를 소홀히 해 왔던 것도 사실이다.

② 그러나 지텔프는 예리하게 조동사의 구별을 요구하는 문제를 출제한다. 지텔프의 조동사 문제는 항상 고난이도 문제라는 것을 기억하고 답이 안 보일 때는 가볍게 찍고 쉬운 문제 풀이에 집중하는 것이 좋다.

Q1 The company spokesman reported that the press conference _____ be held on next Monday at 7 P.M. `고난이도`
(a) will
(b) would

Q2 The doctor told him that he _____ see a neuro-orthopedic surgeon right away. `고난이도`
(a) must
(b) would

Q3 AC Computers, which has manufactured personal computers since 2011, _____ be expanding into other areas next year. `고난이도`
(a) can
(b) will

Q4 If the technician _____ find the cause of the malfunction, please let me know.
(a) will
(b) should

Q5 The job advertisement stipulates that the applicant _____ have three years' experience.
(a) must
(b) will

Q6 Some research claims that the cold medicine, Alcor, _____ induce vomiting if taken after eating.
(a) may
(b) must

Q7 Before starting a business, entrepreneurs _____ understand every aspect of their chosen industry.
(a) will
(b) should

Q8 Management _____ guarantee the privacy of personal information sent while using the hotel's wireless Internet service.
(a) cannot
(b) must not

Q9 The subway construction project _____ likely affect the sales of food vendors along the 31 block of Teheran Street.
(a) must
(b) will

2 조동사의 완료형

P1 **조동사의 완료형이란 조동사 뒤에 have + p.p.가 나타난 형태이다.**

조동사는 독립성과 개별성을 띠므로 조동사의 단순형이 아닌 조동사의 완료형이 되면 개별적으로 단순형과는 다른 자신만의 시제와 의미를 가지며 쓰이게 된다.

조동사	완료형으로 사용될 때 조동사의 기본적인 주요의미
can have p.p.	보통 긍정문에는 쓰지 않고 **not**과 함께 부정문 등에서 사용 '~했었을 리가 없다'
could have p.p.	독립적으로 쓰이거나 혹은 가정법 과거완료 짝찾기의 가정적 가능 '할 수 있었을 텐데'
will have p.p.	미래완료시제에 사용 '~하는 것이 될 것이다'
would have p.p.	독립적으로 쓰이거나 혹은 가정법 과거완료 짝찾기의 가정적 의지 '~했을[이었을] 텐데'
may have p.p.	현재를 기점으로 과거의 사실적 추측 '~했었을지도 모른다'
might have p.p.	독립적으로 쓰이거나 혹은 가정법 과거완료 짝찾기의 가정적 추측 '~했었을지도 모를텐데'
shall have p.p.	현대영어에서 거의 쓰이지 않음
should have p.p.	과거에 이루지 못한 일에 대한 후회 '~해야 했었는데 (하지 못해서 아쉽다)'
must have p.p.	과거의 확신 '~했었음이 틀림없다'
ought to have p.p.	문맥에 따라 **should have p.p.**나 **must have p.p.**의 의미

P2 **지텔프 시험에는 must have p.p., should have p.p., might have p.p., may have p.p.가 주로 시험에 등장하며, shouldn't have p.p.처럼 부정형도 출제된다.**

P3 **정확한 해석을 하지 못했을 땐 문맥의 상황에 따른 조동사의 분류로 오답을 걸러낸다.**

확실한 상황 (+ 이미지)	**absolutely** 틀림없이 **certainly** 확실히 **confident** 확신하는 **confirm** 확인하다	**definitely** 확실히 **I'm certain** 확신한다 **I'm sure** 확신한다
	will, can, must, should, will have p.p., must have p.p.	
불확실한 상황 (- 이미지)	**doubt** ~인지 의심스럽다 **guess** ~라고 추측한다 **I don't know** 모르겠다 **I'm not certain** 확신하지 못하겠다	**I'm not sure** 확신하지 못한다 **I suppose** ~라고 추측한다 **maybe** 아마도 **possibly** 아마도
	could, might, would, may, could have p.p., might have p.p., may have p.p.	

Q1 Some survey questions created by the Embrain Research Foundation was not expressed as clearly as they _____ have been. 고난이도

(a) should
(b) must

Q2 The bookstore _____ have decided to extend its business hours during weekends.

(a) can
(b) should

Q3 The performance assessment _____ not have been prepared without the contribution of our newest personnel staff.

(a) should
(b) could

모두지 PRACTICE

01 Passengers should be careful when opening the overhead luggage bins as contents _____ during travel. 고난이도
(a) may have shifted
(b) should have shifted

02 The deadline for submission is rapidly approaching, so data collection _____ be finished within five days. 고난이도
(a) can
(b) should

03 When using the building's side entrance, remember that an alarm _____ sound if your security code is not entered on the keypad within 30 seconds. 고난이도
(a) can
(b) will

04 All employees _____ adhere to current rules on cleanliness and sanitation on a day to day basis. 고난이도
(a) will
(b) must

05 I would like to inquire if you _____ offer a discount for bulk purchases.
(a) must
(b) could

06 Based on this month's sales forecast we _____ expect revenue to be broadly flat. 고난이도
(a) can
(b) will

07 Direct TV would like to warn viewers that there _____ be a disruption in service for the next 24 hours due to repairs on its main motherboard. 고난이도
(a) must
(b) could

08 When I started living alone, I _____ normally eat at an expensive restaurant instead of cook.
(a) will
(b) would

09 He says there is no other profession he _____ rather be in.
(a) will
(b) would

10 We apologize for this delay and hope that it _____ not cause any problems with your schedule. 고난이도
(a) will
(b) can

11 Instead of using butter, Sunkist Foods states that you _____ substitute corn oil for it for a healthier meal. 고난이도
(a) will
(b) can

12 Cleaning products typically contain varying amounts of irritants, dangerous chemicals, or explosive compounds that _____ affect our health and the environment.
(a) shall
(b) may

DAY 09 | 접속사 고난이도

G-TELP BASIC GRAMMAR 기본 개념 다지기

---

01 접속사란 단어와 단어, 구와 구, 절[문장]과 절[문장]을 연결하는 연결어의 일종이다.

| 지텔프에서는 주로 단어와 단어 또는 구와 구를 연결하는 접속사 문제보다는 절[문장]과 절[문장]을 연결하는 접속사 문제를 문맥의 해석을 통해 고르게 만드는 형태로 출제한다.

02 접속사는 크게 등위접속사와 종속접속사로 나뉘지만 지텔프에서는 구별이 중요하지 않다.

| 등위접속사는 단어, 구, 절[문장]들을 문법상 대등한 관계로 연결하며, 문장 중간에서만 접속사의 기능을 할 수 있다. 종속접속사는 주절과 그에 딸린 종속절을 연결시키는 접속사로 절[문장]만을 연결하는 게 원칙이다. 종속접속사는 문장의 중간에서 뿐만 아니라 문장의 맨 앞에서도 2개의 문장과 문장을 연결할 수 있다. 예외는 있지만 원칙적으로 등위접속사는 생략에 의해 병렬구문을 만들고 종속접속사는 생략에 의해 분사구문을 만든다.

등위접속사			and, but, or, for, so, yet
종속접속사	명사절을 이끄는 종속접속사		that, whether, if
	형용사절을 이끄는 종속접속사		that
	부사절을 이끄는 종속접속사	이유	because, since, as, now that, in that
		양보	though, although, even if, if, even though, as
		조건가정	if, unless, in case that, provided that, as long as
		시간	when, whenever, while, as, till, until, by the time, after, once, before, since, as soon as, the moment, the instant, every time, as long as, as often as
		상반	while
		부대	just as
		목적	so that, in order that
		결과	so ~ that, such ~ that, so that

03 G-TELP는 항상 해석을 통해 문맥에 따른 접속사의 의미를 물어보는 문제를 출제한다.

| G-TELP에서는 항상 문맥에 따른 접속사의 의미를 물어보는 문제를 출제하므로, 사실 문법적으로 접속사를 등위접속사나 종속접속사 등으로 분류해서 학습할 필요가 없다. 예문을 통해 개별 접속사 각각의 의미를 암기하고 활용할 수 있는 능력을 길러야 한다. 개별 접속사의 의미 암기는 문법 문제를 푸는데 필요할 뿐만 아니라 독해에도 너무 중요하므로 적극적으로 학습해야 한다.

04 지텔프 시험에는 매회 1문제의 접속사 문제가 출제된다.

공식 1 등위접속사

공식 2 종속접속사

DAY 01
DAY 02
DAY 03
DAY 04
DAY 05
DAY 06
DAY 07
DAY 08
DAY 09
DAY 10

지텔프
공식

1 등위접속사

P1 지텔프의 접속사 문제는 등위접속사나 종속접속사의 복잡한 문법적 개별 쓰임을 물어보지 않는다.

지텔프에 출제되는 접속사 문제는 기본기를 길러 차분히 해석하고 앞뒤 문장의 논리적 연결 관계에 기초해 정답을 찾아야 하는 해석문제로 출제가 된다. 개별적인 등위접속사나 종속접속사의 복잡한 쓰임을 중심으로 출제되는 것도 아니며, 토익식의 주어 + 동사 앞에는 접속사, 명사 앞에서는 전치사, 컴마 나오면 접속부사 식의 품사 자리 맞추기 형태로 출제되지도 않는다.

P2 접속사는 등위접속사와 종속접속사로 구분되지만 지텔프에서는 구별이 중요하지 않다.

종속접속사는 역할에 따라 명사절을 이끄는 종속접속사(명사절접속사), 형용사절을 이끄는 종속접속사(형용사절접속사), 부사절을 이끄는 종속접속사(부사절접속사)로 구별한다. 그리고 두 개 이상의 단어가 하나의 접속사 역할을 할 때 상관접속사라고 부른다. 접속사는 만들어진 방법에 따라 일반접속사와 분사접속사로 나누기도 한다.

접속사	등위접속사	단순등위접속사	and, but, or, for, so, yet, as, than ...
		등위상관접속사	both A and B, either A or B, not A but B, not only A but B ...
	종속접속사	명사절접속사	that, if, whether
		형용사절접속사	that
		부사절접속사	because, while, unless, whereas, though ...

P3 등위접속사의 연결관계와 개별 의미를 암기해야 하지만, 지텔프에서는 so를 주로 출제한다.

등위접속사는 문장의 중간에서만 접속사의 역할을 할 수 있다. 종속접속사와는 다르게 문장의 맨 앞에서는 접속사의 역할을 하지 못하고 부사의 역할만을 한다. 종속접속사들은 주어를 생략시키면 분사구문을 만들어야 하는 것이 원칙이며 등위접속사는 접속사 이후 주어를 생략시키면 병렬· 병치구문을 만들어야 하는 것이 원칙이다. 그러나 등위접속사로 쓰이는 ,for나 ,so의 뒤 문장은 동일한 요소가 앞에 언급되어도 생략시켜 병렬· 병치구문을 만들지 않고, 완전한 문장을 뒤에 쓴다. 등위접속사 for 뒤에는 항상 완전한 문장이 오며 , so 뒤에는 완전한 문장이 오거나 명령문이 온다.

등위접속사	문장 또는 어구 연결 (병치 구문 만듦)	**and** 그리고, 그러면, 그래서 **but** 그러나 **or** 또는, 즉, 그렇지 않으면 **yet** 그럼에도 불구하고	**as** ~보다, ~만큼 **than** ~보다, ~만큼 **nor** ~도 아닌
	어구나 불완전한 문장 연결	**as well as** 뿐만 아니라, ~만큼 잘	
	문장만 연결 (병치 구문 못 만듦)	**so** 그래서	**for** 왜냐하면 ~때문에 (문장 중간에서 ,와 함께)

P4 등위상관접속사는 숙어처럼 기억하면, 독해에 도움이 된다.

등위상관접속사를 구성하는 **both, either, neither**는 짝을 맞춰야 한다. **both, either, neither** 등을 생략해도 남게 되는 **and, or, nor**가 등위접속사이므로 **and, or, nor**는 혼자서 쓰일 수도 있다.

both A and B A와 B 양자 **either A or B** A 또는 B 둘 중 하나 **neither A nor B** A와 B 모두 아닌[양자부정]	**not A but B** = B, **but not A** = B, **not A** A가 아니라 **B** **not only A but (also) B** = B as well as A A뿐만 아니라 B도

Q1 The audience became bored with the movie because of an overly simplified plot _____ left the cinema before it was even over.
(a) when   (b) and

Q2 The technical assistant has inspected Mr. Graham's computer for the last three hours, _____ he has yet to find the reason why it does not work properly.
(a) as well as   (b) but

지텔프 공식

2 종속접속사

매회 **26문제** 중 **1문제** 출제

P1 지텔프에서는 명사절을 이끄는 종속접속사 문제는 if와 whether의 뜻만 물어본다.

명사절접속사 **that**은 일반적인 사실을 전달할 때 쓴다. **whether**와 **if**는 '~인지 아닌지'의 의미로 쓰이며, 약간의 차이가 있다. **whether**가 이끄는 절은 주어와 보어 그리고 목적어가 될 수 있지만, **if**가 이끄는 명사절은 보통 타동사의 목적어로만 쓰이며, 바로 뒤에 **or not**을 쓰거나 **to**부정사 구문을 쓰지 않는다. **if**는 전치사의 뒤에서 쓰일 수 없지만, **whether**는 전치사의 뒤에서도 쓰일 수 있다. 지텔프는 의미가 없는 접속사는 출제하지 않으려고 하기 때문에 명사절을 이끄는 종속접속사 **that**은 거의 출제하지 않는다.

구별	쓰이는 경우	쓰이지 못하는 경우
that	주어절, 동사의 목적어절, 보어절	전치사의 목적어절, **to**부정사구 축약
if	동사의 목적어절	주어절, 전치사의 목적어절, 보어절, **to**부정사구 축약, **or not** 구문
whether	주어절, 동사의 목적어절, 전치사의 목적어절, 보어절, **to**부정사구 축약, **or not** 구문, **A or B** 구문	쓰이지 못하는 경우가 거의 없음

P2 형용사절을 이끄는 종속접속사는 지텔프 시험에 (거의) 출제하지 않는다.

일제식 문법책에 동격의 접속사라고 불리는 **that**이 형용사절을 이끄는 종속접속사이다. 원어민 영문법서에서는 동격의 접속사를 '명사를 수식하는 역할과 의미 때문에' 명사절접속사가 아닌 형용사절을 이끄는 종속접속사로 정의한다. 동격의 접속사는 앞에 있는 특정 (추상)명사를 뒤에 있는 완전한 문장이 형용사처럼 수식하도록 하면서 연결한다. 동격의 접속사절은 접속사절이기 때문에 완전한 문장이 온다. 지텔프는 의미가 없는 접속사는 출제하지 않으려고 하기 때문에 동격의 접속사는 시험에 거의 출제하지 않지만, 독해를 위해 공부를 해 둘 필요가 있다.

동격의 접속사 **that**을 뒤에 자주 쓰는 명사			
assurance 확신	**idea** 생각	**reminder** 통지문	**truth** 진실
claim 주장	**news** 소식	**report** 보고	
confirmation 확인	**opinion** 의견	**rumor** 루머	
fact 사실	**reassurance** 재확신	**statement** 진술	

P3 부사절을 이끄는 종속접속사는 지텔프에 매회 출제되며 문법뿐만 아니라 독해기술 향상의 기본이므로 개별 접속사의 연결관계와 의미를 짧은 예문을 통해 철저히 최대한 열심히 아래 문장과 함께 암기해야 한다.

① 분사 형태의 부사절을 이끄는 종속접속사

분사접속사란 형태상 일반적인 접속사와는 다르게 분사에서 만들어진 접속사를 말한다. 분사접속사들은 거의 모두 부사절을 이끄는 종속접속사의 기능을 한다. 분사접속사들에는 **~ing** 꼴과 **~ed** 꼴이 있으며, 보통 **that**을 생략시키고 사용할 수 있다.

assuming (that) ~라고 가정해 볼 때 **considering (that)** ~라는 점을 고려해 볼 때	**providing (that)** ~한다면
given (that) ~을 고려해서	**provided (that)** ~한다면

② **time** 형태의 부사절을 이끄는 종속접속사

time으로 끝나는 몇몇 어구들은 부사절접속사의 역할을 할 수 있다. **time** 다음 이어지는 **when**절이나 **that**절에서 **when**이나 **that**이 생략된 형태이다. **on time**(정각에)이나 **in time**(제때에)과 구별해야 한다. **time**으로 끝나는 부사절접속사 대용어구들은 보통 시간을 나타내는 부사절접속사의 역할을 한다.

at the time	'~할 때'	**At the time she was 29-years-old**, 그녀가 29살이었을 때,
by the time	'~할 때 즈음엔'	**By the time that investigation ended**, 그 조사가 끝났을 즈음엔,
each time	'매번 ~할 때마다'	**Each time he tired**, 피곤했을 때마다,
every time	'~할 때마다'	**Every time I hear this song**, 이 노래를 들을 때마다,
the whole time	'있던 내내'	**The whole time we were there**, 우리가 거기 있던 내내,
(the) last time	'마지막 ~때'	**Last time I saw her**, 내가 마지막으로 그녀를 보았을 때,

DAY 01
DAY 02
DAY 03
DAY 04
DAY 05
DAY 06
DAY 07
DAY 08
DAY 09
DAY 10

③ **that** 형태의 부사절을 이끄는 종속접속사

that 생략 불가능	that 생략 가능
except that ~가 ...하는 것을 제외하고 **in order that** ~가 ...하기 위해서 **in that** ~라는 점에서 **now that** 지금 ~이기 때문에	**assuming (that)** ~라고 가정해 볼 때 **considering (that)** ~라는 점을 고려해 볼 때 **given (that)** ~라는 점을 고려해서 **providing (that)** ~라면 **provided (that)** ~한다면 **in case (that)** ~의 경우를 대비하여서 **in the event (that)** ~하는 경우에 **so (that)** ~하기 위해서 **so[such] ~ (that)** 너무 ~해서 그래서 그 결과 **the more (that)** ~가 ...하면 할수록

* **so**는 등위접속사와 종속접속사로 모두 쓰인다.

④ **as ~ as** 형태의 부사절을 이끄는 종속접속사

as ~ as 형태의 부사절접속사도 기억해야 한다. 나머지 **as ~ as** 형태의 부사절접속사와는 다르게 **as well as**는 '~뿐만 아니라'의 의미를 가지며, 종속접속사가 아닌 등위접속사로 쓰이거나 전치사로 쓰인다.

as soon as	'~하자마자'	As soon as I received the result, 결과를 받자마자,
as[so] long as	'~하다면' '~하는 한[동안은]'	As long as you've prepared well, 준비를 잘 했으면, So long as we live, 살아 있는 동안은,
as far as	'~하는 범위 안에선' '~하는 한'	As far as I know, 내가 아는 바로는,
as often as	~할 때마다	As often as she sees me, 그녀는 나를 볼 때마다,

⑤ 시간의 부사절을 이끄는 종속접속사

before	'~전에'	Before it's too late, 늦기 전에,
after	'~후에'	After he graduated from medical school, 그가 의과대학을 졸업한 후에,
until[till] up until	'~까지'	Until the rain stops, 비가 그칠 때까지, Up until I get back, 내가 돌아올 때까지,
since	'~한 이후로'	Since he left, 그가 떠난 이후로,
ever since	'~한 이후로 줄 곧'	Ever since he was 18, 18세 이후로 줄 곧,
while	'~하는 동안에'	While we were asleep, 우리가 잠든 동안에,
as soon as	'~하자마자'	As soon as the city issues the building permit, 시가 건축허가를 주자마자,
once	'일단 ~하고 나면'	Once you sign in, 일단 서명하고 나면,
when	'~할 때'	When we were young, 우리가 어렸을 때,
as	'~할 때'	As I entered the room, 내가 방에 들어갔을 때,
just as	'바로 그 때'	Just as we arrived at the station, 우리가 역에 도착했던 바로 그 때,
even as	'~하는 순간에'	Even as he shouted the warning, 그가 조심하라고 외치는 순간에,

모두의 지텔프 GRAMMAR SECTION

⑥ 이유의 부사절을 이끄는 종속접속사

because		Because it all looks a bit too technical, 기술적으로 보이기 때문에,
as	'때문에'	As she's new, 그녀가 신입이기 때문에,
since		Since we live in the computer era, 컴퓨터 시대에 살고 있기 때문에,
now that	'지금 ~이기 때문에'	Now that the game is over, 게임이 끝났으므로,
in that	'~라는 점에서'	In that it has originality, 독창성을 가지고 있다는 점에서,

⑦ 양보의 부사절을 이끄는 종속접속사

although	'비록 ~이지만'	Although it was not important thing, 비록 중요한 것은 아니었지만,
though	'비록 ~에도 불구하고'	Though I liked him, 비록 내가 그를 좋아하긴 했지만,
even though	though의 강조	Even though I didn't want to go, 심지어 가고 싶어 하지 않았음에도,
even if	'비록 ~에도 불구하고'	Even if she does not believe so, 심지어 그녀가 그렇게 믿지 않아도,
while	'비록 ~이지만'	While I am willing to help, 비록 내가 기꺼이 도와 드리고는 싶지만,
whereas	'~하는 반면에'	Whereas some people like tea, 일부 사람들이 차를 좋아하는 반면에,

⑧ 조건과 가정과 고려의 부사절을 이끄는 종속접속사

if	'~라면'	If anyone calls, 누가 전화하면,
unless	'~가 아니라면'	Unless you have a doctor's note, 의사의 진단서가 없는 한,
as long as so long as	'~하는 한' '~한다면'	As long as the weather is good, 날씨가 좋다면, So long as there is a demand, 수요가 있는 한,
in the event (that)	'~할 경우에'	In the event that they should come, 그들이 혹시 오는 경우엔,
in case (that)	'~를 대비해서' '~하는 경우엔'	In case John phones, 존이 전화할 때를 대비해서,
only if	'~하는 경우에만'	Only if a teacher has given permission, 교사가 허락하는 경우에만,
given (that)	'~을 고려해서' '~을 고려해 볼 때'	Given that smoking is dangerous, 흡연이 해롭다는 것을 고려할 때,
considering (that)		Considering he lacks experience, 경험이 없다는 것을 고려해 볼 때,
providing (that)	'~한다면'	Providing that my brother gets back alive, 동생이 살아 돌아온다면,
provided (that)		Provided that they do so, 그들이 그렇게 한다면,
assuming (that)	'~라고 가정할 때'	Assuming that you were an elephant, 네가 코끼리라고 한다면,
on condition that	'~라는 조건이면'	On condition that she is paid, 그녀가 돈을 받는 조건이라면,

⑨ 목적의 부사절을 이끄는 종속접속사

so (that)	'~하기 위해서'	so that his mother might be happier 어머니가 더 행복해지게 하기 위해서
in order that		in order that you may get a good seat 좋은 자리를 얻기 위해서

⑩ 결과의 부사절을 이끄는 종속접속사

so ~ (that)	'너무 ~해서 그래서 그 결과'	be so hot that I can't sleep well 너무 더워서 잘 잘 수가 없다
such ~ (that)		be such a genius that he could 그는 너무도 천재여서 ~할 수 있었다

⑪ 제외의 부사절을 이끄는 종속접속사

except that	'~을 제외하고'	Except that she was there, 그녀가 거기 있었다는 것을 제외하고는,

⑫ 기타 주의할 부사절을 이끄는 종속접속사

insofar as	'~하는 한'	Insofar as[that] I know it, 내가 아는 한,
as if	'마치 ~인 것처럼'	As if I were floating in the air, 마치 공중에 붕 뜬 것처럼,
as though		As though he knew something, 마치 무엇인가를 알고 있는 것처럼,
just as		Just as I've always been with you, 마치 내가 항상 너와 있었던 것처럼,
as <보통 도치>	'~처럼'	The rooms at the hotel are outstanding, as is the service. 그 호텔의 객실들은 뛰어나다, 서비스가 뛰어난 것처럼.
whether	'~이건 아니건'	Whether you like it or not, 좋아하건 싫어하건,
lest	'~하지 않기 위해서' '~일까 봐'	I worked hard lest I should fail. 실패 하지 않기 위해서 열심히 했다. I fear lest the rumor may be true. 그 소문이 사실일까 봐 걱정이다.

⑬ 부사절을 이끄는 종속접속사의 역할도 하는 복합관계사

복합관계 대명사	whoever 어떤 사람이 ~하든	Whoever may touch this, I will give him a hard time. 어떤 사람이 이걸 건들든, 나는 그를 혼낼 것이다.
	whomever 어떤 사람을[에게] ~하든	Whomever you ask, everyone will give you the same answer. 어떤 사람에게 물어보든, 모든 사람들은 똑같이 대답할 것이다.
	whatever 어떤 것을 ~하든	Whatever you may do, I will be right here waiting for you. 어떤 것을 하든, 나는 당신을 기다리면서 바로 여기 있을 것이다.
	whichever 어떤 것을 ~하든	Whichever you may buy, you will be satisfied with its quality. 어떤 것을 사시든, 당신은 품질에 만족하게 될 것이다.
복합관계 부사	whenever 언제 ~하든, ~할 때마다	Whenever you may come back, I will be right here waiting for you. 언제 오든지, 나는 당신을 기다리면서 여기에 있을 것이다.
	wherever 어디로[서] ~하든	Wherever you may go, I will be with you. 어디로 가든, 나는 당신과 함께 갈 것이다.
	however <도치 유도> 아무리 ~하든[하더라도]	However far you may be, I will go to see you. 아무리 멀리 있다고 하더라도, 나는 당신을 보기위해 갈 것이다.
복합관계 형용사	whatever 어떤 ~가[을] …하든	Whatever language you may learn, you must not neglect your mother tongue. 어떤 말을 배우든, 모국어를 소홀히 해서는 안 된다.
	whichever 어떤 ~가[을] …하든	Whichever picture you choose, I will give it to you. 어느 그림을 골라잡든, 그것을 너한테 주겠다.

해석으로 풀어야 하는 접속사

Q1 Mr. Glenn would like to know _____ either Tony or Barbara would like to attend the business conference in Vegas with him.
(a) that
(b) if

Q2 Everyone left the office early on Friday _____ the computer servers were taken down for emergency maintenance.
(a) since
(b) although

Q3 _____ high-level managers have paid attention to total sales revenues, local store managers have always been more concerned with customer satisfaction. 고난이도
(a) While
(b) As soon as

Q4 _____ there had been so many unknown factors involved, the research assistant realized that the data was not accurate.
(a) Although
(b) Because

Q5 _____ our company is relatively new and small in the field, the significance of maximizing the capabilities of our limited human resources cannot be emphasized enough. 고난이도
(a) Given that
(b) Once

Q6 Ms. Guillmor will have been absent for six weeks _____ she recovers from her accident.
(a) by the time
(b) on time

Q7 The Costco account will be subsequently handled by Mr. Brown _____ Ms. Shelly is no longer working for us. 고난이도
(a) now that
(b) except that

Q8 _____ the weather is favorable, our running group will still be meeting at the trailhead at the base of the park.
(a) As long as
(b) As well as

Q9 _____ new memberships have continuously increased due to a free three-month promotion, our regular memberships have continued to decline steadily.
(a) Although
(b) Just as

접속사 역할을 하는 복합관계사

Q1 We would be happy to help you by phone or e-mail _____ you need any assistance in ordering online. 고난이도
(a) whenever
(b) unless

Q2 _____ busy they are, they never bump into the customers because they have special sensing systems.
(a) Whenever
(b) However

Q3 Gerald Travis, the company's new CFO, acknowledged that there was a possibility, _____ remote, that the merger deal would not go through as planned. 고난이도
(a) much
(b) however

Q4 The book review team encourages its new members to consult one another _____ possible. 고난이도
(a) whenever
(b) whoever

모두지 PRACTICE

01 _____ you make a reservation for the Night Safari guided tour, you will receive a free wind-breaker to wear while on the trip.
(a) Although
(b) When

02 Wooden doors have a tendency to expand in humid weather _____ they are treated with a chemical stabilizer. 고난이도
(a) if
(b) unless

03 Let's make sure that Ms. Jobs has looked over the revised contract thoroughly _____ we send her a final copy.
(a) as far as
(b) before

04 Club 478 can fit only 350 people and slots are limited, _____ reserve online now to secure your attendance. 고난이도
(a) so
(b) but

05 A building's construction was stopped _____ the inspector saw the lack of a fire escape ladder in the building plan.
(a) after
(b) even if

06 Most employees welcomed the company's relocation to Singapore _____ they considered it an attractive place to raise children.
(a) because
(b) although

07 _____ she successfully mediated the conflict between Hwang Finance Inc. and Lindale National Bank, Donna Evert was offered a position as a chief financial officer.
(a) As long as
(b) After

08 Even for domestic flights, baggage allowance is three pieces of checked luggage _____ the largest bag does not exceed 62 inches in length. 고난이도
(a) after
(b) as long as

09 Our company reserves the right to cancel its contract _____ the customers violate the rules.
(a) unless
(b) if

10 It is unsure _____ Skyblue Airlines have begun the search for her replacement, although it is widely expected that Samantha Kelley's assistant, Thomas Fullerton will be picked to serve as the interim Deputy Chief. 고난이도
(a) even if
(b) whether

11 The firm has a total monopoly on the apparatus _____ it is the only company authorized to produce it.
(a) because
(b) before

12 _____ you feel lonely, what do you do and who do you talk to?
(a) Even if
(b) When

DAY 10 | 접속부사 고난이도

G-TELP BASIC GRAMMAR 기본 개념 다지기

01 G-TELP에 매회 출제되는 접속부사는 해석으로 문제를 푸는 게 원칙이다.

| 접속부사는 부사이기 때문에 혼자서는 두 개의 문장을 연결할 수 없다. 접속사와는 달리 별도의 접속사의 역할을 하는 **and**나 **but** 혹은 세미콜론(;)과 함께 문장 중간에 쓰이거나, 앞 문장이 마침표로 끝난 후 이어지는 문장의 맨 앞에서 컴마와 보통 함께 쓰인다. 맨 앞에 쓰일 땐, 접속부사 뒤에 컴마를 찍어서 구분하는 게 일반적이며 하나로 이어진 문장 중간에서는 접속사와 함께 쓰는 것이 일반적이다.

and now 그래서 현재	**and so** 그래서	**and therefore** 그러므로
and also 또한	**and then** 그리고 나서, 그런 다음	**and yet** 그럼에도 불구하고, 그러나

02 접속부사는 전체적으로 간단히 3가지 범주로 이해하고 각각의 개별적인 관계부사의 쓰임과 의미는 더 세부적인 범주로 분류한 후 모두 무조건 암기 후 문제를 풀 땐 해석으로 오답을 하나씩 제거해 나가야 한다.

| 토익 시험은 주어 + 동사 앞에 접속사 자리, 명사 앞에 전치사 자리, 컴마 나오면 접속부사 자리 찾기와 같은 품사 자리 찾기 형태의 문제와 오직 해석으로만 풀 수 있는 어휘 문제형 접속사 문제로 2가지 문제 형태를 출제하지만 지텔프는 철저히 문맥의 해석에 따라 정답을 고를 수 있도록 출제된다. 접속부사는 단순히 문법 문제를 풀이하는데 필요할 뿐만 아니라 독해에도 매우 중요하므로 지텔프 시험에 문법 문제로 잘 나오는 관계부사뿐만 아니라 나머지 관계부사들도 반드시 모두 암기해야 한다.

순접 (+ + 같은 방향)	역접 (+ - 반대 방향)	결론 (a ⇨ A 최종 결과)
(shortly) afterward(s) 이후에	**(but) rather** 차라리	**as a result** 결론적으로
also 또한	**even so** 설사 그렇다 하더라도	**consequently** 결과적으로
besides 게다가	**however** 그러나	**hence** 그러므로
for instance 예를 들면	**if not** 만약 아니라면	**in other words** 다른 말로 해서
furthermore 더욱이	**in contrast** 대조적으로	**in short** 요약하자면
if so 만약 그렇다면	**instead** 대신에	**that is** 즉, 다시 말해
in addition 게다가	**nevertheless** 그럼에도 불구하고	**therefore** 그러므로
in fact 사실	**nonetheless** 그럼에도 불구하고	**thus** 그러므로
indeed 사실상	**on the contrary** 대조적으로	
likewise 그와 같이	**on the other hand** 반면에	
meantime 그러는 동안에	**or else** 그렇지 않다면	
meanwhile 그러는 동안에	**otherwise** 그렇지 않다면	
moreover 더욱이		
on one hand 한편으로는		
since then 그때 이후로		
then 그러고 나서		
to illustrate 일례로		
until now 지금까지		

03 지텔프 시험에는 매회 해석으로 풀어야 하는 접속부사 문제가 1문제 출제된다.

공식 **1** 접속부사

공식 **2** 전치사가 답이 되는 경우

P1 **지텔프 시험엔 접속부사 문제가 매회 26문제 중 1문제 출제된다.**

접속부사란 독립된 두 문장 사이의 연결 논리를 나타내는 부사이다. 접속부사 문제도 특정 힌트를 보고 정답을 맞힐 확률을 높일 수는 있지만, 기본기를 길러 차분히 해석하고 문장 연결의 논리로 풀어야 한다. 정답이 안 보이거나 답이 **2**개처럼 보일 때에는 소거법에 따라 소거해 나가야 하며, 그래도 답이 보이지 않을 때에는 가볍게 찍고 다른 쉬운 문제를 맞히는데 집중해야 한다.

의미	접속부사	
첨가 부연 추가 유사	additionally 추가적으로 again 한 번 더, 다시 all in all 대체로 also 또한 altogether 대체로 as such 보통 at first 처음에는 besides 게다가 comparatively 상대적으로 further 더 나아가 furthermore 더욱이 in addition 게다가 in other words 다시 말해서 in particular 특히 in the first place 우선	in the same way 같은 방식으로 likewise 비슷하게 luckily 다행히도, 운 좋게 moreover 게다가, 더욱이 namely 즉, 다시 말해 particularly 특히 plus 또한, 게다가 regardless 상관하지 않고 second 두 번째로 similarly 유사하게 so 그래서 specifically 분명히, 특별히 too 역시, 또한 unsurprisingly 아니나 다를까
예시 설명	as an illustration 예를 들어 for example 예를 들어 for instance 예를 들자면	in fact 사실 <지텔프에선 첨가와 예시로 빈출> to illustrate 일례로
시간 시점 경과	after a while 잠시 후 afterward(s) 나중에 and then 그러고 나서 at last 마침내 at length 한참 있다가 at that time 그 때에 at the same time 동시에 before 전에 currently 현재 earlier 예상보다 일찍 formerly 이전에 in the meantime 그 동안에 in the past 옛날에 last 맨 마지막에 lately 최근에 later 나중에, 뒤에	meanwhile 그 동안에 next 그리고는 now 지금부터 once 한 때, 한동안 presently 현재, 지금 right now 지금 shortly 곧, 이윽고 simultaneously 동시에 so far 지금까지 soon 곧, 이윽고 still 그런데 아직도 subsequently 그 뒤에 then 그리고, 그 때 thereafter 그 이후에 until now 지금까지

모두의 지텔프 GRAMMAR SECTION

의미	접속부사	
비교 대조 역접	**alternatively** 그 대신에 **and yet** 그럼에도 불구하고 **conversely** 반대로, 역으로 **however** 그러나 **in contrast** 그에 반해서 **instead** 대신에 **nevertheless** 그럼에도 불구하고 **nonetheless** 그럼에도 불구하고	**notwithstanding** 그렇기는 해도 **on the contrary** 그와는 반대로 **on the other hand** 반면에 **otherwise** 그렇지 않다면 **though** 하지만 **unexpectedly** 예상 외로, 뜻밖에 **unfortunately** 불행하게도
강조 요약 결론	**accordingly** 그래서, 그에 맞춰 **actually** 실제로, 정말로 **after all** 결국에는, 어쨌든 **as a consequence** 결론적으로 **as a result** 결과적으로 **consequently** 그 결과, 따라서 **even so** 그렇기는 하지만 **eventually** 결국, 마침내 **finally** 마지막으로, 결국 **hence** 이런 이유로 **in brief** 간단히 말해서	**in conclusion** 결론적으로 **in short** 짧게 말해 **in simpler terms** 간단히 말해 **in summary** 요약하자면 **indeed** 실제로는, 정말로 **lastly** 마지막으로, 끝으로 **on the whole** 전반적으로 **that is** 즉 **therefore** 따라서 **thus** 따라서, 그러므로 **to put it differently** 다른 말로

P2 **접속부사의 위치는 주로 컴마와 함께 문장의 맨 앞에 위치하지만 부사처럼 자유롭다.**

접속부사는 컴마와 함께 주로 문장의 맨 앞에 위치하지만 부사가 올 수 있는 모든 자리에 사용될 수도 있다. 따라서 가끔 문장의 중간이나 문장의 끝, 그리고 앞 문장에 세미콜론이 붙고 그 다음에, 그리고 문장 사이의 등위접속사 뒤에서 나타날 때가 있다.

지텔프 시험에 정답으로 자주 나오는 접속부사

Q1 She told her mom that she really wanted to get married. _____, Michelle warned her mother that when she brought up this issue in front of other people, she was making Michelle ever more resistant to the idea of marriage.
(a) Instead
(b) However

Q2 According to a recent survey, taste ranks the highest. Next comes price, and healthfulness is only third on the scale, despite the fact that consumers say they want healthier options. _____, taste is the one thing they are not willing to compromise. 고난이도
(a) Otherwise
(b) Indeed

Q3 If they didn't receive clear directions, then nothing got done. _____, if they received directions that they knew, they carried them out anyway. 고난이도
(a) Moreover
(b) However

Q4 Studies predict that the President's plan would only restore a small number of the jobs. _____, only about six percent of the President's plan would go into effect this year, while nearly 84 percent of the plan will be implemented over the next five years. 고난이도
(a) Instead
(b) Moreover

01 DAY
02 DAY
03 DAY
04 DAY
05 DAY
06 DAY
07 DAY
08 DAY
09 DAY
10 DAY

Q5 The primitive society has less specialized knowledge to transmit, and since its way of life is enacted before the eyes of all, it has no need to create a separate institution of education such as the school. _____, the child acquired the heritage of his culture by observing and imitating adults. 고난이도

(a) Similarly   (b) Instead

Q6 In 1934, she convinced Hahn to join her in studying nuclear processes, and they made great progress. _____, Meitner's Jewish ancestry made her a target of Nazi academic restriction and she fled to Sweden in 1938.

(a) Similarly   (b) Unfortunately

Q7 Thus frustrated, the waiter took up the issue with the manager, and the two of them began a lengthy conversation. _____, the manager came over to me and said, "I am very sorry."

(a) Therefore   (b) Finally

Q8 He worked on his telephone for several years, and his models became more and more sophisticated. _____, Reis sent some improved models of his telephone to scientists around the world. 고난이도

(a) Eventually   (b) Likewise

Q9 Fire can appear to be a highly destructive disturbance to a forested landscape. _____, fire releases nutrients that nourish a new crop of plants. 고난이도

(a) Moreover   (b) Nevertheless

지텔프
공식

2 전치사가 답이 되는 경우

24회중 1문제 정도 출제

P1 전치사는 원칙상 지텔프의 출제영역이 아니다.

전치사는 지텔프의 출제영역이 아니며 성적표에 평가항목도 존재하지 않는다. 정확히 말해, 지텔프에는 토익식의 전치사 쓰임이 출제되지 않는다. 다만 지텔프에서는 **Although, Though** 그리고 **Because**와 의미상 같은 뜻을 가지는 **Despite, In spite of** 그리고 **Because of**가 정답으로 출제된다. 접속사 **Although**나 **Though** 그리고 **Because**는 부사절접속사임에도 불구하고 일반적인 형태로 접속사를 남기고 주어를 생략한 후 분사구문의 축약형을 만들지 못하는 부사절접속사이기 때문에 같은 의미를 가지는 **Despite, In spite of, Because of**와 같은 전치사들이 문장의 맨 앞의 자리에서 연결어의 기능을 수행할 때가 있다. 추가로 기억할 전치사로는 **Instead of**와 **According to** 등이 있다.

정답으로 출제되는 전치사	대응하는 접속사
Despite '~에도 불구하고' **In spite of** '~에도 불구하고' **Because of** '~때문에'	**Although** **Though** **Because**

P2 의미의 차이 없이 접속사로도 쓰이는 전치사는 정답이 될 때가 자주 있다.

의미 차이 없이 전치사와 접속사의 역할을 모두 하는 전치사	
after ~후에 **as well as** 뿐만 아니라 **before** ~전에 **considering** ~을 고려해 볼 때 **given** ~을 고려해 볼 때	**like** ~처럼 **rather than** ~가 아니라 **since** ~한 이후로 **than** ~보다 **until** ~때까지

Q1 _____ having spent a considerable amount of fund developing new products, they are still unable to increase sales. 고난이도
(a) Because of　　　　　　(b) In spite of

Q2 _____ the growing popularity of the Internet, television advertising remains one of the most effective ways to promote products.
(a) Despite　　　　　　(b) As well as

Q3 _____ low registration, however, you cannot attend the other course you intended to enroll in. 고난이도
(a) Because of　　　　　　(b) Despite

Q4 Researchers are advised to check the list or contact the library _____ visiting. 고난이도
(a) before　　　　　　(b) during

Q5 _____ receiving notice that the director of the Chicago Orchestra will retire, the board of directors has been searching for a replacement.
(a) Since　　　　　　(b) While

모두지 PRACTICE

01 Even if we succeed in abolishing nuclear weapons, _____, our work to keep peace will not be done.
(a) however
(b) instead

02 Dr. Testa inferred that readers of romance novels like to read their books quickly and easily and _____ prefer e-books.
(a) instead
(b) therefore

03 Michael had no appetite; _____ they had to coax him to eat. 고난이도
(a) however
(b) so

04 Our database indicates that these items passed inspection; _____, we suspect that they were damaged in transit.
(a) however
(b) thus

05 By the time the canal was finished, the railroad had been established as the fittest technology for transportation. _____, when the fuel cell becomes the automotive engine of choice, the car companies may find themselves left behind. 고난이도
(a) Besides
(b) Likewise

06 Language is used to convey meaning in the communication process. This is as true in written as in spoken communications. _____, sometimes language proves to be a communication barrier.
(a) However
(b) Therefore

07 We want to stop watching so much TV, but on the other hand, we also want to watch lots of TV. _____, we keep doing it, so what we really want, it seems, is to stop wanting. 고난이도
(a) After all
(b) Regardless

08 The hand can move so fast that ideas can follow each other with a speed that is not possible with words. _____, with two hands moving two ideas can be expressed simultaneously. 고난이도
(a) Nonetheless
(b) Moreover

09 An overemphasis on making money does not lead to greater satisfaction. _____, it takes time away from such important activities as building a close-knit community, spending time with our family, teaching children sound values, and developing new skills and interests. 고난이도
(a) Therefore
(b) Instead

10 But if not handled properly, this curiosity may hamper the adolescent's understanding of the opposite sex. _____, adolescence is the right time to help them understand the process of change so that they can take it as a normal and natural aspect of life and show mutual respect for each other. 고난이도
(a) However
(b) Therefore

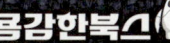

모두의지텔프

용감한북스

1초 만에 정답 찾는 비법을 알려주는

G-TELP

모두의
지텔프
기본서
해설지

1초 비법 알려주는
지텔프의 신 김소라

용감한어학연구소
소장 송승환

ANSWER DAY 02
should 생략 동사원형

[G-TELP 공식 1]

Q1	Q2	Q3	Q4	Q5
(a)	(b)	(b)	(b)	(b)

[G-TELP 공식 2]

Q1	Q2	Q3	Q4	Q5	Q6
(b)	(b)	(b)	(b)	(b)	(a)

[G-TELP 공식 3]

Q1	Q2	Q3	Q4	Q5	Q6	Q7
(a)	(b)	(a)	(a)	(b)	(b)	(b)

[G-TELP 공식 4]

Q1	Q2
(a)	(b)

[모두지 PRACTICE]

01	02	03	04	05	06	07	08	09	10
(a)	(b)	(b)	(b)	(a)	(b)	(b)	(b)	(b)	(b)

11	12
(b)	(a)

모두의 지텔프 GRAMMAR SECTION

지텔프 공식 1 | **당위절을 이끄는 ARSID 동사** 매회 26문제 중 3문제 출제

Q1 The conference organizer has **recommended that** every participant _____ to the registration desk upon arrival.

(a) report   (b) reports

─ 공식   recommend 다음에 that절이 나오면 동사원형을 답으로 고르는 **ARSID** 문제이다.

─ 해석   회의의 주최 측은 모든 참가자가 도착 시 등록 데스크에 보고해야 한다고 권고하고 있다.

─ 어휘   **conference** 회의 **organizer** 조직자, 주최 측 **recommend** 권장하다, 추천하다 **participant** 참여자 **report** 보고하다 **registration** 등록 **arrival** 도착

Q2 The doctor has **asked that** he _____ to his office in three months for another round of tests and analysis.

(a) returns   (b) return

─ 공식   ask 다음에 that절이 나오면 동사원형을 답으로 고른다.

─ 해석   의사는 그가 또 다른 검사와 분석을 위해 3개월 후에 병원에 다시 들러야 한다고 요청했다.

─ 어휘   **doctor** 의사 **ask** 요청하다 **return to** 돌아오다 **office** 사무실, 진료실 **round** 회진 **test** 검사 **analysis** 분석

Q3 Peter Thompson, with whom I have a close working relationship, mentioned to me your name and strongly **suggested that** I _____ you.

(a) contacted   (b) contact

─ 공식   suggest 다음에 that절이 나오면 동사원형을 답으로 고른다.

─ 해석   나와 밀접한 업무적 관계를 가지고 있는 피터 톰슨이 당신의 이름을 언급했고 강력히 내가 당신을 만나봐야 한다고 제안했습니다.

─ 어휘   **close** 밀접한 **working relationship** 업무 관계 **mention** 언급하다 **strongly** 강력하게 **suggest** 제안하다 **contact** 연락하다

Q4 The manager **required that** every accountant _____ their daily report before leaving the office.

(a) submits   (b) submit

─ 공식   require 다음에 that절이 나오면 동사원형을 답으로 고른다.

─ 해석   관리자는 모든 회계사가 사무실을 떠나기 전에 일일 보고서를 제출해야 한다고 요구했다.

─ 어휘   **manager** 관리자 **require** 요구하다 **accountant** 회계사 **submit** 제출하다 **daily report** 일일 보고서 **leave the office** 퇴근하다

Q5 While the cause is not fully understood, doctors **suggest that** illness _____ be a result of childhood trauma. 고난이도

(a) should   (b) might

─ 공식   suggest 다음에 that절이 나오면 동사원형을 답으로 고른다.

─ 해석   비록 원인이 완전히 파악 되지는 않았지만, 의사들은 그 질병이 아동기 정신적 외상의 결과일지도 모른다고 말하고 있다.

─ 어휘   **cause** 원인 **understand** 이해하다 **doctor** 의사 **suggest** 제안하다, 말하다 **illness** 질병 **result** 결과 **childhood** 어린 시절 **trauma** 정신적 외상

정답 **01 (a) 02 (b) 03 (b) 04 (b) 05 (b)**

Q1 It is requested that all employees _____ our new regional manager personally when he arrives for his first store meeting this Friday.

(a) met   (b) meet

- 공식   **it is requested that**절이 나오면 동사원형을 답으로 고른다.

- 해석   모든 직원들은 지역 관리자가 이번 주 금요일 첫 번째 가게 회의를 위해 도착하면 **1**대**1**로 직접 새로운 관리자와 만나봐야 합니다.

- 어휘   **request** 요청하다 **employee** 직원 **meet** 만나다 **regional** 지역의 **manager** 관리자 **personally** 몸소, 친히 **arrive** 도착하다 **store** 가게

Q2 It is required that all e-mail account passwords _____ every two months for security reasons. 고난이도

(a) are changed   (b) be changed

- 공식   **it is required that**절이 나오면 동사원형을 답으로 고른다.

- 해석   모든 이메일 계정의 비밀번호는 보안상의 이유들 때문에 매 두 달마다 변경되어야 합니다.

- 어휘   **require** 요구하다 **account** 계정, 계좌 **password** 비밀번호 **change** 바꾸다 **security** 보안 **reason** 이유

Q3 The public library has **requested that** all overdue books _____ returned by next week. 고난이도

(a) will be   (b) be

- 공식   **request** 다음에 **that**절이 나오면 동사원형을 답으로 고른다.

- 해석   그 공공 도서관은 모든 반납기한이 지난 책들이 다음 주까지 반납되어야 한다고 요청했다.

- 어휘   **public library** 공공 도서관 **request** 요구하다 **overdue** 반납기간이 지난 **be returned** 회수되다

Q4 The researchers **recommend that** the air _____ as a potential cause of a growing resistance to antibiotics.

(a) will be explored   (b) be explored

- 공식   **recommend** 다음에 **that**절이 나오면 동사원형을 답으로 고른다.

- 해석   연구자들은 항생제에 대한 늘어나는 내성의 잠재적 원인이 공기에 있을 것으로 추정되므로 공기가 내성 증가의 원인인지 아닌지 탐구해 봐야 한다고 권고하고 있습니다.

- 어휘   **researcher** 연구자 **recommend** 권장하다 **explore** 탐구하다, 답사하다 **potential** 잠재적인 **cause** 원인 **growing** 늘어나는 **resistance** 저항, 저항력 **antibiotics** 항생제

Q5 Recently, the IMF director **suggested that** digital assets _____ to prevent their unfair advantage over other forms of money.

(a) are regulated   (b) be regulated

- 공식   **suggest** 다음에 **that**절이 나오면 동사원형을 답으로 고른다.

- 해석   최근에 국제통화기금의 이사는 디지털 자산이 다른 통화 수단들보다 우월하게 불공정한 이점을 가지는 것을 막기 위해서 규제를 해야 한다고 제안했다.

- 어휘   **recently** 최근에 **director** 이사, 임원 **suggest** 제안하다 **digital asset** 디지털 자산 **regulate** 규제하다 **prevent** 막다, 방지하다 **unfair** 불공정한 **advantage** 이점, 장점 **form** 형태

Q6 Doctors highly **recommend that** blood donors _____ any fatty food for at least three hours before donating.

(a) not eat   (b) will not eat

- 공식   **recommend** 다음에 **that**절이 나오면 동사원형을 답으로 고른다.

- 해석   의사들은 헌혈을 하기 전 최소 **3**시간 동안은 혈액 기부자가 기름이 많은 음식을 먹지 말아야 한다고 적극적으로 권고하고 있다.

- 어휘   **recommend** 권장하다 **blood donor** 헌혈자 **fatty** 지방이 많은 **food** 음식 **donate** 기부하다

정답   **01 (b) 02 (b) 03 (b) 04 (b) 05 (b) 06 (a)**

DAY 01 / DAY 02 / DAY 03 / DAY 04 / DAY 05 / DAY 06 / DAY 07 / DAY 08 / DAY 09 / DAY 10

모두의 지텔프 GRAMMAR SECTION

Q1 It is imperative that the bank _____ lower interest rates to attract more new customers.

(a) offer　　　　　　　　(b) offers

─ 공식　**it is imperative that**절 다음엔 동사원형을 답으로 고른다.

─ 해석　그 은행은 더 많은 신규 고객들을 유치하기 위해서 더 낮은 이자율을 제공해야하는 것이 필수적이다.

─ 어휘　**imperative** 명령적인, 필수적인　**bank** 은행　**offer** 제안하다　**lower** 더 낮은　**interest rate** 이자율　**attract** 끌다, 끌어 들이다　**customer** 고객

Q2 It was necessary that the shipment _____ on time to avoid some trivial problems.

(a) arrives　　　　　　　(b) arrive

─ 공식　**it is necessary that**절 다음엔 동사원형을 답으로 고른다.

─ 해석　여러 가지 사소한 문제들을 피하기 위해서 정각에 선적물이 도착해야하는 것이 필요합니다.

─ 어휘　**necessary** 필요한　**shipment** 선적(물)　**arrive** 도착하다　**on time** 정각에　**avoid** 피하다　**trivial** 사소한　**problem** 문제

Q3 It is vital that all prospective employees _____ extensive knowledge of every product and service offered by our firm.

(a) have　　　　　　　　(b) had

─ 공식　**it is vital that**절 다음엔 동사원형을 답으로 고른다.

─ 해석　모든 잠재적 직원들[채용 예정 직원들]은 우리 회사가 제공하는 모든 제품과 서비스에 대한 광범위한 지식을 가지는 것이 중요합니다.

─ 어휘　**vital** 필수적인, 중요한　**prospective** 잠재적인　**employee** 직원　**extensive** 광범위한　**knowledge** 지식　**product** 제품　**offered by** 제공되는　**firm** 회사

Q4 It is essential that employees _____ sensitive documents in a secure location.

(a) keep　　　　　　　　(b) kept

─ 공식　**it is essential that**절 다음엔 동사원형을 답으로 고른다.

─ 해석　직원들이 민감한 정보를 담고 있는 문건들을 안전한 장소에 보관하는 것은 중요합니다.

─ 어휘　**essential** 필수적인　**sensitive** 민감한　**document** 문서　**secure** 안전한　**location** 장소

Q5 It is important _____ the terms of the contract carefully.

(a) review　　　　　　　(b) to review

─ 공식　**important** 다음에 **that**절이 나오지 않으면 **to**부정사 진주어 찾기 문제이다.

─ 해석　그 계약의 조건들을 신중하게 검토해 보는 것이 중요합니다.

─ 어휘　**important** 중요한　**review** 검토하다　**terms** 조건　**contract** 계약　**carefully** 조심스럽게

Q6 It is advisable for the kitchen staff _____ meat in the refrigerator because it spoils very quickly at room temperature. 고난이도

(a) store　　　　　　　　(b) to store

─ 공식　**advisable** 다음에 **that**절이 나오지 않으면 **to**부정사 진주어 찾기 문제이다.

─ 해석　고기는 상온에서 빠르게 상하기 때문에 조리부 직원들이 고기를 냉장고에 보관하는 것은 바람직한 일입니다.

─ 어휘　**advisable** 바람직한　**kitchen** 부엌, 주방　**staff** 직원(들)　**store** 저장하다　**meat** 고기, 육류　**refrigerator** 냉장고　**spoil** 상하다　**quickly** 빠르게　**room temperature** 상온

Q7

It is necessary for all candidates _____ in in time of their interview with the executives. [고난이도]

(a) come   **(b) to come**

- 공식   **necessary** 다음에 **that**절이 나오지 않으면 **to**부정사 진주어 찾기 문제이다.

- 해석   모든 지원자들은 임원들과의 면접을 위해 제때에 도착해야 합니다.

- 어휘   **necessary** 필요한   **candidate** 후보자   **in time** 제때에   **interview** 면접   **executive** 이사, 임원

정답 **01 (a) 02 (b) 03 (a) 04 (a) 05 (b) 06 (b) 07 (b)**

지텔프 공식 4   당위절을 이끄는 ARSID 동사의 명사형   12회에 1문제 정도 출제

Q1

Washington will not concede a point about its insistence that rice and other farm products _____ included.

(a) be   **(b) are**

- 공식   **insistence that**절 다음엔 동사원형을 답으로 고른다.

- 해석   미국은 쌀과 다른 농산물이 포함되어야 한다는 주장에서 한 발짝도 물러서지 않을 것이다.

- 어휘   **concede a point** 어떤 점을 양보하다   **insistence** 주장   **rice** 쌀   **farm product** 농산물   **include** 포함하다

Q2

We do support also the recommendation that these issues _____ under the negotiated procedure. [고난이도]

(a) have been handled   **(b) be handled**

- 공식   **recommendation that**절 다음엔 동사원형을 답으로 고른다.

- 해석   우리는 협의된 절차에 따라 이 문제들이 다루어져야 한다는 권고를 또한 지지하는 바입니다.

- 어휘   **support** 지지하다   **recommendation** 권고   **issue** 문제   **handle** 다루다   **negotiated** 협상된   **procedure** 절차

정답 **01 (a) 02 (b)**

DAY 01
DAY 02
DAY 03
DAY 04
DAY 05
DAY 06
DAY 07
DAY 08
DAY 09
DAY 10

모두의 지텔프 GRAMMAR SECTION

모두지 PRACTICE

Day 02 should 생략 동사원형

01

The theater **requests that** every patron _____ their phones before entering the performance hall.

(a) silence   (b) silences

─ 공식   **request** 다음에 **that**절이 나오면 동사원형을 답으로 고른다.

─ 해석   그 극장은 모든 고객들에게 공연장에 들어오기 전에 휴대폰을 무음으로 해달라고 요청하고 있다.

─ 어휘   **theater** 극장   **request** 요청하다   **patron** 단골손님, 고객   **silence** 무음으로 하다   **phone** 핸드폰   **enter** 들어가다   **performance hall** 공연장

02

The manager **asked that** the sale items _____ in an orderly fashion.

(a) will be displayed   (b) be displayed

─ 공식   **ask** 다음에 **that**절이 나오면 동사원형을 답으로 고른다.

─ 해석   그 관리자는 판매 상품들을 질서정연한 방식으로 진열하라고 요청했다.

─ 어휘   **manager** 관리자   **ask** 요청하다   **sale item** 할인판매 상품   **display** 전시하다   **orderly** 질서정연한   **fashion** 방법, 방식

03

Mr. Randall **requested that** we _____ care of all customers more attentively every time they walk in the door.

(a) had taken   (b) take

─ 공식   **request** 다음에 **that**절이 나오면 동사원형을 답으로 고른다.

─ 해석   렌달씨는 고객들이 가게에 들어 올 때마다 좀 더 주의 깊게 모든 고객들을 응대하라고 요청했다.

─ 어휘   **request** 요청하다   **take care of** 돌보다   **customer** 고객   **attentively** 주의 깊게   **every time** ~할 때마다   **walk in** 걸어 들어오다

04

To prevent her from feeling anxious and depressed much of the time, Dr. Langdon **advised that** she _____ in an enjoyable hobby or sport.

(a) will engage   (b) engage

─ 공식   **advise** 다음에 **that**절이 나오면 동사원형을 답으로 고른다.

─ 해석   그녀가 장시간 불안하고 우울해하는 것을 막기 위해, 랭던 박사는 그녀에게 즐거운 취미나 운동을 해보라고 조언했다.

─ 어휘   **prevent** 막다, 방지하다   **feel** 느끼다   **anxious** 불안한   **depressed** 우울한   **advise** 조언하다   **engage in** ~에 참여하다   **enjoyable** 즐거운   **hobby** 취미

05

His climbing buddy, Jake, **suggests that** they _____ Mount Kilimanjaro, the highest mountain in Africa where they can still encounter exotic wildlife.

(a) engage   (b) engaged

─ 공식   **suggest** 다음에 **that**절이 나오면 동사원형을 답으로 고른다.

─ 해석   그의 등산 친구인 제이크는 그들이 여전히 이국적인 야생동물들을 만나볼 수 있는 아프리카에서 가장 높은 산인 킬리만자로 산으로 가야한다고 제안하고 있다.

─ 어휘   **climbing buddy** 등산 친구   **suggest** 제안하다   **engage** 교전하다, 관계하다, 예약하다   **Mount** 산   **highest** 가장 높은   **mountain** 산   **encounter** 만나다, 조우하다   **exotic** 이국적인   **wildlife** 야생동물

06

It is advisable that passengers _____ blood clots on such a long flight by walking up and down the aisles every few hours.

(a) to prevent   (b) prevent

— 공식 **it is advisable that**절 뒤에는 동사원형이 정답이 된다.

— 해석 장시간 비행에서 승객들이 수 시간마다 일어나 복도를 위아래로 걸음으로서 (다리의) 혈액응고를 막는 것은 바람직한 일입니다.

— 어휘 **advisable** 바람직한 **passenger** 승객 **prevent** 막다, 예방하다 **blood clot** 혈액 응고 **flight** 비행 **walk** 걷다 **aisle** 복도

07

The Olsen Manufacturing Plant **requires that** all applicants for factory manager _____ their ability to identify problems which might occur on the assembly line and suggest on-site solutions for fixing them. [고난이도]

(a) to prove   (b) prove

— 공식 **require** 다음에 **that**절이 나오면 동사원형을 답으로 고른다.

— 해석 올젠 매뉴팩처링 플랜트는 공장 관리자 직에 지원한 모든 지원자들이 조립 라인에서 발생할지 모르는 문제들을 파악하고 그 문제들을 해결하기 위한 현장 해결책을 제시할 수 있는 능력이 있는지를 입증하도록 요구합니다.

— 어휘 **manufacturing** 제조 **plant** 공장 **require** 요구하다 **applicant** 지원자 **factory manager** 공장 관리자 **prove** 입증하다 **ability** 능력 **identify** 신분을 확인하다 **problem** 문제 **occur** 발생하다 **assembly line** 조립 라인 **suggest** 제안하다 **on-site solution** 현장 해결책 **fix** 고치다

08

Mr. Rauren, one of the temporary workers in the accounting department, **proposed that** our accounting system _____ to the newest version.

(a) is updated   (b) be updated

— 공식 **propose** 다음에 **that**절이 나오면 동사원형을 답으로 고른다.

— 해석 회계부서의 임시직 직원들 중 한 명인 로렌씨는 우리의 회계 시스템이 최신의 버전으로 업그레이드되어야 한다고 제안했다.

— 어휘 **temporary** 임시의 **worker** 근로자 **accounting department** 회계부서 **propose** 제안하다 **accounting system** 회계 시스템 **update** 업데이트 하다 **newest** 가장 최신의 **version** 판

09

Aside from personal hygiene, health agencies also **suggest that** common surfaces such as doorknobs, light switches, and telephones _____ and kept clean at all times. [고난이도]

(a) are disinfected   (b) be disinfected

— 공식 **suggest** 다음에 **that**절이 나오면 동사원형을 답으로 고른다.

— 해석 개인적인 위생과는 별도로, 보건 당국은 또한 문손잡이나 전등 스위치 그리고 전화기와 같은 흔히 쓰는 물건들의 표면이 소독되고 항상 청결한 상태로 유지되어야 한다고 제안하고 있다.

— 어휘 **aside from** ~와는 별도로 **hygiene** 위생 **health agency** 보건 당국 **suggest** 제안하다 **common** 흔한 **surface** 표면 **such as** ~와 같은 **doorknob** 문손잡이 **switch** 스위치, 차단기 **disinfect** 살균하다, 소독하다 **clean** 깨끗한

10

The law **mandates that** imported goods _____ as such.

(a) are identified   (b) be identified

— 공식 **mandate** 다음에 **that**절이 나오면 동사원형을 답으로 고른다.

— 해석 수입된 물건들은 그런 식으로 내용확인이 되어야 한다고 법은 지시하고 있다.

— 어휘 **law** 법 **mandate** 명령하다, 지시하다 **imported** 수입된 **goods** 상품, 물건 **identify** 신원 등을 확인하다

DAY 01
DAY 02
DAY 03
DAY 04
DAY 05
DAY 06
DAY 07
DAY 08
DAY 09
DAY 10

모두의 지텔프 GRAMMAR SECTION

11

Many subscribers request that the orders _____ to their business address.

(a) being sent　　　　　　　　(b) be sent

- 공식　**request** 다음에 **that**절이 나오면 동사원형을 답으로 고른다.

- 해석　많은 구독자들은 그들의 회사 주소로 주문된 물건이 발송되어야 한다고 요청하고 있다.

- 어휘　**subscriber** 구독자　**request** 요청하다　**order** 주문　**send** 보내다　**business address** 회사 주소

12

This is why environmental activists advocate that everyone _____ a little green cleaning into their lives.

(a) instill　　　　　　　　(b) instills

- 공식　**advocate** 다음에 **that**절이 나오면 동사원형을 답으로 고른다.

- 해석　이것이 바로 모든 사람들이 그들의 삶에 작지만 의미 있는 친환경 청소를 스며들게 해야 한다고 환경 운동가들이 주장하는 이유이다.

- 어휘　**environmental** 환경의　**activist** 운동가, 활동가　**advocate** 옹호하다　**instill** 스며들게 하다, 주입시키다　**life** 삶

정답　**01 (a) 02 (b) 03 (b) 04 (b) 05 (a) 06 (b) 07 (b) 08 (b) 09 (b) 10 (b) 11 (b) 12 (a)**

ANSWER DAY 03

가정법

[G-TELP 공식 1]

Q1	Q2	Q3	Q4	Q5	Q6	Q7	Q8	Q9
(a)	(b)	(b)	(b)	(a)	(b)	(b)	(b)	(a)

[G-TELP 공식 2]

Q1	Q2	Q3	Q4	Q5	Q6	Q7	Q8	Q9
(b)	(b)	(b)	(a)	(a)	(b)	(a)	(a)	(a)

[G-TELP 공식 3]

Q1	Q2	Q3	Q4	Q5
(a)	(a)	(b)	(a)	(b)

[G-TELP 공식 4]

Q1	Q2	Q3	Q4
(a)	(b)	(b)	(a)

[G-TELP 공식 5]

Q1	Q2
(d)	(d)

[G-TELP 공식 6]

Q1	Q2	Q3	Q4	Q5
(b)	(b)	(b)	(b)	(b)

[모두지 PRACTICE]

01	02	03	04	05	06	07	08	09	10
(b)	(b)	(a)	(b)	(a)	(a)	(a)	(a)	(b)	(b)

11	12
(b)	(b)

DAY 01
DAY 02
DAY 03
DAY 04
DAY 05
DAY 06
DAY 07
DAY 08
DAY 09
DAY 10

모두의 지텔프 GRAMMAR SECTION

지텔프 공식 1   **가정법 과거완료**   매회 26문제 중 3~4문제 출제

Q1   Anne said to Sue, "If you **had not helped** me come up with a creative bag design, I _____ the job."

    (a) would not have landed   (b) could not land

─ 공식   **If**절에 **had + p.p.**가 보이면 가정법 과거완료의 짝을 찾는다.

─ 해석   앤은 슈에게 "만약 가방 디자인을 창의적으로 하는데 네가 나를 도와주지 않았었다면, 나는 그 직업을 얻지 못했었을 거야"라고 말했다.

─ 어휘   **say to** ~에게 말하다   **help** 돕다   **come up with** 생각해 내다   **creative** 창의적인   **bag design** 가방 디자인   **land the job** 직업을 얻다

Q2   If you **had performed** regular maintenance, you _____ malfunction of the control system.

    (a) are preventing   (b) could have prevented

─ 공식   **If**절에 **had + p.p.**가 보이면 가정법 과거완료의 짝을 찾는다.

─ 해석   만약 당신이 정기적인 관리를 수행했었더라면, 당신은 통제 시스템의 오작동을 막을 수 있었을 것입니다.

─ 어휘   **perform** 수행하다   **regular** 정기의   **maintenance** 유지, 보수, 관리   **prevent** 예방하다, 막다   **malfunction** 오작동   **control system** 제어 시스템

Q3   The two female astronauts _____ a new milestone for space exploration **if** NASA **had prepared** well-fitting suits beforehand.

    (a) will be achieving   (b) would have achieved

─ 공식   **If**절에 **had + p.p.**가 보이면 가정법 과거완료의 짝을 찾는다.

─ 해석   그 두 명의 여성 우주 비행사들은 만약 나사가 잘 맞는 우주복을 미리 준비했었더라면 우주 탐사를 위한 새로운 이정표를 달성했었을 것이다.

─ 어휘   **female** 여성   **astronaut** 우주 비행사   **achieve** 달성하다   **milestone** 이정표   **space** 우주   **exploration** 탐사   **prepare** 준비하다   **well-fitting** 잘 맞는   **suit** 옷   **beforehand** 미리, 먼저

Q4   If Ms. Price _____ the bus, she **would not have arrived** for class on time.

    (a) has missed   (b) had missed

─ 공식   귀결절에 **would have p.p.**가 보이면 **if**절 속 동사는 **had + p.p.**를 답으로 고른다.

─ 해석   프라이스양이 버스를 놓쳤더라면, 그녀는 정각에 수업을 위해 도착하지 못했었을 것이다.

─ 어휘   **miss** 놓치다   **arrive** 도착하다   **class** 수업   **on time** 정각에

Q5   If Ms. Winston _____ to reserve the seats earlier, we **would have received** a larger discount and a better spot.

    (a) had called   (b) would call

─ 공식   귀결절에 **would have p.p.**가 보이면 **if**절 속 동사는 **had + p.p.**를 답으로 고른다.

─ 해석   윈스톤양이 좀 더 일찍 좌석을 예약하기 위해 전화를 했었더라면, 우리는 더 큰 할인과 더 좋은 자리를 받았었을 것이다.

─ 어휘   **call** 전화하다   **reserve** 예약하다   **seat** 좌석   **earlier** 좀 더 일찍   **receive** 받다   **larger** 더 큰   **discount** 할인   **better** 더 좋은   **spot** 장소

Q6
Our energy efficiency _____ last winter **if** the company **had followed** the recommendation from the Outlaw Electron Consulting Firm.

(a) will improve (b) would have improved

─ 공식 **If**절에 **had + p.p.**가 보이면 가정법 과거완료의 짝을 찾는다.

─ 해석 만약 우리 회사가 아웃로 일렉트론 컨설팅 회사로부터의 권고를 따랐었더라면 우리의 지난 겨울 에너지 효율성은 개선되었었을 것이다.

─ 어휘 **energy** 에너지 **efficiency** 효율성 **improve** 개선되다 **follow** 따르다 **recommendation** 추천 **consulting firm** 컨설팅 회사

Q7
Mr. Howard _____ the job offer from The Stone Construction Company **if** there **had been** a lot of opportunities to work abroad.

(a) will accept (b) would have accepted

─ 공식 **If**절에 **had + p.p.**가 보이면 가정법 과거완료의 짝을 찾는다.

─ 해석 해외에서 일할 수 있는 기회가 많이 있었더라면 하워드씨는 더 스톤 컨스트럭션 컴퍼니로부터의 취업 제의를 받아 들였었을 것이다.

─ 어휘 **accept** 받아들이다 **job offer** 취업 제의 **construction company** 건설 회사 **a lot of** 많은 **opportunity** 기회 **work abroad** 해외에서 일하다

Q8
If she _____ pregnant, he **would not have married** her, at least not this quickly.

(a) did not get (b) had not gotten

─ 공식 귀결절에 **would have p.p.**가 보이면 **if**절 속 동사는 **had + p.p.**를 답으로 고른다.

─ 해석 그녀가 임신을 하지 않았었다면, 그는 최소한 이렇게 성급하게 그녀와 결혼을 하지는 않았었을 것이다.

─ 어휘 **get pregnant** 임신하다 **marry** 결혼하다 **at least** 최소 **quickly** 빠르게

Q9
If only Trump's campaign team _____ the damage right away, he **would have gotten** more votes than his opponents.

(a) had controlled (b) controlled

─ 공식 귀결절에 **would have p.p.**가 보이면 **if**절 속 동사는 **had + p.p.**를 답으로 고른다.

─ 해석 트럼프의 선거 운동 팀이 그 피해를 즉시 통제하기만 했었어도, 그는 그의 상대편보다 더 많은 득표를 얻었을 수 있었을 것이다.

─ 어휘 **campaign team** 선거운동 팀 **control** 통제하다 **damage** 손상, 손해 **right away** 즉시 **vote** 투표, 득표 **opponent** 상대방

정답 **01 (a) 02 (b) 03 (b) 04 (b) 05 (a) 06 (b) 07 (b) 08 (b) 09 (a)**

DAY 01
DAY 02
DAY 03
DAY 04
DAY 05
DAY 06
DAY 07
DAY 08
DAY 09
DAY 10

모두의 지텔프 GRAMMAR SECTION

지텔프 공식 2 **가정법 과거** 매회 26문제 중 3문제 출제

Q1 If he **could deliver** on this particular promise, many poor countries _____ from loss of jobs.

(a) would have suffered   (b) would suffer

─공식 **If**절에 **could + 동사원형**이 보이면 가정법 과거의 짝을 찾는다.

─해석 만약 그가 이 특이한 약속을 이행할 수 있게 된다면, 많은 가난한 국가들은 실업으로부터 고통을 겪을지 모른다.

─어휘 **deliver** 이행하다, 배달하다 **particular** 특별한 **promise** 약속 **poor** 가난한 **suffer** 고통을 받다 **loss of job** 실업

Q2 It _____ us if you **could forward** us additional information about the freight costs, delivery dates and warranties.

(a) would really have helped   (b) would really help

─공식 **If**절에 **could + 동사원형**이 보이면 가정법 과거의 짝을 찾는다.

─해석 만약 귀사가 우리에게 화물 운송비용, 배송 날짜 그리고 보증기간 등에 대한 추가적인 정보를 보내 주실 수 있다면 이것은 큰 도움이 될 것입니다.

─어휘 **really** 정말로 **help** 돕다 **forward** 전달하다 **additional** 추가적인 **information** 정보 **freight cost** 운송비 **delivery date** 배송일 **warranty** 보증

Q3 The hiring manager gladly let him go, knowing that **if** she **hired** him, the candidate _____ a problem employee.

(a) will just be   (b) would just be

─공식 **If**절에 동사의 과거형이 보이면 가정법 과거의 짝을 찾는다.

─해석 그 채용 관리자는 만약 그녀가 그를 고용한다면, 그 지원자가 문제를 일으키는 직원이 될 것이라는 것을 알기 때문에 기꺼이 그를 나가게 했다.

─어휘 **hiring manager** 채용 관리자 **gladly** 기쁘게 **know** 알다 **hire** 고용하다, 빌리다 **candidate** 후보자 **problem** 문제 **employee** 직원

Q4 I _____ it if you **would exchange** the items.

(a) would appreciate   (b) would have appreciated

─공식 **If**절에 **would + 동사원형**이 보이면 가정법 과거의 짝을 찾는다.

─해석 만약 귀사가 이 상품들을 교환해 주실 수 있다면 매우 감사할 것입니다.

─어휘 **appreciate** 진가를 인정하다, 감사해 하다 **exchange** 교환하다 **item** 상품

Q5 If I **were** him, I _____ on selling unique, locally-made handcrafted wooden figurines rather than giving in to mass production.

(a) would focus   (b) focused

─공식 **If**절에 동사의 과거형이 보이면 가정법 과거의 짝을 찾는다.

─해석 만약 내가 그라면, 나는 대량생산에 의존하는 대신에 독특하고, 현지에서 수작업으로 생산된 목제 조각상들을 파는 데 집중할 것이다.

─어휘 **focus** 집중하다 **sell** 팔다 **unique** 독특한 **locally-made** 현지에서 만들어진 **handcrafted** 수작업의 **wooden** 목제의 **figurine** 작은 조각상 **rather than** ~가 아니라 **give in to** 굴복하다 **mass production** 대량 생산

Q6 **If you** _____ **him, you wouldn't be** so quick to condemn him.

(a) know   (b) knew

- 공식   귀결절에 **would + 동사원형**이 보이면 **if**절 속 동사는 과거형을 고른다.

- 해석   만약 당신이 그를 안다면, 이렇게 빠르게 그를 비난하지는 않을 것입니다.

- 어휘   **know** 알다 **quick** 빠른 **condemn** 비난하다

Q7 **You** _____ **to apologize if you hurt or teased** someone.

(a) might need   (b) can need

- 공식   **If**절에 동사의 과거형이 보이면 가정법 과거의 짝을 찾는다.

- 해석   만약 당신이 누군가를 다치게 하거나 괴롭히게 된다면 당신은 사과를 해야할 필요가 있을지도 모릅니다.

- 어휘   **need** 필요로 하다 **apologize** 사과하다 **hurt** 다치게 하다 **tease** 괴롭히다

Q8 **If I were** a genius, I _____ being treated like one.

(a) would not mind   (b) will not mind

- 공식   **If**절에 동사의 과거형이 보이면 가정법 과거의 짝을 찾는다.

- 해석   내가 천재라면, 나는 그렇게 대접받는 일을 신경 쓰지 않을 것이다.

- 어휘   **genius** 천재 **mind** 신경 쓰다 **teat** 대접하다

Q9 **If only John did not have** food allergies, he _____ the meal.

(a) would definitely devour   (b) would definitely have devoured

- 공식   **If**절에 동사의 과거형이 보이면 가정법 과거의 짝을 찾는다.

- 해석   존에게 음식 알레르기만 없어도, 그는 분명히 그 식사를 게걸스럽게 먹을 것이다.

- 어휘   **allergy** 알레르기 **definitely** 분명히 **devour** 게걸스럽게 먹다 **meal** 식사

정답 **01 (b) 02 (b) 03 (b) 04 (a) 05 (a) 06 (b) 07 (a) 08 (a) 09 (a)**

지텔프 공식 3　가정법 미래　15회에 1문제 정도 조동사 문제로 주로 출제

Q1　They say **if** students **were to** disregard such events they _____ on all the fun activities that the school is offering.

(a) would miss out　　　(b) would have missed out

─ 공식　지텔프에선 If절에 **were to**가 보이면 가정법 과거의 짝을 찾는다.

─ 해석　만약 학생들이 그러한 행사를 무시한다면 학교가 제공하는 모든 재미있는 활동들을 놓치게 되는 것일 것이라고 그들은 말한다.

─ 어휘　**say** 말하다　**student** 학생　**disregard** 무시하다　**event** 사건, 행사　**miss out** 놓치다　**fun** 재미있는　**activity** 활동　**offer** 제공하다

Q2　**If** these insects **were to** become extinct, the plants that they pollinate _____.

(a) would not reproduce　　(b) would not have reproduced

─ 공식　지텔프에선 If절에 **were to**가 보이면 가정법 과거의 짝을 찾는다.

─ 해석　만약 곤충들이 멸종되게 된다면, 곤충들이 수분을 해주는 식물들은 생식을 하지 못하게 될 것이다.

─ 어휘　**insect** 곤충　**become extinct** 멸종하게 되다　**plant** 식물　**pollinate** 수분하다　**reproduce** 애를 낳다, 생식하다

Q3　If you **should** fail this exam, you _____ always re-take it. 고난이도

(a) will　　　　　　　　(b) can

─ 공식　**If**절에 **should**가 보이면 찍지 말고 해석으로 풀어야 하는 조동사 문제인지 확인한다.

─ 해석　만약 당신이 혹시 이 시험을 실패한다면, 당신은 언제든 다시 시험을 치를 수 있습니다.

─ 어휘　**fail** 실패하다　**exam** 시험　**re-take** 다시 치르다

Q4　If you **should** keep a daily journal, you _____ find yourself writing down thoughts that you carry with you all day. 고난이도

(a) will　　　　　　　　(b) must

─ 공식　**If**절에 **should**가 보이면 찍지 말고 해석으로 풀어야 하는 조동사 문제인지 확인한다.

─ 해석　만약 당신이 혹시 매일 매일의 일자를 기록한다면, 당신은 당신이 하루 동안 가지고 다니던 생각들을 정리해 넣고 있는 당신을 발견하게 될 것입니다.

─ 어휘　**keep a daily journal** 하루의 기록을 남기다　**find** 알다　**thought** 생각　**carry** 가지고 다니다　**all day** 하루 종일

Q5　If you _____ need some help with your physics project, **please let me know**. 고난이도

(a) will　　　　　　　　(b) should

─ 공식　**If**절 속 조동사를 물어보는 문제는 **could**와 **would**를 물어보는 경우도 있으나 거의 대부분 **should**가 정답이 되는 문제로 출제된다.

─ 해석　만약 당신의 물리학 프로젝트에 약간의 도움이 혹시 필요하다면, 저에게 알려 주세요.

─ 어휘　**need** 필요로 하다　**help** 도움　**physics** 물리학　**project** 프로젝트

정답 **01 (a) 02 (a) 03 (b) 04 (a) 05 (b)**

Q1

If New Balance Footwear sells 5,000 pairs of shoes by the end of this quarter, the store managers _____ receive a bonus. 고난이도

(a) will　　　　　　　　　(b) can

─ 공식　**If**절 속 동사가 현재형이라면 해석으로 풀어야 하는 조동사 문제인지 확인한다. 지텔프 시험에는 구별하기가 어려운 **should**와 **must**의 구별 문제는 거의 출제되지 않으나 미국식 언어사고 방식의 이해가 필요한 **will**과 **can**의 구별 문제는 거의 매회 출제된다. **DAY 08** 조동사 편의 이론 학습이 필요하다.

─ 해석　만약 뉴 밸런스 풋웨어 상점이 이번 분기 말까지 **5,000** 켤레의 신발을 판매한다면, 그 가게 관리자들은 보너스를 받을 것이다.

─ 어휘　**sell** 팔다　**pair** 짝　**shoe** 신발　**quarter** 분기　**store** 가게　**manager** 관리자　**receive** 받다　**bonus** 보너스, 상여금

Q2

If you are a member of the Andrew Library, you _____ check out at least three books at a time. 고난이도

(a) will　　　　　　　　　(b) can

─ 공식　**If**절 속 동사가 현재형이라면 해석으로 풀어야 하는 조동사 문제인지 확인한다.

─ 해석　만약 당신이 앤드류 도서관의 회원이라면, 당신은 최소 한 번에 **3**권의 책을 대출해 가실 수 있습니다.

─ 어휘　**member** 구성원, 회원　**library** 도서관　**check out** 대출해 가다　**at least** 최소　**at a time** 한 번에

Q3

If you experience any problem with this product, you _____ refer to the troubleshooting guide first. 고난이도

(a) will　　　　　　　　　(b) should

─ 공식　**If**절 속 동사가 현재형이라면 해석으로 풀어야 하는 조동사 문제인지 확인한다.

─ 해석　만약 당신이 이 제품에 관해 어떤 문제를 겪게 된다면, 당신은 먼저 문제 해결 설명서를 참조해야 합니다.

─ 어휘　**experience** 경험하다　**problem** 문제　**product** 제품　**refer to** 참조하다　**troubleshooting** 문제 해결　**guide** 설명서

Q4

If the city council approves the new park plans by Tuesday, construction crews _____ begin working on it by the end of the month. 고난이도

(a) can　　　　　　　　　(b) must

─ 공식　**If**절 속 동사가 현재형이라면 해석으로 풀어야 하는 조동사 문제인지 확인한다.

─ 해석　만약 그 시 위원회가 화요일까지 새로운 공원 계획을 승인한다면, 건설 인부들은 이번 달 말 즈음이면 공원 계획에 대한 일을 시작할 수 있을 것이다.

─ 어휘　**council** 위원회　**approve** 승인하다　**park** 공원　**plan** 계획　**Tuesday** 화요일　**construction crew** 건설 인부　**begin** 시작하다　**work** 일하다

정답　01 (a) 02 (b) 03 (b) 04 (a)

지텔프 공식 5 　**혼합 가정법** 6회에 1문제 정도 한국식 문법책 설명과 다르게 출제

Q1　Planets in the solar system get light and heat from the sun due to its enormous size and brilliant glow. If the sun **had shrunk** long ago, these planets _____ like a cold dark place. [2019년 6월 고난이도 출제]

(a) will feel
(b) will have felt
(c) had felt
(d) would feel

─ 공식　**If**절에 **had + p.p.**가 나왔기 때문에 가정법 과거완료의 짝을 찾는다. 그런데 지금처럼 선택문항에 가정법 과거완료의 짝이 없을 때에는 혼합 가정법이라고 생각하고 가정법 과거의 귀결절과 짝을 맞춘다.

─ 해석　태양계의 행성들은 태양의 거대한 크기와 엄청난 빛 때문에 태양으로부터 빛과 열을 얻는다. 만약 태양이 오래 전에 줄어들었었다면, 이러한 행성들은 차갑고 어두운 장소처럼 느껴질 것이다.

─ 어휘　**planet** 행성　**solar system** 태양계　**get** 얻다　**light** 빛　**heat** 열　**due to** ~때문에　**enormous** 거대한　**size** 크기　**brilliant** 화려한, 찬란한　**glow** 빛　**shrink** 줄어들다　**fell like** ~처럼 느껴지다　**cold** 차가운　**dark** 어두운

Q2　Shane Mosley is a former boxing champion, who held titles across three divisions. He officially retired in 2017 after 23 years of competition. He said that he _____ **if** only he still **had** the endurance for it. [2019년 9월 고난이도 출제]

(a) will continue boxing
(b) has continued boxing
(c) had continued boxing
(d) would have continued boxing

─ 공식　**If**절에 동사의 과거형이 나왔기 때문에 가정법 과거의 짝을 찾는다. 그런데 지금처럼 선택문항에 가정법 과거의 짝이 없을 때에는 혼합 가정법이라고 생각하고 가정법 과거완료의 귀결절과 짝을 맞춘다.

─ 해석　쉐인 모슬리는 3개의 다른 급에서 타이틀을 차지한 전직 복싱 챔피언이다. 그는 공식적으로 복싱 경기를 시작한지 23년이 지난 2017년 은퇴를 했다. 그는 그가 복싱을 계속할 수 있는 지구력만 있어도 계속 복싱을 했었을 것이라고 말했다.

─ 어휘　**former** 이전의　**boxing** 복싱　**champion** 챔피언, 우승자　**hold** 가지다　**title** 타이틀　**division** 부분　**officially** 공식적으로　**retire** 은퇴하다　**competition** 경쟁　**continue** 계속하다　**endurance** 지구력, 인내

정답 **01 (d) 02 (d)**

Q1 Had it not been for outside financial assistance, we _____ the construction.

(a) could not complete 　　(b) could not have completed

- 공식　**Had + 주어 + p.p.**가 보이면 가정법 과거완료의 짝을 맞춘다.

- 해석　외부의 재정적 도움이 없었더라면, 우리는 그 건설공사를 끝내지 못했었을 것이다.

- 어휘　**outside** 외부의　**financial** 재정적인　**assistance** 지원　**complete** 완성하다　**construction** 공사, 건설

Q2 Had it not rained last Saturday, we _____ Tom's birthday with a barbecue in the garden.

(a) would celebrate 　　(b) would have celebrated

- 공식　**Had + 주어 + p.p.**가 보이면 가정법 과거완료의 짝을 맞춘다.

- 해석　지난 토요일에 비가 내리지 않았었다면, 우리는 정원에서 바비큐 파티를 하면서 탐의 생일을 축하했었을 것이다.

- 어휘　**rain** 비가 내리다　**Saturday** 토요일　**celebrate** 축하하다　**birthday** 생일　**barbecue** 바비큐　**garden** 정원

Q3 Had he received the instructions earlier, Mr. Martin _____ preliminary work for the project.

(a) could begin 　　(b) could have begun

- 공식　**Had + 주어 + p.p.**가 보이면 가정법 과거완료의 짝을 맞춘다.

- 해석　좀 더 일찍 그 지시들을 받았기만 했어도, 마틴씨는 그 프로젝트를 위한 사전 예비 작업을 시작할 수 있었을 것이다.

- 어휘　**receive** 받다　**instruction** 지시　**begin** 시작하다　**preliminary** 사전의, 예비의　**work** 작업　**project** 프로젝트

Q4 Were we to have children, we _____ to move to a bigger house.

(a) would have needed 　　(b) would need

- 공식　**Were + 주어**가 보이면 가정법 과거의 짝을 맞춘다.

- 해석　우리가 아이들을 가진다면, 우리는 좀 더 큰 집으로 이사를 갈 필요가 있을 것이다.

- 어휘　**children** 아이들　**need** 필요로 하다　**move** 이사 가다　**bigger** 더 큰　**house** 집

Q5 Please report it to the security office immediately _____ you find any message containing computer viruses. 〔고난이도〕

(a) can 　　(b) should

- 공식　**If + 주어 + should** 구문의 도치된 형태를 파악할 수 있어야 한다.

- 해석　혹시 컴퓨터 바이러스를 담고 있는 어떤 메시지를 발견하신다면 즉시 보안 사무실로 그 사실을 보고해 주시기 바랍니다.

- 어휘　**report** 보고하다　**security office** 보안 사무실　**immediately** 즉시　**find** 발견하다　**message** 메시지　**contain** 담다　**virus** 바이러스

정답　**01 (b)　02 (b)　03 (b)　04 (b)　05 (b)**

모두지 PRACTICE　Day 03 가정법

01

If he **had** the means of doing so, he _____ to another apartment to avoid awkward encounters with her.

(a) would have moved　　(b) would move

─ 공식　**If**절에 동사의 과거형이 보이면 가정법 과거의 짝을 맞춘다.

─ 해석　만약 그가 그렇게 할 수 있는 방법이 있다면, 그는 그녀와의 어색한 만남을 피하기 위해서 다른 아파트로 이사를 갈 것이다.

─ 어휘　**means** 수단, 방법　**move** 이사 가다　**apartment** 아파트　**avoid** 피하다　**awkward** 어색한　**encounter** 만남, 조우

02

If he **could only paint** like a real artist, he _____ his mark in the art world.

(a) made　　(b) would make

─ 공식　**If**절에 **could +** 동사원형이 보이면 가정법 과거의 짝을 맞춘다.

─ 해석　만약 그가 진짜 예술가처럼 그림을 그릴 수 있다면, 그는 예술계에 이름을 남기게 될 것이다.

─ 어휘　**paint** 그림을 그리다　**real** 진짜의　**make one's mark** 이름을 남기다, 족적을 남기다　**art world** 예술계

03

Mr. Shibusawa _____ his position as Chief Executive of Epson Technology **had** the merger with Google Software **succeeded**. 고난이도

(a) would have relinquished　(b) had relinquished

─ 공식　도치된 가정법 과거완료 구문을 파악하고 가정법 과거완료의 짝을 맞춘다.

─ 해석　만약 구글 소프트웨어사와의 합병이 성공했었더라면 시부사와씨는 엡슨 테크놀로지사의 대표 임원 직책을 포기했었을 것이다.

─ 어휘　**relinquish** 포기하다, 내주다　**position** 직책, 자리　**executive** 임원　**technology** 기술　**merger** 합병　**succeed** 성공하다

04

If she only **knew** who were responsible for it, she _____ them to the authorities immediately.

(a) would have reported　　(b) would report

─ 공식　**If**절에 동사의 과거형이 보이면 가정법 과거의 짝을 맞춘다.

─ 해석　만약 그녀가 누가 그 일에 책임이 있는지를 안다면, 그녀는 즉시 당국에 그들을 신고할 것이다.

─ 어휘　**know** 알다　**responsible** 책임이 있는　**report** 보고하다　**authority** 당국　**immediately** 즉시

05

If she **had accepted** the offer, she _____ one of the models gracing the catwalk yesterday.

(a) would have been　　(b) will have been

─ 공식　**If**절에 **had + p.p.**가 보이면 가정법 과거완료의 짝을 맞춘다.

─ 해석　만약 그녀가 그 제안을 받아들였었다면, 그녀는 어제 무대를 빛냈던 모델들 중 한 명이었을 것이다.

─ 어휘　**accept** 받다　**offer** 제안　**grace** 빛내다, 영예롭게 하다, 꾸미다　**catwalk** 무대

06 Many priceless artworks _____ lost forever, **had it not been for** their painstaking efforts. 고난이도

(a) would have been　　　　(b) would be

ㅡ공식　도치된 가정법 과거완료 구문을 파악하고 가정법 과거완료의 짝을 맞춘다.

ㅡ해석　그들의 엄청난 노력이 없었더라면, 많은 귀중한 예술품들이 영원히 사라졌었을 것이다.

ㅡ어휘　**priceless** 귀중한　**artwork** 작품　**be lost** 사라지다　**forever** 영원히　**painstaking** 공들인　**effort** 노력

---

07 **Were it not for** the Internet, we _____ a need for "instant gratification" and be more willing to wait for fulfillment. 고난이도

(a) would not have　　　　(b) would not have had

ㅡ공식　도치된 가정법 과거 구문을 파악하고 가정법 과거의 짝을 맞춘다.

ㅡ해석　인터넷이 없다면, 우리는 "즉각적인 만족감"에 대한 욕구를 갖지 않고 좀 더 기꺼이 성취를 기다릴 것이다.

ㅡ어휘　**were it not for** ~가 없다면　**need** 필요, 욕구　**instant** 즉시의, 즉각적인　**gratification** 희열, 만족(감을 주는 것)　**willing** 기꺼이 ~하려고 하는　**wait** 기다리다　**fulfillment** 성취, 완성, 이행

---

08 If he **hadn't purchased** it, he _____ enough money to pay his bills.

(a) would have had　　　　(b) would have

ㅡ공식　If절에 **had + p.p.**가 보이면 가정법 과거완료의 짝을 맞춘다.

ㅡ해석　만약 그가 그것을 구입하지 않았었다면, 그는 그의 (전화비나 전기세 청구서와 같은) 청구서를 지불할 충분한 돈을 남겼었을 것이다.

ㅡ어휘　**purchase** 구입하다　**enough** 충분한　**pay** 지불하다　**bill** 청구서

---

09 Of course, it _____ **if** you **could defy** gravity.

(a) helps　　　　(b) would help

ㅡ공식　If절에 **could + 동사원형**이 보이면 가정법 과거의 짝을 맞춘다.

ㅡ해석　물론, 당신이 중력을 견뎌낼 수 있다면, 이것이 도움이 될지도 모릅니다.

ㅡ어휘　**of course** 물론　**help** 도움이 되다　**defy** 반항[저항/거역]하다, 견뎌내다　**gravity** 중력

---

10 In 2017, he was diagnosed with having a blood clot in his lung, which **could have been** deadly **if** he _____ playing.

(a) continued　　　　(b) had continued

ㅡ공식　귀결절에 **could + have + p.p.**가 보이면 가정법 과거완료의 짝을 맞춘다.

ㅡ해석　2017년에, 그는 만약 그가 계속 경기를 한다면 생명에 위험을 줄 수 있는 혈전이 그의 폐에 있다는 진단을 받았다.

ㅡ어휘　**diagnose** 진단하다　**blood** 혈액　**clot** 응고(된 것)　**lung** 폐, 허파　**deadly** 치명적인　**continue** 계속하다　**play** 경기하다

---

11 If the sun _____ to suddenly disappear, the planets **would just scatter** about freely through outer space.

(a) is　　　　(b) were

ㅡ공식　귀결절에 **would + 동사원형**이 보이면 가정법 과거의 짝을 맞춘다.

ㅡ해석　만약 태양이 갑자기 사라지게 된다면, 행성들은 외기 우주를 통해 자유롭게 흩어지게 될 것이다.

ㅡ어휘　**sun** 태양　**suddenly** 갑자기　**disappear** 사라지다　**planet** 행성　**scatter** 흩어지다　**freely** 자유롭게　**outer space** 외기 우주

12

We _____ it **if** you **would bring** this announcement to the notice of your accounting department.

고난이도

(a) had appreciated   (b) would appreciate

─ 공식   지텔프에서는 **If**절에 **would +** 동사원형이 보이면 가정법 과거의 짝을 맞춘다.

─ 해석   만약 귀하가 이 발표사항을 귀사의 회계부서에 통지해 주신다면 저희는 매우 감사할 것입니다.

─ 어휘   **appreciate** 감사해 하다, 진가를 인정하다   **bring** 가지고 오다   **announcement** 발표   **notice** 통지, 공지   **accounting department** 회계부서

정답 **01 (b) 02 (b) 03 (a) 04 (b) 05 (a) 06 (a) 07 (a) 08 (a) 09 (b) 10 (b) 11 (b) 12 (b)**

ANSWER DAY 04

동명사

DAY 01
DAY 02
DAY 03
DAY 04
DAY 05
DAY 06
DAY 07
DAY 08
DAY 09
DAY 10

모두의 지텔프 GRAMMAR SECTION

[G-TELP 공식 1]

Q1	Q2	Q3	Q4	Q5
(b)	(a)	(b)	(a)	(b)

[G-TELP 공식 2]

Q1	Q2	Q3	Q4
(a)	(a)	(b)	(b)

[G-TELP 공식 3]

Q1	Q2	Q3	Q4	Q5
(b)	(a)	(b)	(b)	(a)

[G-TELP 공식 4]

Q1	Q2	Q3	Q4	Q5
(b)	(b)	(a)	(a)	(a)

[모두지 PRACTICE]

01	02	03	04	05	06	07	08	09	10
(b)	(a)	(b)	(a)	(b)	(b)	(b)	(b)	(a)	(a)

11	12
(a)	(b)

지텔프 공식 1   동명사를 목적어로 쓰는 동사   매회 26문제 중 2문제 출제

Q1

Human resources has **suggested** _____ semi-annual performance reviews for all newly hired employees.

(a) to conduct   (b) conducting

─ 공식   **suggest** 다음 바로 뒤 빈칸에는 단순동사가 답이 된다.

─ 해석   인사과는 새롭게 채용된 모든 직원들에게 반년에 한 번씩 하는 업무성과 평가를 실시하자고 제안했다.

─ 어휘   **human resource** 인사(부서)   **suggest** 제안하다   **conduct** 지휘하다, 실행하다   **semi-annual** 반기의   **performance review** 업무 평가   **newly** 새롭게   **hired** 고용된   **employee** 직원

Q2

A sales person's duties **include** _____ the customer's orders so as not to place the order in a wrong manner.

(a) confirming   (b) confirmation

─ 공식   **include** 다음에 빈칸이 나오면 단순동사를 고른다.

─ 해석   영업 사원의 임무는 주문이 잘못된 방식으로 주문되지 않도록 하기 위해서 고객의 주문을 확인하는 일을 포함합니다.

─ 어휘   **sales** 영업   **person** 사람   **duty** 임무   **include** 포함하다   **confirm** 확인하다   **customer** 고객   **order** 주문   **place the order** 주문을 하다   **wrong** 잘못된   **manner** 방법, 방식

Q3

Some companies **avoid** _____ high corporate tax bills by investing in research and development to promote new technologies.

(a) to pay   (b) paying

─ 공식   **avoid** 다음에 빈칸이 나오면 단순동사를 고른다.

─ 해석   몇몇 회사들은 새로운 기술들을 증진시키기 위해 연구개발에 투자를 함으로써 높은 기업 법인세의 납부를 피한다.

─ 어휘   **company** 회사   **avoid** 피하다   **pay** 지불하다   **corporate** 기업의   **tax** 세금   **bill** 청구서   **invest** 투자하다   **research** 연구   **development** 개발   **promote** 홍보하다, 장려하다   **technology** 기술

Q4

Despite several weather-related setbacks, workers **finished** _____ the road in half the predicted time.

(a) repaving   (b) to repave

─ 공식   **finish** 다음에 빈칸이 나오면 단순동사를 고른다.

─ 해석   몇몇 날씨와 관련된 차질에도 불구하고, 근로자들은 예정된 시간의 절반도 안 되는 시간에 도로의 재포장 공사를 끝냈다.

─ 어휘   **despite** ~에도 불구하고   **several** 여럿의, 몇몇의   **weather-related** 날씨와 관련된   **setback** 장애, 차질   **worker** 근로자   **finish** 끝내다   **repave** 재포장하다   **road** 도로   **predicted** 예상된

Q5

The junior accountant **denied** _____ anything illegal during his service at the government office. 고난이도

(a) to commit   (b) having committed

─ 공식   **deny** 다음에 목적어를 묻는 문제에서 단순동사가 안 나오고 단순**to**부정사와 완료동사가 나올 땐 완료동사를 고른다.

─ 해석   그 신입 회계사는 그가 정부에서 근무하던 농안 불법적인 일은 그 어떤 것도 저질러 본적이 없다고 주장했다.

─ 어휘   **junior** 주니어, 어린, 초급의   **accountant** 회계사   **deny** 부정하다   **commit** 범죄 등을 저지르다   **illegal** 불법적인   **service** 복무, 근무   **government** 정부   **office** 기관, 사무실

정답   **01 (b) 02 (a) 03 (b) 04 (a) 05 (b)**

Q1

As soon as we got back from our vacation last week, we immediately had to **begin** _____ the next new ad campaign.

(a) designing　　　　　　(b) to have designed

－공식　**begin** 다음에 빈칸이 나오면 동명사나 **to**부정사가 모두 답이 될 수 있다. 그러나 이때 단순동명사와 완료**to**부정사가 선택문항에 나오면 단순동명사를 고른다.

－해석　지난주에 우리는 휴가에서 돌아오자마자, 즉시 다음에 진행될 새로운 광고 캠페인에 관해 기획을 하기 시작해야 했다.

－어휘　**as soon as** ~하자마자　**get back from** ~에서 돌아오다　**vacation** 휴가　**immediately** 즉시　**begin** 시작하다　**design** 디자인하다　**ad** 광고　**campaign** 캠페인

Q2

As soon as the Blue Jay Construction Company gets approval from the government, they will **start** _____ the new downtown library.

(a) building　　　　　　(b) to have built

－공식　**start** 다음에 빈칸이 나오면 동명사나 **to**부정사가 모두 답이 될 수 있다. 그러나 이때 단순동명사와 완료**to**부정사가 선택문항에 나오면 단순동명사를 고른다.

－해석　블루 제이 컨스트럭션 컴퍼니는 정부로부터 승인을 받자마자, 새로운 도심 도서관의 건설을 시작할 것이다.

－어휘　**construction** 건설　**company** 회사　**approval** 승인　**government** 정부　**start** 시작하다　**build** 건설하다　**downtown** 도심(의)　**library** 도서관

Q3

In the 1870s, the German statesman Bismarck introduced 65 as the age at which citizens could **stop** _____ and receive a pension.

(a) to work　　　　　　(b) working

－공식　**stop** 다음에 빈칸이 나오면 동명사나 **to**부정사가 모두 답이 될 수 있다. **stop** 뒤에 **to**부정사냐 동명사냐는 해석으로 판단한다.

－해석　1870년대에, 독일의 정치인 비스마르크는 시민들이 일을 그만두고 국민연금을 받을 수 있는 나이로서 65세를 소개했다.

－어휘　**German** 독일인　**statesman** 정치인　**introduce** 소개하다　**age** 나이　**citizen** 시민　**stop** 멈추다　**work** 일하다　**receive** 받다　**pension** 연금

Q4

We have received your order placed yesterday afternoon. However, we **regret** _____ you that the items you ordered are currently out of stock. 고난이도

(a) informing　　　　　　(b) to inform

－공식　**regret** 다음에 빈칸이 나오면 동명사나 **to**부정사가 모두 답이 될 수 있다. **regret** 뒤에 **to**부정사냐 동명사냐는 해석으로 판단한다.

－해석　저희는 어제 오후 귀하의 주문을 받았습니다. 그러나 저희는 귀하가 주문하신 제품들이 현재 재고가 바닥나 물건이 없다는 사실을 알려드리게 되어서 유감입니다.

－어휘　**receive** 받다　**order** 주문, 주문하다　**place** 주문 등을 하다　**regret** 유감으로 여기다　**inform** 알리다, 알려주다　**item** 상품　**currently** 현재　**out of stock** 재고 등이 바닥난

정답　**01** (a) **02** (a) **03** (b) **04** (b)

지텔프 공식 3 　주어와 보어와 전치사의 목적어 역할을 하는 명사적 용법 　6회에 1문제 정도 출제

Q1
_____ the revised procedures effectively **will be** a challenging task.

(a) Implement　　　　　　　(b) Implementing

─ 공식　　지텔프에서 동사만 나온 문장의 맨 앞 빈칸은 단순동명사 문제이다.

─ 해석　　개정된 절차를 효과적으로 실행하는 일은 힘든 일이 될 것이다.

─ 어휘　　**implement** 실행하다　**revised** 개선된　**procedure** 절차　**effectively** 효과적으로　**challenging** 어려운, 난관을 주는　**task** 업무

Q2
_____ their paper at the academic conference **could help** the graduate students further their career.

(a) Presenting　　　　　　　(b) Presentation

─ 공식　　지텔프에서 동사만 나온 문장의 맨 앞 빈칸은 단순동명사 주어 만들기 문제이다.

─ 해석　　학술회의에서 논문을 발표하는 것은 대학원 학생들이 그들의 경력을 더 심화시키는데 도움을 줄지 모른다.

─ 어휘　　**present** 발표하다　**paper** 논문, 글　**academic** 학구적인　**conference** 학회의, 컨퍼런스　**help** 도움을 주다　**graduate student** 대학원생　**further** 추가적으로 발전시키다, 심화하다　**career** 경력

Q3
_____ a competent real estate agent **is** the first step towards renting a proper commercial space.

(a) Recruitment　　　　　　　(b) Recruiting

─ 공식　　지텔프에서 동사만 나온 문장의 맨 앞 빈칸은 단순동명사 주어 만들기 문제이다.

─ 해석　　유능한 부동산 업자를 고용하는 것은 적절한 상업용 공간을 임대하기 위한 첫 번째 조치이다.

─ 어휘　　**recruit** 채용하다　**competent** 유능한, 능력이 있는　**real estate** 부동산　**agent** 업자　**first step** 첫 단계　**towards** ~을 향한　**rent** 임대하다, 빌리다　**proper** 적절한　**commercial** 상업의　**space** 공간

Q4
_____ a suitable venue for the marketing meeting **would be** difficult at this late date.

(a) Find　　　　　　　(b) Finding

─ 공식　　지텔프에서 동사만 나온 문장의 맨 앞 빈칸은 단순동명사 주어 만들기 문제이다.

─ 해석　　그 마케팅 회의를 위한 적절한 장소를 찾는 일은 이렇게 촉박한 시간에는 어려울 것이다.

─ 어휘　　**find** 찾다　**suitable** 적절한　**venue** 장소, 범행지　**marketing meeting** 마케팅 회의　**difficult** 어려운　**late date** 늦은 시기

Q5
_____ your reservation without any advance notice **can result** in penalty fees. 고난이도

(a) Cancelling　　　　　　　(b) Cancel

─ 공식　　지텔프에서 동사만 나온 문장의 맨 앞 빈칸은 단순동명사 주어 만들기 문제이다.

─ 해석　　사전통고 없이 예약을 취소하는 것은 벌금의 부과를 초래할 수 있습니다.

─ 어휘　　**cancel** 취소하다　**reservation** 예약　**advance notice** 사전통지　**result in** 초래하다　**penalty** 벌칙　**fee** 금액, 돈

정답　**01 (b) 02 (a) 03 (b) 04 (b) 05 (a)**

Q1
That's why she **keeps** _____ to other countries when her schedule allows.

(a) to travel　　　　　　(b) travelling

- 공식　**keep** 다음에 빈칸이 나오면 단순동명사를 답으로 고른다.

- 해석　그것이 그녀가 그녀의 시간이 남으면 다른 나라들을 계속 여행하는 이유이다.

- 어휘　**keep** 유지하다　**travel** 여행하다　**other** 다른　**country** 나라　**schedule** 스케줄　**allow** 허용하다

Q2
I believe it **is worth** _____ whether or not that is still valid.

(a) to consider　　　　　(b) considering

- 공식　**be worth** 다음에 빈칸이 나오면 단순동명사를 답으로 고른다.

- 해석　나는 그것이 여전히 유효한지 아닌지를 고려해보는 것이 가치 있는 일이라고 믿습니다.

- 어휘　**believe** 믿다　**be worth ~ing** ~하는 가치가 있다　**still** 여전히　**valid** 유효한

Q3
This new laser printer **has a capacity of** _____ 25 pages a minute along with a wireless file transfer function.

(a) printing　　　　　　(b) prints

- 공식　**have a capacity of** 다음에 빈칸이 나오면 단순동명사를 답으로 고른다.

- 해석　이 새로운 레이저 프린터는 무선 파일 전송 기능과 함께 1분에 25장을 인쇄할 수 있는 능력을 가지고 있습니다.

- 어휘　**laser printer** 레이저 프린터　**capacity** 용량, 능력　**print** 프린트하다, 인쇄하다　**page** 페이지, 쪽　**minute** 분　**wireless file transfer** 무선 파일 전송　**function** 기능

Q4
Bankers and real estate agents both **have great difficulty** _____ the future mortgage loan market rate.

(a) predicting　　　　　(b) to predict

- 공식　**have great difficulty** 다음에 빈칸이 나오면 단순동명사를 답으로 고른다.

- 해석　은행원들과 부동산 업자들은 모두 미래 주택저당담보대출 시장의 대출률을 예상하는데 어려움을 겪고 있다.

- 어휘　**banker** 은행가　**real estate agent** 부동산 업자　**difficulty** 어려움　**predict** 예상하다, 예측하다　**future** 미래　**mortgage loan** 주택저당담보대출　**market** 시장　**rate** 비율, 요율, 가격

Q5
The regulations of the Basin City explicitly stipulate that foreign investors **are prohibited from** _____ any properties within its historic district. 고난이도

(a) purchasing　　　　　(b) to purchase

- 공식　**be prohibited from** 다음에 빈칸이 나오면 단순동명사를 답으로 고른다.

- 해석　베이슨 시의 규정들은 외국 투자자들이 역사 구역 내에 있는 부동산을 구입하지 못하도록 명시하고 있다.

- 어휘　**regulation** 규정　**explicitly** 명시적으로　**stipulate** 규정하다, 명시하다　**foreign** 외국의　**investor** 투자자　**prohibit** 막다, 금지하다　**purchase** 구입하다　**property** 부동산　**historic** 역사적인　**district** 구역

정답　**01 (b) 02 (b) 03 (a) 04 (a) 05 (a)**

모두지 PRACTICE Day 04 동명사

01

He is **considering** _____ to New York City, and recently hired a realtor to sell his house.

(a) to move   (b) moving

─ 공식   **consider** 다음에 빈칸에는 단순동명사를 답으로 고른다.

─ 해석   그는 뉴욕으로 이사 갈 것을 고려하고 있다, 그래서 최근에 그의 집을 팔기위해 부동산 업자를 고용했다.

─ 어휘   **consider** 고려하다   **move** 이사하다   **recently** 최근에   **hire** 고용하다   **realtor** 부동산업자   **sell** 팔다   **house** 집

02

Deadlines may sound negative at first, but they actually motivate you to **keep** _____ action.

(a) taking   (b) to take

─ 공식   **keep** 다음에 빈칸에는 단순동명사를 답으로 고른다.

─ 해석   데드라인은 처음에 부정적으로 들릴지 모른다, 그러나 데드라인은 실제 당신들이 계속 행동을 취하도록 하게끔 동기를 부여한다.

─ 어휘   **deadline** 마감기한   **sound negative** 부정적으로 들리다   **at first** 처음에는   **actually** 실제로는   **motivate** 동기를 부여하다   **keep** 계속하다   **take action** 행동을 취하다

03

_____ the oven **is** important because this will prevent the food that you bake from either becoming overcooked or undercooked. 고난이도

(a) Preheated   (b) Preheating

─ 공식   동사만 나오는 문장의 맨 앞 빈칸은 단순동명사 주어 만들기 문제이다.

─ 해석   오븐을 사전에 예열하는 것은 당신이 굽고자 하는 음식이 너무 과도하게 요리되거나 너무 덜 익혀지게 되는 것을 막아주기 때문에 중요하다.

─ 어휘   **preheat** 예열하다   **oven** 오븐   **important** 중요한   **prevent** 막다, 방지하다   **food** 음식   **bake** 굽다   **overcook** 과도하게 조리하다   **undercook** 덜 익히다

04

I **suggest** _____ Mr. Jones to the role of Senior Manager because he has demonstrated very good decision-making and leadership qualities.

(a) promoting   (b) to promote

─ 공식   **suggest** 다음에 빈칸에는 단순동명사를 답으로 고른다.

─ 해석   나는 존스씨가 매우 좋은 의사결정 자질과 리더십 자질을 보여 왔기 때문에 그를 상위 관리자 직책으로 승진시킬 것을 제안합니다.

─ 어휘   **suggest** 제안하다   **promote** 홍보하다, 승진시키다   **role** 역할, 직책   **senior** 상위의, 상급의   **manager** 관리자   **demonstrate** 보여주다   **decision-making** 의사결정   **leadership** 지도력   **quality** 자질

05

The CEO is **considering** _____ another branch in Bangkok in order to expand the business and appeal to Asian consumers.

(a) to open   (b) opening

─ 공식   **consider** 다음에 빈칸에는 단순동명사를 답으로 고른다.

─ 해석   그 대표이사는 사업을 확장하고 아시아 소비자들의 흥미를 끌기 위해 방콕에 또 다른 하나의 지점을 개설할 것을 고려하고 있다.

─ 어휘   **CEO** 대표이사   **consider** 고려하다   **open** 열다   **branch** 지점   **expand** 확장하다   **business** 사업   **appeal to** ~에 흥미를 끌다, ~에 호소하다   **consumer** 소비자

06 The store manager **suggested** _____ two additional sales representatives, but headquarters rejected the idea for budgetary reasons.

(a) to hire   (b) hiring

─ 공식   **suggest** 다음에 빈칸에는 단순동명사를 답으로 고른다.

─ 해석   그 매장의 관리자는 추가로 두 명의 영업 직원을 고용해야 한다고 제안했다, 그러나 본사는 예산상의 이유로 그 제안을 거부했다.

─ 어휘   **store** 가게   **manager** 관리자   **suggest** 제안하다   **hire** 고용하다   **additional** 추가적인   **sales** 영업   **representative** 담당자   **headquarters** 본사   **reject** 거부하다, 거절하다   **idea** 아이디어, 생각   **budgetary** 예산상의   **reason** 이유

07 Besides playing basketball professionally, he also **enjoys** _____ his boat.

(a) to sail   (b) sailing

─ 공식   **enjoy** 다음에 빈칸에는 단순동명사를 답으로 고른다.

─ 해석   직업적으로 농구를 하는 것 외에도, 그는 또한 보트를 타고 항해하는 것을 즐긴다.

─ 어휘   **besides** ~을 제외하고도   **play** 경기 등을 하다   **basketball** 농구   **professionally** 전문적으로   **enjoy** 즐기다   **sail** 항해하다   **boat** 보트

08 _____ a cure for autism **hasn't been** easy for the medical community.

(a) Find   (b) Finding

─ 공식   동사만 나오는 문장의 맨 앞 빈칸은 단순동명사 주어 만들기 문제이다.

─ 해석   자폐증의 치료제를 찾는 것은 의료계에게는 쉽지 않은 일이다.

─ 어휘   **find** 찾다   **cure** 치료법   **autism** 자폐증   **easy** 쉬운   **medical** 의료의   **community** 공동체, 사회

09 When the red indicator on the control panel blinks, the engine will most likely **quit** _____ within one hour.

(a) working   (b) to work

─ 공식   **quit** 다음에 빈칸에는 단순동명사를 답으로 고른다.

─ 해석   계기판에 빨간 지시등이 깜박거리면, 엔진이 아마도 1시간 이내에 멈추게 될 것입니다.

─ 어휘   **indicator** 지시등   **control panel** 제어판   **blink** 깜박이다   **engine** 엔진   **quit** 멈추다, 중지하다

10 The English teacher encourages her foreign students to **practice** _____ English daily.

(a) speaking   (b) to speak

─ 공식   **practice** 다음에 빈칸에는 단순동명사를 답으로 고른다.

─ 해석   그 영어 교사는 그녀의 외국 학생들에게 매일 영어를 말하는 연습을 하라고 격려한다.

─ 어휘   **encourage** 권장하다   **foreign** 외국의   **student** 학생   **practice** 연습하다   **daily** 매일 매일

11 Ms. Hopkins has **been busy** _____ the data collected from the customer satisfaction survey.

(a) analyzing   (b) to analyze

─ 공식   **be busy** 다음에 빈칸에는 단순동명사를 답으로 고른다.

─ 해석   홉킨스양은 고객 만족도 설문 조사에서 취합된 자료를 분석하느라 바쁘다.

─ 어휘   **be busy ~ing** ~하느라 바쁘다   **analyze** 분석하다   **data** 자료   **collect** 모으다   **customer** 소비자   **satisfaction** 만족   **survey** 조사, 설문

12 One reason why people **postpone** _____ something is because big tasks appear overwhelming.

(a) to do   (b) doing

– 공식   **postpone** 다음에 빈칸에는 단순동명사를 답으로 고른다.

– 해석   사람들이 무엇인가 하는 일을 연기하는 이유는 큰 일은 위압감을 주는 것처럼 보이기 때문이다.

– 어휘   **reason** 이유 **postpone** 연기하다 **task** 업무 **appear** ~처럼 보이다 **overwhelming** 압도적인, 위압적인

ANSWER **DAY 05**

to부정사

[G-TELP 공식 1]

Q1	Q2	Q3	Q4	Q5
(a)	(b)	(a)	(a)	(a)

[G-TELP 공식 2]

Q1	Q2	Q3	Q4	Q5	Q6	Q7
(b)	(b)	(a)	(b)	(a)	(a)	(a)

[G-TELP 공식 3]

Q1	Q2	Q3	Q4	Q5
(b)	(a)	(a)	(b)	(a)

[G-TELP 공식 4]

Q1	Q2	Q3	Q4	Q5
(b)	(b)	(a)	(b)	(b)

[G-TELP 공식 5]

Q1	Q2	Q3	Q4	Q5	Q6	Q7
(b)	(b)	(a)	(b)	(a)	(b)	(b)

[G-TELP 공식 6]

Q1	Q2	Q3	Q4	Q5	Q6	Q7
(a)	(a)	(a)	(a)	(b)	(b)	(a)

[모두지 PRACTICE]

01	02	03	04	05	06	07	08	09	10
(a)	(b)	(a)	(a)	(b)	(b)	(b)	(b)	(a)	(b)

11	12
(b)	(a)

지텔프 공식 1 to부정사를 목적어로 쓰는 동사 매회 1문제 출제

Q1

Mr. Song can be reached at 4452-5338, should you **wish** _____ an appointment with him.

(a) to arrange   (b) arranging

– 공식   **wish** 다음에 빈칸에는 단순**to**부정사를 답으로 고른다.

– 해석   혹시 송소장님과 만날 약속을 정하시고 싶으시다면 **4452-5338**로 연락하면 가능합니다.

– 어휘   **reach** 연락하다   **wish** ~을 바라다   **arrange an appointment** 만날 약속을 잡다

Q2

Boston Consulting **intends** _____ information from various sources in order to provide a single comprehensive directory of local businesses.

(a) combining   (b) to combine

– 공식   **intend** 다음에 빈칸에는 단순**to**부정사를 답으로 고른다.

– 해석   보스톤 컨설팅은 지역 기업체들의 한 권으로 모은 포괄적인 소개 정보를 제공하기 위해 다양한 원천들로부터 모은 정보를 결합시킬 예정이다.

– 어휘   **consulting** 상담, 컨설팅   **intend** ~할 의도이다   **information** 정보   **various** 다양한   **source** 원천   **provide** 제공하다   **single** 단 하나의 **comprehensive** 포괄적인, 총괄적인   **directory** 목록   **local** 지역의   **business** 사업체   **combine** 결합하다

Q3

The new account director **chose** _____ the client-appreciation party at the end of the year.

(a) to hold   (b) holding

– 공식   **choose** 다음에 빈칸에는 단순**to**부정사를 답으로 고른다.

– 해석   새로운 회계 이사는 올해 연말에 고객 감사 파티를 열기로 결정했다.

– 어휘   **account director** 회계 관리자   **choose** 고르다   **hold** 잡다   **client-appreciation party** 고객 감사 파티

Q4

The company **desires** _____ its headquarters at some point in the near future.

(a) to relocate   (b) relocating

– 공식   **desire** 다음에 빈칸에는 단순**to**부정사를 답으로 고른다.

– 해석   그 회사는 가까운 미래에 언젠가 본사를 이전시키기를 희망하고 있다.

– 어휘   **company** 회사   **desire** 원하다, 희망하다   **headquarters** 본사   **near future** 가까운 미래에

Q5

Because she felt that the tourism video **appeared** _____ hastily made, Ms. Monica recommended that it be filmed again. 고난이도

(a) to have been   (b) having

– 공식   **appear** 다음에 빈칸에는 **to**부정사를 답으로 고른다. **appear**와 같은 동사 뒤에선 완료**to**부정사가 답으로 출제되기도 한다.

– 해석   모니카양은 관광업 영상이 너무 성급하게 만들어진 것처럼 보였기 때문에, 그녀는 이 영상이 다시 촬영되어야 한다고 권했다.

– 어휘   **feel** 느끼다   **tourism** 관광업   **appear** ~처럼 보이다   **hastily** 성급하게   **recommend** 추천하다, 권장하다   **film** 촬영하다

정답 **01 (a) 02 (b) 03 (a) 04 (a) 05 (a)**

Q1

Your expertise has **enabled** us _____ our resources on major priorities.

(a) focus   (b) to focus

- 공식   **enable +** 목적어 다음에 빈칸에는 목적격보어가 될 수 있는 단순**to**부정사를 답으로 고른다.

- 해석   당신의 전문지식은 우리가 우리의 자원들을 주된 우선사항에 먼저 집중할 수 있도록 해 주었습니다.

- 어휘   **expertise** 전문지식   **enable** ~할 수 있게 하다   **focus** 집중하다   **resource** 자원   **major** 주된   **priority** 우선사항

Q2

The director **wanted** me _____ the budget report thoroughly for the upcoming meeting.

(a) reading   (b) to read

- 공식   **want +** 목적어 다음에 빈칸에는 목적격보어가 될 수 있는 단순**to**부정사를 답으로 고른다.

- 해석   그 이사는 내가 다가오는 회의를 위해 예산 보고서를 철저히 검토할 것을 원했다.

- 어휘   **director** 이사, 임원   **want** 원하다   **read** 읽다   **budget report** 예산 보고서   **thoroughly** 철저하게   **upcoming** 다가올   **meeting** 회의

Q3

The rapid reconfiguration of the main assembly line will **allow** the plant _____ in full capacity by March.

(a) to operate   (b) operating

- 공식   **allow +** 목적어 다음에 빈칸에는 목적격보어가 될 수 있는 단순**to**부정사를 답으로 고른다.

- 해석   주 조립 라인의 빠른 재구성은 공장이 **3**월까지 완전한 생산능력을 갖추고 운영될 수 있도록 해 줄 것입니다.

- 어휘   **rapid** 빠른   **reconfiguration** 재구성   **main** 주된   **assembly line** 조립 공장   **allow** 허용하다   **plant** 공장   **operate** 운영되다   **full** 완전한   **capacity** 용량   **March** 3월

Q4

A group of teachers in Asgard School **urges** their students _____ school festivities.

(a) attending   (b) to attend

- 공식   **urge +** 목적어 다음에 빈칸에는 목적격보어가 될 수 있는 단순**to**부정사를 답으로 고른다.

- 해석   아스가드 학교의 선생님들은 학생들이 학교 축제에 참여해야 한다고 촉구하고 있다.

- 어휘   **group** 그룹, 모임, 단체   **urge** 촉구하다   **attend** 참석하다   **festivity** 축제행사

Q5

In order to receive your Christmas bonus on time, please indicate where you **want** it _____ before the December 10th deadline. 고난이도

(a) to be sent   (b) being sent

- 공식   **want +** 목적어 다음에 빈칸에는 목적격보어가 될 수 있는 단순**to**부정사를 답으로 고른다.

- 해석   귀하가 제때에 크리스마스 보너스를 받기 위해서는, **12**월 **10**일 마감기한까지 이것이 어디로 송금되어야 하는지 표시해 주셔야 합니다.

- 어휘   **receive** 받다   **bonus** 보너스, 상여금   **on time** 정각에   **indicate** 표시하다, 나타내다   **want** 원하다   **send** 보내다   **December** 12월   **deadline** 마감기한

Q6

Scientists having figured out the human genetic code will **allow** many genetic defects _____ before a baby is born.

(a) to be repaired   (b) being repaired

- 공식   **allow +** 목적어 다음에 빈칸에는 목적격보어가 될 수 있는 단순**to**부정사를 답으로 고른다.

- 해석   인간의 유전자 암호를 알아낸 과학자들은 많은 유전적인 질병들이 아이가 태어나기도 전에 고쳐지게 될 수 있도록 해 줄 것이다.

- 어휘   **scientist** 과학자   **find out** 알아내다, 파악하다   **human** 인간   **genetic** 유전의   **code** 암호   **allow** 허용하다   **defect** 결점, 질병   **repair** 고치다   **be born** 태어나다

Q7 The management staff **would like** _____ all new employees to a special dinner on Thursday evening.

(a) to invite   **(b) inviting**

― 공식   **would like** 다음에 빈칸에는 단순**to**부정사를 답으로 고른다.

― 해석   경영진과 이하 간부들은 모든 신규 직원들을 목요일 저녁에 있는 특별한 저녁식사에 초대하고 싶습니다.

― 어휘   **management** 관리 **staff** 직원 **invite** 초대하다 **employee** 직원 **special** 특별한 **dinner** 저녁식사 **Thursday** 목요일

정답   01 (b) 02 (b) 03 (a) 04 (b) 05 (a) 06 (a) 07 (a)

지텔프 공식 3   수동태와 어울리는 to부정사   2회에 1문제 정도 출제

Q1 International students **are recommended** _____ the online orientation prior to their arrival on campus. 고난이도

(a) completing   **(b) to complete**

― 공식   **be recommended** 다음에 빈칸에는 단순**to**부정사를 답으로 고른다.

― 해석   외국에서 오시는 학생들은 캠퍼스에 도착하기 전에 인터넷 상에서 오리엔테이션을 끝내 주시기 바랍니다.

― 어휘   **international** 국제적인, 외국의 **recommend** 추천하다 **complete** 완성하다, 끝내다 **online** 온라인상의, 온라인 **orientation** 오리엔테이션, 사전교육 **prior to** ~보다 먼저 **arrival** 도착

Q2 The training session **was designed** _____ employees with information on safety regulations available.

(a) to provide   **(b) to have provided**

― 공식   **be designed** 다음에 빈칸에는 단순**to**부정사를 답으로 고른다.

― 해석   이 교육은 직원들에게 적용되는 안전 규정에 관한 지식을 제공하기 위해 디자인되었습니다.

― 어휘   **training** 교육 **session** 시간, 기간 **design** 디자인 하다 **provide** 제공하다 **employee** 직원 **information** 정보 **safety** 안전 **regulation** 규정 **available** 이용 가능한

Q3 This cleverly concealed steel safe **is guaranteed** _____ fully functional in both extremely hot and cold conditions. 고난이도

(a) to remain   **(b) remaining**

― 공식   **be guaranteed** 다음에 빈칸에는 단순**to**부정사를 답으로 고른다.

― 해석   이 현명하게 밀봉된 강철 금고는 극단적으로 뜨겁거나 차가운 상태에서도 완전한 기능을 할 것이라고 보증됩니다.

― 어휘   **cleverly** 영리하게, 현명하게 **concealed** 은폐된, 밀봉된 **steel** 철 **safe** 금고 **guarantee** 보장하다 **remain** 남아 있다 **fully** 완전하게 **functional** 기능을 하는 **extremely** 극단적으로 **hot and cold** 덥거나 추운 **condition** 상태

Q4 An all-clear announcement will **be made** _____ you when it is safe to re-enter the building.

(a) alerting   **(b) to alert**

― 공식   **be made** 다음에 빈칸에는 단순**to**부정사를 답으로 고른다.

― 해석   건물에 다시 들어가는 것이 안전해 지면 진입 안전 발표가 있을 것입니다.

― 어휘   **all-clear announcement** 진입 안전 발표 **alert** 알리다, 경고를 주다 **safe** 안전한 **re-enter** 다시 들어가다 **building** 건물, 빌딩

Q5 The committee that **was formed** _____ workplace diversity at Falabella Manufacturing was highly successful.

(a) to address   **(b) addressing**

― 공식   **be formed** 다음에 빈칸에는 단순**to**부정사를 답으로 고른다.

― 해석   파라벨라 메뉴팩처링사의 작업장 인력의 인종 다양성 문제를 해결하기 위해서 형성된 위원회는 매우 성공적이었다.

― 어휘   **committee** 위원회 **form** 형성하다 **address** 다루다, 말하다, 주소 **workplace** 작업장, 직장 **diversity** 다양성 **manufacturing** 제조업 **successful** 성공적인

정답   01 (b) 02 (a) 03 (a) 04 (b) 05 (a)

Q1

The contractor's crew **was able** _____ work on Coastland Parkway despite the shortage of construction equipment.

(a) completing   (b) to complete

─ 공식   **be able** 다음에 빈칸에는 단순**to**부정사를 답으로 고른다.

─ 해석   그 건설업체의 직원들은 건설장비의 부족에도 불구하고 코스트랜드 파크웨이의 공사를 완성할 수 있었다.

─ 어휘   **contractor** 계약업체, 건설업체   **crew** 직원, 사원   **complete** 완성하다   **work** 작업   **despite** ~에도 불구하고   **shortage** 부족   **construction** 건설, 건축   **equipment** 장비

Q2

According to a recent newspaper article, those who frequently work out **are** much less **likely** _____ from stress or anxiety. 고난이도

(a) suffering   (b) to suffer

─ 공식   **be likely** 다음에 빈칸에는 단순**to**부정사를 답으로 고른다.

─ 해석   최근 신문기사에 따르면, 자주 운동을 하는 사람들은 스트레스나 불안으로부터 훨씬 더 적게 고통을 받는 경향이 있다고 한다.

─ 어휘   **according to** ~에 따르면   **recent** 최근의   **newspaper** 신문   **article** 기사   **frequently** 빈번하게   **work out** 운동하다   **suffer** 고통을 받다   **stress** 스트레스   **anxiety** 걱정, 불안

Q3

Guests may choose either a regular room, if they **are willing** _____ more, or deluxe rooms with a bathroom spa tub.

(a) to pay   (b) paying

─ 공식   **be willing** 다음에 빈칸에는 단순**to**부정사를 답으로 고른다.

─ 해석   손님들은 일반 객실만이 아니라 만약 기꺼이 더 많은 돈을 지불하신다면 욕실에 온천 욕조가 달린 고급 객실도 선택할 수 있습니다.

─ 어휘   **guest** 손님   **choose** 고르다   **regular** 일반적인   **willing** 기꺼이 ~하려고 하는   **pay** 지불하다   **deluxe** 고급의   **bathroom** 욕실   **spa** 온천   **tub** 욕조

Q4

He **had no choice but** _____ at New York Airport.

(a) waiting   (b) to wait

─ 공식   **have no choice but** 다음에 빈칸에는 단순**to**부정사를 답으로 고른다.

─ 해석   그는 뉴욕 공항에서 기다릴 수밖에 없었다.

─ 어휘   **choice** 선택   **wait** 기다리다   **airport** 공항

Q5

The old computers in the library are **too** outdated _____ the new design programs.

(a) running   (b) to run

─ 공식   **too to** 구문과 **enough to** 구문 등을 암기하고 있어야 한다.

─ 해석   그 도서관의 낡은 컴퓨터들은 너무 구식이어서 새로운 디자인 프로그램들을 작동시킬 수 없다.

─ 어휘   **library** 도서관   **outdated** 낡은, 구식의   **run** 운영하다, 작동시키다   **design** 디자인   **program** 프로그램

정답 **01 (b) 02 (b) 03 (a) 04 (b) 05 (b)**

Q1
To guarantee the objectivity of the survey, **it is important** _____ the most accurate information available.

(a) gathering   (b) to gather

- 공식   **it is important** 다음에 **that**절이 나오지 않으면 단순**to**부정사 진주어 만들기 문제이다.

- 해석   설문의 객관성을 보장하기 위해서는, 입수 가능한 가장 정확한 정보를 모으는 것이 중요하다.

- 어휘   **guarantee** 보장하다, 보증하다 **objectivity** 객관성 **survey** 조사 **important** 중요한 **gather** 모으다 **accurate** 정확한 **information** 정보 **available** 이용 가능한

Q2
Before deciding to purchase a new appliance, **it is important** _____ that it will fit the desired space. 고난이도

(a) ensuring   (b) to ensure

- 공식   **it is important** 다음에 **that**절이 나오지 않으면 단순**to**부정사 진주어 만들기 문제이다.

- 해석   새로운 가전제품을 구매하기로 결정하기 전에, 이 제품이 원하는 공간에 잘 맞는지 확실히 확인하는 것이 중요합니다.

- 어휘   **decide** 결정하다 **purchase** 구입하다 **appliance** 가전제품, 장치 **important** 중요한 **ensure** 확실히 하다 **fit** 맞아 들어가다, 잘 어울리다, 맞다 **desired** 원하는 **space** 공간

Q3
It is essential _____ customer needs by handling complaints properly.

(a) to meet   (b) meeting

- 공식   **it is essential** 다음에 **that**절이 나오지 않으면 단순**to**부정사 진주어 만들기 문제이다.

- 해석   고객들의 불만을 적절하게 처리함으로써 고객의 욕구를 충족시키는 일은 중요하다.

- 어휘   **essential** 필수적인 **meet** 충족시키다 **customer** 고객 **needs** 욕구 **handle** 처리하다 **complaint** 불평, 불만 **properly** 적절하게

Q4
The research center considers **it necessary** _____ with other institutions for efficiency.

(a) collaborating   (b) to collaborate

- 공식   **it necessary** 다음에 빈칸 문제는 단순**to**부정사 진목적어 만들기 문제이다.

- 해석   그 연구 센터는 효율성을 위해 다른 기관들과 공동 협력하는 것이 필요하다고 생각하고 있다.

- 어휘   **research** 연구 **center** 센터 **consider** 고려하다, 여기다, 생각하다 **necessary** 필요한 **collaborate** 공동 협력하다 **institution** 기관 **efficiency** 효율성

Q5
The board of directors agreed that the merger deal with Calvin Publishing was finalized and they found **it helpful** _____ the customer base.

(a) to broaden   (b) broadening

- 공식   **it helpful** 다음에 빈칸 문제는 단순**to**부정사 진목적어 만들기 문제이다.

- 해석   이사회는 캘빈 출판사와의 합병 협상이 마무리 되었고 양사는 이것이 고객 기반을 넓히는 데 도움을 줄 것이라고 느끼고 있다는데 동의했다.

- 어휘   **board** 위원회 **director** 이사 **agree** 동의하다 **merger** 합병 **deal** 협상 **finalize** 마무리하다 **find** 여기다, 생각하다, 느끼다, 발견하다 **helpful** 도움이 되는 **broaden** 넓히다 **customer** 고객 **base** 기반

Q6 The abundance of the quality electronics available in stores or online makes **it difficult** _____ quick purchase decisions.

(a) making　　　　　　　　　(b) to make

─ 공식　**it difficult** 다음에 빈칸 문제는 단순 to부정사 진목적어 만들기 문제이다.

─ 해석　상점이나 인터넷 상에서 이용 가능한 품질 좋은 가전제품들의 다양성은 빠른 구매 결정을 어렵게 만들고 있다.

─ 어휘　**abundance** 풍부함　**quality** 품질, 품질 좋은　**electronics** 가전제품　**available** 이용 가능한　**store** 가게　**online** 온라인　**difficult** 어려운　**quick** 빠른　**purchase** 구매　**decision** 결정

Q7 Advances in wireless communications have made **it possible** _____ with people throughout the world.

(a) communicating　　　　　(b) to communicate

─ 공식　**it possible** 다음에 빈칸 문제는 단순 to부정사 진목적어 만들기 문제이다.

─ 해석　무선 통신의 발전은 전 세계를 통해 사람들이 의사소통 하는 것을 가능하게 만들어 주고 있다.

─ 어휘　**advance** 발전　**wireless** 무선　**communication** 통신　**possible** 가능한　**communicate** 의사소통 하다　**throughout** ~을 통해서　**world** 세상

정답　01 (b) 02 (b) 03 (a) 04 (b) 05 (a) 06 (b) 07 (b)

01 DAY
02 DAY
03 DAY
04 DAY
05 DAY
06 DAY
07 DAY
08 DAY
09 DAY
10 DAY

모두의 지텔프 GRAMMAR SECTION

지텔프 공식 **6** | **목적의 의미로 쓰이는 to부정사의 부사적, 형용사적 용법** 매회 1문제 출제

Q1
Mr. Jenkins had to prepare all the documents by himself yesterday **so as** _____ the analysis in time for the staff meeting this coming Friday.

(a) to have   (b) having

─ 공식   **so as** 다음에 빈칸에는 단순**to**부정사를 정답으로 고른다.

─ 해석   젠킨스씨는 다가 올 금요일에 있을 직원회의를 위해 분석을 끝내기 위해서 어제 혼자서 모든 문서들을 준비해야 했다.

─ 어휘   **prepare** 준비하다 **document** 문서 **analysis** 분석 **in time** 제때에 **staff meeting** 직원회의 **coming** 다가오는

Q2
Safety protocols at the Fukushima power plant were modified last month **in order** _____ with new standards.

(a) to comply   (b) complying

─ 공식   **in order** 다음에 빈칸에는 단순**to**부정사를 답으로 고른다.

─ 해석   기존 후쿠시마 전력 발전소의 안전 규정들은 지난 달 새로운 규정들의 준수를 위해서 수정되었다.

─ 어휘   **safety** 안전 **protocol** 규정, 절차 **power plant** 전력 공장, 발전소 **modify** 수정하다 **comply with** 준수하다, 지키다 **standard** 규정

Q3
The NASA Space Museum is developing a Web-based tutorial _____ **visitors** with its exhibits.

(a) to familiarize   (b) familiarizing

─ 공식   주어 **+** 동사 **+** 목적어로 이어지는 완전한 문장 뒤에는 보통 단순**to**부정사가 답이 된다.

─ 해석   나사 우주 박물관은 방문객들에게 자신들의 전시물을 친숙하게 만들기 위해 인터넷 기반의 설명서를 개발하고 있는 중이다.

─ 어휘   **space** 우주 **museum** 박물관 **develop** 개발하다 **tutorial** 설명서 **familiarize** 익숙하게 하다 **visitor** 방문객 **exhibit** 전시물

Q4
Editor-in-chief Ronney Lewis confirmed plans to expand the distribution area of Dallas Times _____ **Harlem County**.

(a) to include   (b) including

─ 공식   목적을 나타내는 단순**to**부정사의 부사적 용법은 매회 출제가 된다.

─ 해석   책임 편집자인 로니 루이스는 할렘 지역을 포함하기 위해 달라스 신문의 배포 지역을 확장할 계획을 확인했다.

─ 어휘   **editor-in-chief** 수석 편집장 **confirm** 확실히 하다 **plan** 계획 **expand** 확장하다 **distribution** 분배, 배분 **area** 지역 **include** 포함하다 **county** 군[행정구역]

Q5
All seminar participants will have an **opportunity** _____ knowledge on French cuisine.

(a) updating   (b) to update

─ 공식   **opportunity** 다음에 빈칸에는 단순**to**부정사를 답으로 고른다.

─ 해석   모든 세미나 참석자들은 프랑스 요리에 관한 지식을 업그레이드시킬 기회를 가지게 될 것입니다.

─ 어휘   **seminar** 세미나 **participant** 참여자 **opportunity** 기회 **update** 최신의 것으로 하다 **knowledge** 지식 **cuisine** 고급 요리

Q6

The difference between the average person and great people is not just creative capacity, but the ability _____ that capacity. 고난이도

(a) developing   (b) to develop

- 공식   **ability** 다음에 빈칸에는 단순**to**부정사를 답으로 고른다.

- 해석   평범한 사람과 위대한 사람들의 차이점은 단순히 창의적인 능력에 있는 것뿐만 아니라 그 능력 자체를 개발시키는 능력에 있다.

- 어휘   **difference** 차이점 **average** 평균 **person** 사람 **great** 위대한 **creative** 창의적인 **capacity** 능력, 수용력 **ability** 능력 **develop** 개발하다

Q7

There is an immediate need to hire more staff _____ with the increasing demand.

(a) to deal   (b) dealing

- 공식   목적의 의미를 물어보는 단순**to**부정사의 부사적 용법은 매회 출제된다.

- 해석   늘어나는 수요를 처리하기 위해 좀 더 많은 직원을 고용해야 할 즉각적인 필요가 있다.

- 어휘   **immediate** 즉각적인 **need** 필요 **hire** 채용하다, 고용하다 **staff** 직원 **deal with** 다루다 **increasing** 늘어나는 **demand** 수요

정답   **01 (a) 02 (a) 03 (a) 04 (a) 05 (b) 06 (b) 07 (a)**

DAY 01
DAY 02
DAY 03
DAY 04
DAY 05
DAY 06
DAY 07
DAY 08
DAY 09
DAY 10

모두의 지텔프 GRAMMAR SECTION

모두지 PRACTICE   Day 05 to부정사

01

You should **decide** _____ the fitness center before June to receive a new member discount.

(a) to join　　　　　　　(b) joining

─ 공식　**decide** 다음에 빈칸에는 단순**to**부정사를 답으로 고른다.

─ 해석　새로운 회원 할인을 받기 위해서는 **6**월 전에 헬스장에 가입하실 것을 결정 해야 합니다.

─ 어휘　**decide** 결정하다　**join** 합류하다　**fitness center** 헬스장　**June** 6월　**receive** 받다　**member** 회원　**discount** 할인

02

The useful functions on this Web site **allow** readers _____ for specific information more quickly.

(a) searching　　　　　　(b) to search

─ 공식　**allow +** 목적어 다음에 빈칸에는 목적격보어가 될 수 있는 단순**to**부정사를 답으로 고른다.

─ 해석　이 웹 사이트의 유용한 기능들은 사용자들이 특정한 정보를 좀 더 빠르게 검색할 수 있도록 해드립니다.

─ 어휘　**useful** 유용한　**function** 기능　**site** 사이트　**allow** 허용하다　**reader** 독자　**search for** 찾다　**specific** 특별한, 특정한　**information** 정보　**quickly** 빠르게

03

Many of the older buildings in this area **have been torn down** _____ room for the widening of the highway.

(a) to make　　　　　　　(b) making

─ 공식　일반적인 수동태 표현 뒤에선 단순**to**부정사가 답이 된다.

─ 해석　이 지역의 많은 오래된 건물들은 고속도로 확장의 공간을 만들기 위해 철거되고 있다.

─ 어휘　**older** 오래된, 더 오래된　**building** 빌딩　**area** 지역　**tear down** 허물다　**make room for** 공간을 만들다　**widening** 확장　**highway** 고속도로

04

State Farm Agricultural Research Center (SFARC) and White Water Chemicals Inc. **agreed** _____ a long-term cooperative system following their successful collaboration on the development of an environmentally-friendly chemical fertilizer.

(a) to build　　　　　　　(b) building

─ 공식　**agree** 다음에 빈칸에는 단순**to**부정사를 답으로 고른다.

─ 해석　주 농장 농업 연구소와 화이트 워터 케미칼사는 그들의 성공적인 친환경적인 비료의 개발에 관한 공동작업 이후 장기적인 협력 관계를 유지하는 데 합의를 했다.

─ 어휘　**state** 주　**farm** 농장　**agricultural** 농업의　**research** 연구　**center** 센터　**chemical** 화학약품　**agree** 동의하다　**build** 건설하다　**long-term** 장기의　**cooperative** 협조적인, 협력적인　**system** 시스템　**following** ~후에　**successful** 성공적인　**collaboration** 공동작업, 협력　**development** 발전　**environmentally-friendly** 환경 친화적인　**fertilizer** 화학 비료

05

These are the questions that, when skillfully asked, will **persuade** customers _____ a change.

(a) making　　　　　　　(b) to make

─ 공식　**persuade +** 목적어 다음에 빈칸에는 목적격보어가 될 수 있는 단순**to**부정사를 답으로 고른다.

─ 해석　이러한 것들은 기술적으로 질문될 때 고객들의 마음을 변하게 만들 수 있는 질문들이다.

─ 어휘　**question** 질문　**skillfully** 기술 좋게, 요령 있게　**ask** 질문하다　**persuade** 설득하다　**customer** 고객　**make a change** 변화를 일으키다

06 Despite the current economic crisis, the team manager **wants** _____ next quarter's sales target.

(a) surpassing   (b) to surpass

— 공식   **want** 다음에 빈칸에는 단순**to**부정사를 답으로 고른다.

— 해석   현재의 경제적인 위기에도 불구하고, 팀 관리자는 다음 분기의 판매 목표를 초과할 수 있기를 원하고 있다.

— 어휘   **despite** ~에도 불구하고   **current** 현재의   **economic** 경제적인   **crisis** 위기   **team manager** 팀 관리자   **want** 원하다   **surpass** 뛰어 넘다   **quarter** 분기   **sales target** 판매량 목표, 영업 목표

07 SK corporate employees **are permitted** _____ casually on Fridays, with the exception of the receptionists, who must wear formally at all times. 고난이도

(a) wearing   (b) to wear

— 공식   **be permitted** 다음에 빈칸에는 단순**to**부정사를 답으로 고른다.

— 해석   **SK**의 직원들은 항상 정복을 착용해야 하는 안내 데스크 직원들을 제외하고는 매주 금요일마다 평상복으로 자유롭게 옷을 입는 것이 허용된다.

— 어휘   **corporate** 기업의   **employee** 직원   **permit** 허용하다   **wear** 착용하다, 입다   **casually** 평상적으로   **on Fridays** 금요일 마다   **exception** 제외   **receptionist** 접수원   **formally** 정식으로, 정복으로   **at all times** 항상

08 I am the mother of Anne Matthews, and I **would like** _____ for my daughter's admission to your school's third grade class on her behalf.

(a) having applied   (b) to apply

— 공식   **would like** 다음에 빈칸에는 단순**to**부정사를 답으로 고른다.

— 해석   저는 앤 매튜스의 엄마입니다, 저는 딸을 대신하여 귀 학교의 **3**학년 학급에 제 딸의 입학을 신청하고 싶습니다.

— 어휘   **apply for** 지원하다   **daughter** 딸   **admission** 입학, 입장   **third grade class** 3학년 수업   **on one's behalf** ~을 대신하여

09 It has been proven that people **tend** _____ better at mental tasks right after a quick break.

(a) to perform   (b) performing

— 공식   **tend** 다음에 빈칸에는 단순**to**부정사를 답으로 고른다.

— 해석   사람들은 짧은 휴식 직후에 정신적인 업무에서 더 좋은 업무를 수행하는 경향이 있다는 사실이 입증되었다.

— 어휘   **prove** 입증하다   **tend** ~하는 경향이 있다   **perform** 수행하다   **mental** 정신적인   **task** 일, 과제   **right after** 즉 후   **quick break** 짧은 휴식

10 The place is enclosed with a wooded trail, so if you like to enjoy wonderful seafood in a calm and fresh atmosphere, don't **hesitate** _____ Cerea's.

(a) visiting   (b) to visit

— 공식   **hesitate** 다음에 빈칸에는 단순**to**부정사를 답으로 고른다.

— 해석   그 곳은 나무로 우거진 오솔길로 둘러싸여 있습니다, 따라서 만약 당신이 조용하고 공기 좋은 환경에서 멋진 해산물을 즐기고 싶다면 주저하지 말고 세리에를 방문해 보시기를 바랍니다.

— 어휘   **place** 장소   **enclose** 둘러싸다, 동봉하다   **wooded** 나무로 둘러싸인   **trail** 오솔길, 길   **enjoy** 즐기다   **wonderful** 멋진   **seafood** 해산물   **calm** 차분한   **fresh** 신선한   **atmosphere** 분위기, 대기, 환경   **hesitate** 망설이다   **visit** 방문하다

11

As Mr. Daniels has a full schedule, he probably won't **be able** _____ it to the charity auction this weekend.

(a) making   (b) to make

─ 공식   **be able** 다음에 빈칸에는 단순**to**부정사를 답으로 고른다.

─ 해석   다니엘스씨는 스케줄이 빡빡하기 때문에, 그는 아마도 이번 주말에 있을 자선 경매 행사에 참여할 수 없을 것입니다.

─ 어휘   **full schedule** 꽉 찬 스케줄   **probably** 아마도   **make it** 해 내다   **charity** 자선   **auction** 경매   **this weekend** 이번 주말

12

The new employee **is** as **eager** as her boss _____ part of the development project team. 고난이도

(a) to be   (b) being

─ 공식   **be eager** 다음에 빈칸에는 단순**to**부정사를 답으로 고른다.

─ 해석   그 새로운 신규 직원은 그녀의 사장만큼이나 개발 프로젝트 팀의 일부가 되기를 열망하고 있다.

─ 어휘   **employee** 직원   **eager** 열성적인   **boss** 사장   **part** 일부   **development** 발전   **project** 프로젝트

정답   **01 (a) 02 (b) 03 (a) 04 (a) 05 (b) 06 (b) 07 (b) 08 (b) 09 (a) 10 (b) 11 (b) 12 (a)**

ANSWER **DAY 06**

시제

[G-TELP 공식 1]

Q1	Q2	Q3	Q4	Q5
(a)	(b)	(b)	(a)	(a)

[G-TELP 공식 2]

Q1	Q2	Q3	Q4	Q5	Q6	Q7	Q8	Q9
(a)	(b)	(a)	(b)	(b)	(a)	(b)	(a)	(b)

[G-TELP 공식 3]

Q1	Q2	Q3	Q4	Q5	Q6	Q7
(a)	(b)	(a)	(a)	(b)	(a)	(a)

[G-TELP 공식 4]

Q1	Q2	Q3	Q4	Q5	Q6	Q7
(b)	(a)	(b)	(b)	(b)	(b)	(a)

[G-TELP 공식 5]

Q1	Q2	Q3	Q4	Q5	Q6	Q7
(b)	(a)	(b)	(b)	(b)	(a)	(b)

[G-TELP 공식 6]

Q1	Q2	Q3	Q4	Q5	Q6	Q7
(b)	(b)	(b)	(b)	(a)	(b)	(b)

[모두지 PRACTICE]

01	02	03	04	05	06	07	08	09	10
(a)	(b)	(b)	(b)	(b)	(a)	(a)	(a)	(a)	(a)

11	12
(a)	(a)

지텔프 공식 1 **현재진행시제** 매회 **26문제** 중 **1문제** 출제

Q1

At this very moment, the shuttle _____ docking procedures in outer space.

(a) is initiating
(b) will be initiating

— 공식 **at this moment**가 보이면 현재진행시제를 답으로 고른다.

— 해석 현재 지금, 우주 왕복선이 외기 우주에서 도킹 절차를 시작하고 있습니다.

— 어휘 **moment** 순간 **shuttle** 왕복선, 셔틀 (버스) **initiate** 시작하다 **dock** 도킹하다, 부두에 대다 **procedure** 절차 **outer space** 외기 우주

Q2

It's almost summer time and in order to help everyone get into their summer time swimsuit figure, the 24 Hour Gym _____ a discount on all memberships.

(a) was currently offering
(b) is currently offering

— 공식 **currently**가 보이면 현재진행시제를 답으로 고른다.

— 해석 벌써 여름입니다, 모든 분들이 여름 수영복 몸매를 갖추는데 도움을 드리기 위해서, **24**시 체육관은 현재 모든 회원들에게 할인을 제공하고 있습니다.

— 어휘 **swimsuit** 수영복 **figure** 몸매 **gym** 체육관 **currently** 현재 **offer** 제공하다 **discount** 할인 **membership** 회원(권)

Q3

To ensure you find the perfect fabric to suit your needs, we _____ 30 cm x 30 cm fabric swatches for just $0.99 each.

(a) were now offering
(b) are now offering

— 공식 **now**가 보이면 현재진행시제를 답으로 고른다.

— 해석 고객의 요구에 딱 맞는 완벽한 원단을 찾을 수 있도록 확실히 하기 위해, 저희는 지금 가로 **30cm** 세로 **30cm**의 원단 견본을 개당 단 **99**센트에 제공하고 있습니다.

— 어휘 **ensure** 확실히 하다 **find** 찾다 **perfect** 완벽한 **fabric** 섬유, 원단 **suit** 적절하게 맞다 **needs** 욕구, 필요 **offer** 제공하다 **swatch** 견본

Q4

The accounting software _____ correctly **now that** an updated version has been installed on company's computers. 고난이도

(a) is working
(b) was working

— 공식 **now that**이 보이면 현재진행시제를 답으로 고른다.

— 해석 그 회계 소프트웨어는 회사의 컴퓨터들에 업데이트된 버전이 지금 설치되었기 때문에 정확하게 작동하고 있습니다.

— 어휘 **accounting software** 회계 소프트웨어 **correctly** 정확하게 **updated** 업데이트 된 **version** 버전, 판 **install** 설치하다 **company** 회사

Q5

We _____ an appraisal undertaken to determine the true value of the property before we make a decision on purchasing it.

(a) are currently having
(b) were currently having

— 공식 **currently**가 보이면 현재진행시제를 고른다.

— 해석 우리는 구매 결정을 내리기 전에 그 부동산의 진정한 가치를 결정하기 위해 진행되는 가치평가를 현재 수행하고 있습니다.

— 어휘 **currently** 현재, 지금 **appraisal** 가치사정, 손해사정, 평가 **undertake** 착수하다 **determine** 결정하다, 결심하다 **true value** 진짜 가치 **property** 부동산 **decision** 결정 **purchase** 구입하다

정답 **01 (a) 02 (b) 03 (b) 04 (a) 05 (a)**

Q1
Joel **interrupted** the manager **while** he _____ a meeting with the regional vice president.

(a) was having　　　　　(b) has

- 공식　주절에 과거형 동사가 나오면 while절은 과거진행시제를 답으로 고른다.

- 해석　조엘은 지역 부사장과 회의를 하고 있던 중에 관리자의 말을 끊고 방해했다.

- 어휘　**interrupt** 방해하다, 중단하다　**manager** 관리자　**have a meeting** 회의를 하다　**regional** 지역의　**vice president** 부사장

Q2
The veteran legislator _____ before the Green Thumb Society **when** he **suffered** a massive heart attack.

(a) is speaking　　　　　(b) was speaking

- 공식　**when**절에 과거형 동사가 나오면 주절은 과거진행시제가 답이 된다.

- 해석　그 노장 의회 의원은 그가 극심한 심근경색으로 고통을 겪었을 때 원예 협회 앞에서 연설을 하고 있었다.

- 어휘　**veteran** 베테랑　**legislator** 의회 의원　**green thumb society** 원예 협회　**suffer** 고통을 겪다　**massive** 대규모의　**heart attack** 심근경색, 심장마비

Q3
She hurriedly **opened** the door and **asked** that he be quiet because her baby _____ . `고난이도`

(a) was sleeping　　　　　(b) will sleep

- 공식　전체 문장에 과거형 동사가 나오면 빈칸에는 과거진행시제가 답이 된다.

- 해석　그녀는 서둘러서 문을 열었고 그녀의 아이가 잠을 자고 있었기 때문에 그에게 조용히 해 달라고 요청했다.

- 어휘　**hurriedly** 서둘러서　**open** 문을 열다　**quiet** 조용한　**sleep** 잠을 자다

Q4
While he _____ his conclusion, his laptop suddenly **shut down** without saving.

(a) is typing　　　　　(b) was typing

- 공식　주절에 과거형 동사가 나오면 **while**절 속 동사의 시제는 과거진행시제를 답으로 고른다.

- 해석　그가 그의 결론 부분을 타이핑치고 있을 때, 그의 노트북 컴퓨터가 갑자기 저장도 못했는데 꺼져 버렸다.

- 어휘　**type** 타이핑을 치다　**conclusion** 결론　**laptop** 노트북 컴퓨터　**suddenly** 갑자기　**shut down** 종료되다　**saving** 저장

Q5
She _____ at Oxford University **when** she **began** writing them.

(a) is studying　　　　　(b) was studying

- 공식　**when**절에 과거형 동사가 나오면 주절의 빈칸에는 과거진행시제가 답이 된다.

- 해석　그녀는 그것들을 쓰기 시작했을 때 옥스퍼드 대학교에서 공부를 하고 있었다.

- 어휘　**study** 공부하다　**university** 대학교　**begin** 시작하다　**write** 쓰다

Q6
I _____ my mom to visit me at my dorm **last night**.

(a) wasn't expecting　　　　　(b) won't be expecting

- 공식　**last night**가 나오면 과거진행시제를 답으로 고른다.

- 해석　나는 어젯밤에 엄마가 나의 기숙사를 방문해 올 것이라고는 예상도 못하고 있었다.

- 어휘　**expect** 기대하다, 예상하다　**mom** 엄마　**visit** 방문하다　**dorm** 기숙사

DAY 01
DAY 02
DAY 03
DAY 04
DAY 05
DAY 06
DAY 07
DAY 08
DAY 09
DAY 10

모두의 지텔프 GRAMMAR SECTION

Q7 The light suddenly went out while she _____ us an especially frightening story.

(a) will be telling　　　　**(b) was telling**

ー공식　주절에 동사의 과거형이 나오면 while절 속 동사의 시제는 과거진행시제가 답이 된다.

ー해석　그녀가 특별히 무서운 이야기를 우리에게 하고 있던 도중에 불이 갑자기 꺼져 버렸다.

ー어휘　**light** 불, 등　**suddenly** 갑자기　**go out** 나가다　**tell** 말하다　**especially** 특별히　**frightening** 놀라게 하는　**story** 이야기

Q8 He _____ dinner at that time and assumed the child was still sleeping in the nursery.

(a) was eating　　　　**(b) is eating**

ー공식　**at that time**이 나오면 과거진행시제를 답으로 고른다.

ー해석　그는 그 때 저녁식사를 하고 있었고 아이가 아기 방에서 여전히 자고 있을 것이라고 추정했었다.

ー어휘　**eat** 먹다　**dinner** 저녁식사　**assume** 추정하다　**sleep** 자다　**nursery** 아기 방, 보육원

Q9 She _____ her favorite song in the hallway, when our class adviser heard her and urged Michelle to join the contest.

(a) only sang　　　　**(b) was only singing**

ー공식　**when**절 속에 동사의 과거형이 나오면 주절의 동사 시제는 과거진행시제를 답으로 고른다.

ー해석　그녀가 복도에서 그녀가 가장 좋아하는 노래를 하고 있을 때 그녀의 반 지도원 선생님이 그녀의 노래를 들었고 그후 미셸에게 경연대회에 참여해 보라고 말했다.

ー어휘　**sing** 노래하다　**favorite** 가장 좋아하는　**song** 노래　**hallway** 복도　**adviser** 지도원　**hear** 듣다　**urge** 촉구하다　**join** 참여하다　**contest** 대회, 시합

정답　**01 (a) 02 (b) 03 (a) 04 (b) 05 (b) 06 (a) 07 (b) 08 (a) 09 (b)**

Q1   **Starting today**, he _____ to more than 50 high schools to give a series of lectures on it.

(a) will be traveling   (b) will have traveled

- 공식   **staring today**가 나오면 미래진행시제를 답으로 고른다.

- 해석   오늘부터, 그는 이것에 관한 일련의 강좌를 **50**개 이상의 학교에서 진행하기 위해 여행을 하게 될 것입니다.

- 어휘   **starting** ~부터 **travel** 여행하다, 돌아다니다 **a series of** 일련의 **lecture** 강의, 강좌

Q2   The Moscow Ballet Company _____ the Nutcracker during the Art Festival Week **next month**.

(a) will have performed   (b) will be performing

- 공식   **next month**가 나오면 미래진행시제를 답으로 고른다.

- 해석   모스코바 발레 극단은 다음 달 예술 축제 주간 동안 호두까기인형을 공연할 것입니다.

- 어휘   **ballet** 발레 **company** 극단 **perform** 수행하다 **nutcracker** 호두까기인형 **festival** 축제

Q3   The commencement ceremony _____ **in a month**.

(a) will be happening   (b) happened

- 공식   **in a month**가 나오면 미래진행시제를 답으로 고른다.

- 해석   졸업식은 한 달 후에 열릴 것입니다.

- 어휘   **commencement** 시작, 시무 **ceremony** 식, 의식 **happen** 발생하다, 일어나다 **in a month** 한 달 후에

Q4   Our class _____ a rendition of Harper Lee's *To Kill a Mockingbird* **for the upcoming** school fair.

(a) will be doing   (b) was doing

- 공식   **for the upcoming** + 행사가 나오면 미래진행시제를 답으로 고른다.

- 해석   우리 학급은 다가 올 학교 축제에서 하퍼 리의 흉내지빠귀 죽이기를 공연할 것입니다.

- 어휘   **class** 학급, 반 **rendition** 연주, 공연 **mockingbird** 흉내지빠귀 **upcoming** 다가 올 **fair** 축제

Q5   Everyone _____ the town's annual celebration **tomorrow**.

(a) was attending   (b) will be attending

- 공식   **tomorrow**가 보이면 미래진행시제를 답으로 고른다.

- 해석   모든 사람들은 내일 마을의 연례 축하행사에 참여할 것입니다.

- 어휘   **attend** 참여하다, 참석하다 **town** 마을 **annual** 연례의 **celebration** 축하행사

Q6   This **is to remind you that during the period of April 23 – 28**, we _____ used clothing in our regional stores. 고난이도

(a) will be accepting   (b) will have accepted

- 공식   전체 문장이 미래에 이루어질 일에 관해 이야기 하고 있으면 미래진행시제를 답으로 고른다.

- 해석   이것은 여러분들에게 **4**월 **23**일에서 **28**일 동안 우리가 지역 상점들에서 중고 의류를 받는 다는 것을 알리기 위한 공지입니다.

- 어휘   **remind** 상기시키다 **during** ~동안 **period** 기간 **April** 4월 **accept** 받아들이다 **used clothing** 중고 의류 **regional** 지역의 **store** 가게

REVIEW 1 2 3 4 5

Q7 Prior to his retirement, Mr. Morhaime **has already announced** that Mike Pearce, co-founder of Dustwing and currently **vice-president**, _____ the position of company CEO. 고난이도

(a) will be assuming　　　(b) has assumed

─ 공식　전체 문장이 미래에 이루어질 일에 관해 이야기 하고 있으면 미래진행시제를 답으로 고른다.

─ 해석　은퇴 전에, 모하이메씨는 이미 더스트윙의 공동 설립자이자 현재 부사장인 마이크 피어스씨가 회사의 대표이사 직책을 맡을 것이라고 발표했습니다.

─ 어휘　**prior to** ~전에　**retirement** 은퇴　**announce** 발표하다　**co-founder** 공동 설립자　**currently** 현재　**vice-president** 부사장　**assume** 떠맡다　**position** 직책

정답 01 (a) 02 (b) 03 (a) 04 (a) 05 (b) 06 (a) 07 (a)

지텔프 공식 4　현재완료진행시제　매회 26문제 중 1문제 출제

Q1 To preserve its unspoiled environment, the town has organized Citizens' Group Watch to monitor the beach area for garbage. The group _____ this **for a month now**.

(a) is actively doing　　　(b) has been actively doing

─ 공식　**for a month now**가 보이면 현재완료진행시제를 답으로 고른다.

─ 해석　손상되지 않은 환경을 보전하기 위해서, 마을은 해변 지역에서 쓰레기 무단투기를 막기 위해 시민 감시단을 조직했습니다. 그 감시단은 지금 한 달 동안이나 활발히 활동을 하고 있습니다.

─ 어휘　**preserve** 보존하다　**unspoiled** 손상되지 않은　**environment** 환경　**town** 마을　**organize** 조직하다　**citizen's group watch** 시민감시단　**monitor** 감시하다　**beach area** 해변 지역　**garbage** 쓰레기　**actively** 활동적으로

Q2 Lizzy _____ her favorite monthly magazine Newsweek for five dollars each **for the last six months**.

(a) has been buying　　　(b) had been buying

─ 공식　**for the last six months**가 보이면 현재완료진행시제를 답으로 고른다.

─ 해석　리지는 지난 6개월 동안이나 매달 5달러의 가격에 그녀가 가장 좋아하는 월간 잡지인 뉴스위크지를 구매해 오고 있습니다.

─ 어휘　**buy** 사다　**favorite** 가장 좋아하는　**monthly magazine** 월간 잡지

Q3 He _____ the program **for four years now**, but he still finds himself struggling just to keep up in school.

(a) is pursuing　　　(b) has been pursuing

─ 공식　**for four years now**가 보이면 현재완료진행시제를 답으로 고른다.

─ 해석　그는 지금까지 4년 동안 그 프로그램을 (추구)하고 있지만, 그는 여전히 그 자신이 학교 수업도 따라가기 힘들다고 느끼고 있습니다.

─ 어휘　**pursue** 추구하다　**program** 프로그램　**find** 찾다, 발견하다, 느끼다　**struggling** 고군분투하고 있는　**keep up** 따라 잡다

Q4 He is becoming increasingly irritated, as they _____ non-stop **for the last five hours**.

(a) will be partying　　　(b) have been partying

─ 공식　**for the last five hours**가 보이면 현재완료진행시제를 답으로 고른다.

─ 해석　그는 그들이 지난 5시간 동안 쉬지 않고 파티를 하고 있기 때문에 점점 더 화가 나고 있습니다.

─ 어휘　**become** 되다　**increasingly** 점진적으로　**irritated** 짜증이 난　**party** 파티를 하다　**non-stop** 멈추지 않고

134 · 모두의 지텔프 기본서 문법

Q5

They _____ **for almost an hour**, but they still need to play two more sets to finish the game.

(a) were playing   (b) have been playing

─ 공식   **for almost an hour**가 보이면 현재완료진행시제를 답으로 고른다.

─ 해석   그들은 거의 한 시간동안 경기해오고 있지만, 여전히 경기를 끝내기 위해서는 추가로 **2**세트를 더 경기해야 할 필요가 있습니다.

─ 어휘   **play** 경기하다, 놀이를 하다   **finish** 끝내다

Q6

Mr. Hacker's wood carving retail business _____ well **lately** due to international competition.

고난이도

(a) will not be doing   (b) has not been doing

─ 공식   **lately**가 보이면 현재완료진행시제를 답으로 고른다.

─ 해석   해커스씨의 목각 소매 사업체는 최근 국제적인 경쟁 때문에 사업을 잘 유지해오고 있지 못합니다.

─ 어휘   **wood carving** 목각   **retail** 소매의   **business** 사업(체)   **lately** 최근에   **due to** ~때문에   **international** 국제적인   **competition** 경쟁

Q7

Ms. Kameda _____ **several annual** research projects in collaboration with government agencies. 고난이도

(a) has been overseeing   (b) oversees

─ 공식   **several** + 매년 열리는 행사 등이 나오면 현재완료진행시제를 답으로 고른다.

─ 해석   카메다양은 정부 당국들과 협력해서 몇몇 연례적인 연구 프로젝트를 감독해 오고 있습니다.

─ 어휘   **oversee** 감독하다   **several** 여럿의, 몇몇의   **annual** 연례의   **research** 연구   **project** 프로젝트   **collaboration** 공동 협력   **government** 정부   **agency** 당국

정답   **01 (b) 02 (a) 03 (b) 04 (b) 05 (b) 06 (b) 07 (a)**

DAY 01
DAY 02
DAY 03
DAY 04
DAY 05
DAY 06
DAY 07
DAY 08
DAY 09
DAY 10
모두의 지텔프 GRAMMAR SECTION

지텔프 공식 5   **과거완료진행시제**   매회 26문제 중 1문제 출제

Q1

She _____ on sleeveless dresses **for half an hour when** her friend finally **arrived**.

(a) has been trying   (b) had been trying

─ 공식   **for** + 기간과 **when** + 과거형 동사가 나오면 과거완료진행시제를 답으로 고른다.

─ 해석   그녀는 그녀의 친구가 마침내 도착했을 때 이미 반시간 동안이나 소매 없는 드레스를 입어보고 있었다.

─ 어휘   **try on** 입어 보다   **sleeveless** 소매가 없는   **dress** 드레스   **finally** 마침내   **arrive** 도착하다

Q2

The company _____ for a viable site **for three years before** they finally **chose** the coastal city of Oxnard for its stations.

(a) had been searching   (b) was searching

─ 공식   **for** + 기간과 **before** + 과거형 동사가 나오면 과거완료진행시제를 답으로 고른다.

─ 해석   그 회사는 마침내 회사 배치지를 찾기 위해 옥스나드 해변 도시를 고르기 전에 **3**년간이나 실행 가능한 장소를 찾아오고 있었다.

─ 어휘   **company** 회사   **search for** 찾다   **viable** 실행 가능한   **site** 장소   **finally** 마침내   **choose** 고르다   **coastal** 해변의, 해안의   **station** 정착지, 배치지

Q3 They _____ on the project **for five months** already **when** the developer abruptly **cancelled** it.

(a) have been working   (b) had been working

- 공식 **for +** 기간과 **when +** 과거형 동사가 나오면 과거완료진행시제를 답으로 고른다.

- 해석 개발업체가 갑자기 프로젝트를 취소했을 때 이미 그들은 그 프로젝트에 관해서 **5**개월간이나 연구를 진행하고 있었다.

- 어휘 **work** 일하다 **project** 프로젝트 **already** 이미 **developer** 개발업자 **abruptly** 갑작스럽게 **cancel** 취소하다

Q4 It was only then that his family revealed that he _____ with depression **before he died**.

(a) struggles   (b) had been struggling

- 공식 **before +** 과거형 동사가 나오면 과거완료진행시제를 답으로 고른다.

- 해석 그의 가족이 그가 죽기 전에 그가 우울증과 싸우고 있었다는 사실을 드러낸 것은 바로 그때였다.

- 어휘 **reveal** 드러내다, 밝히다 **struggle** 싸우다 **depression** 우울(증) **die** 죽다

Q5 He _____ on stage **for only a few minutes when** his sound system suddenly **stopped** working.

(a) have been performing   (b) had been performing

- 공식 **for +** 기간이 나오고 **when +** 과거형 동사가 나오면 과거완료진행시제를 답으로 고른다.

- 해석 그의 음향 시스템이 갑자기 작동을 멈추었을 때 오직 수분간이지만 그는 무대에서 공연을 하고 있었다.

- 어휘 **perform** 수행하다 **minute** 분 **sound system** 음향 시스템 **suddenly** 갑자기 **stop** 멈추다 **working** 작동하는 것

Q6 His boss **gave** him the present that he _____ **for so long**: a promotion. 고난이도

(a) had been desiring   (b) will be desiring

- 공식 과거형 동사와 **for so long**이 나오면 과거완료진행시제를 답으로 고른다.

- 해석 그의 사장은 그에게 그가 그렇게 오랫동안 바래왔던 선물을 주었다: 선물은 바로 승진이었다.

- 어휘 **boss** 사장, 상사 **present** 선물 **desire** 바래다, 바람하다 **promotion** 승진

Q7 **Before** it **was** finished, construction _____ some setbacks due to structural problems.

(a) was facing   (b) had been facing

- 공식 **before** 다음에 과거형 동사가 나오면 과거완료진행시제를 답으로 고른다.

- 해석 완성되기 전에, 구조적인 문제들 때문에 건설공사는 여러 차질을 경험했었다.

- 어휘 **finish** 끝내다 **construction** 건설, 건축 **face** 직면하다 **setback** 차질, 장애 **due to** ~때문에 **structural** 구조적인 **problem** 문제

정답 01 (b) 02 (a) 03 (b) 04 (a) 05 (b) 06 (a) 07 (b)

지텔프 공식 6   미래완료진행시제   매회 26문제 중 1문제 출제

Q1 Beginning as a secretary for Coopers & Randall, Jody is now the Director of Acquisitions. **Next month**, she _____ for the firm **for 15 years**.

(a) is working   (b) will have been working

- 공식 **for +** 기간과 **next month**가 나오면 미래완료진행시제를 답으로 고른다.

- 해석 카퍼스 앤 랜달의 비서로서 시작해서, 조디는 지금 구매 이사가 되었다. 다음 달이면 그녀는 **15**년간을 이 회사를 위해 일해 오고 있는 것이 될 것이다.

- 어휘 **begin** 시작하다 **secretary** 비서 **director** 이사, 임원 **acquisition** 구매, 습득, 취득

Q2

He _____ for more than two months when he actually competes.

(a) is training   (b) will have been training

— 공식   for + 기간과 when + 현재형 동사가 나오면 미래완료진행시제를 답으로 고른다.

— 해석   그가 실제로 시합에 나가게 되면 그는 2달 이상을 훈련해 오고 있는 것이 될 것이다.

— 어휘   train 훈련하다   actually 실제로   compete 경쟁하다, 싸우다

Q3

By the time he turns 70, he _____ tirelessly for over 30 years since starting the company. 고난이도

(a) has worked   (b) will have been working

— 공식   for + 기간과 by the time + 현재형 동사가 나오면 미래완료진행시제를 답으로 고른다.

— 해석   70세가 되면, 그는 회사를 창업한 이래로 지칠 줄 모르고 30년 이상의 기간 동안 일을 하고 있는 것이 될 것이다.

— 어휘   turn 나이 등이 ~가 되다   tirelessly 지칠 줄 모르고   start 시작하다   company 회사

Q4

She _____ Practical English Grammar for more than seven weeks by the time the program ends in July.

(a) has been studying   (b) will have been studying

— 공식   for + 기간과 by the time + 현재형 동사가 나오면 미래완료진행시제를 답으로 고른다.

— 해석   그녀는 7월에 그 프로그램이 끝날 즈음이 되면 7주 이상의 기간 동안 실용 영문법을 공부해 오고 있는 것이 될 것이다.

— 어휘   study 공부하다   practical 실용적인   grammar 문법   program 프로그램   end 끝나다   July 7월

Q5

By the time they get to savor its delectable pasta course, they _____ for two long weeks.

(a) will have been waiting   (b) has been waiting

— 공식   for + 기간과 by the time + 현재형 동사가 나오면 미래완료진행시제를 답으로 고른다.

— 해석   그들이 그 집의 맛있어 보이는 파스타 코스의 맛을 보게 될 때가 되면, 그들은 기나 긴 2주 동안 기다리고 있었던 것이 될 것이다.

— 어휘   savor 맛보다   delectable 맛있어 보이는   pasta 파스타[국수종류]   course 코스   wait 기다리다

Q6

He started racing at fourteen, and by next month, he _____ for over 20 years.

(a) has been racing   (b) will have been racing

— 공식   for + 기간과 by next month가 나오면 미래완료진행시제를 답으로 고른다.

— 해석   그는 14살에 자동차 레이싱을 시작했고 다음 달이 되면 그는 20년이 넘는 기간 동안 자동차 레이싱을 해 오고 있는 것이 될 것이다.

— 어휘   start 시작하다   race 경주하다

Q7

By the time Mr. Mantis is appointed to the board of directors, he _____ for 16 years at our company.

(a) had been working   (b) will have been working

— 공식   for + 기간과 by the time + 현재형 동사가 나오면 미래완료진행시제를 답으로 고른다.

— 해석   맨티스씨가 이사회의 임원으로 임명이 될 즈음이면, 그는 우리의 회사에서 16년간이나 일해 오고 있는 것이 될 것이다.

— 어휘   appoint 임명하다   board of directors 이사회   company 회사

정답   01 (b) 02 (b) 03 (b) 04 (b) 05 (a) 06 (b) 07 (b)

모두지 PRACTICE Day 06 시제

01 **Presently**, the company _____ a fleet of five ships, with cruises to various destinations in Malaysia, Singapore, Thailand, Indonesia, Hong Kong, Japan, and Korea.

(a) is operating (b) will operate

─ 공식 **presently**가 나오면 현재진행시제를 답으로 고른다.

─ 해석 현재, 회사는 말레이시아, 싱가포르, 태국, 인도네시아, 홍콩, 일본, 그리고 한국을 목적지로 하는 다양한 크루즈 노선에서 **5**대의 배로 구성된 선단을 운영하고 있습니다.

─ 어휘 **presently** 현재 **company** 회사 **operate** 운영하다 **fleet** 함대, 선단 **cruise** 순항(로) **various** 다양한 **destination** 목적지

02 **In the afternoon** we _____ the different needs of different individuals when it comes to fitness management, so in the meantime, enjoy your lunch!

(a) had been discussing (b) will be discussing

─ 공식 **in the afternoon**이 나오면 미래진행시제를 답으로 고른다.

─ 해석 오후에 우리는 헬스장 경영에 관한 다른 개인들의 다른 욕구들에 대해 토론할 것입니다, 그러니 그 사이에, 점심을 먼저 드시기 바랍니다!

─ 어휘 **discuss** 토론하다 **different** 다른 **needs** 욕구, 필요 **individual** 개인 **fitness management** 피트니스 관리 **in the meantime** 그 동안 **enjoy** 즐기다 **lunch** 점심

03 Faced with a chronic shortage of qualified workers, Malaysia's state-run telecommunications company _____ its recruitment drive to neighboring countries **at the moment**.

(a) had expanded (b) is expanding

─ 공식 **at the moment**가 나오면 현재진행시제를 답으로 고른다.

─ 해석 자격을 갖춘 근로자들의 만성적인 부족에 직면해서, 말레이시아의 정부가 운영하는 통신 회사는 현재 이웃 나라들로 채용 프로그램을 확장하고 있습니다.

─ 어휘 **face** 직면하다, 만나다 **chronic** 만성적인 **shortage** 부족 **qualified** 자격을 갖춘 **worker** 근로자 **state-run** 정부가 운영하는 **telecommunication** 통신 **company** 회사 **expand** 확장하다 **recruitment drive** 채용 프로그램 **neighboring** 이웃의 **country** 나라

04 We _____ to protest the drastic action, **when** our supervisor **shouted**, "April fools!"

(a) will be beginning (b) were beginning

─ 공식 **when**절 속에 과거형 동사가 나왔으나 **for +** 기간이 없으면 과거진행시제를 답으로 고른다.

─ 해석 우리의 직장 상사가 "만우절 장난이었어!"라고 외쳤을 때, 우리는 그러한 과격한 장난에 항의를 막 하려고 하고 있었다.

─ 어휘 **begin** 시작하다 **protest** 항의하다 **drastic** 과격한 **action** 행동 **supervisor** 감독관 **April fools!** (만우절) 장난이야!

05 They _____ up a narrow mountain road **at that time**.

(a) are climbing (b) were climbing

─ 공식 **at that time**이 나오면 과거진행시제를 답으로 고른다.

─ 해석 그 당시 그들은 좁은 산길을 막 올라가고 있었다.

─ 어휘 **climb** 오르다 **narrow** 좁은 **mountain** 산 **road** 도로, 길

06 **Until Ms. Octavia's breakthrough, the bugs for new software programs _____ technicians for days.** 고난이도

(a) had been frustrating (b) frustrates

─ 공식 문맥의 의미상 **until +** 과거 사건이 나오고 **for +** 기간까지 같이 나올 땐 과거완료진행시제를 답으로 고른다.

─ 해석 옥타비아의 혁신이 있기까지, 새로운 소프트웨어 프로그램의 오류들은 수일간이나 개발자들을 좌절시켜 오고 있었다.

─ 어휘 **breakthrough** 혁신 **bug** 컴퓨터 오류 **frustrate** 좌절시키다 **technician** 기술자

07 **Researchers _____ an anti-bleeding gel – a substance that can quickly seal a wound and start the healing process.**

(a) are currently developing (b) had been currently developing

─ 공식 **currently**가 보이면 현재진행시제를 답으로 고른다.

─ 해석 연구자들은 빠르게 상처를 봉쇄해서 치유 과정을 시작하게 할 수 있는 물질로 출혈 방지 젤을 현재 개발하고 있다.

─ 어휘 **researcher** 연구원 **currently** 현재 **develop** 개발하다 **anti-bleeding gel** 출혈 방지 젤 **substance** 물질 **quickly** 빠르게 **seal** 봉쇄하다 **wound** 상처 **start** 시작하다 **healing process** 치유 과정

08 **This afternoon, we _____ the calamity-stricken village shortly to perform humanitarian work.**

(a) will be reaching (b) reached

─ 공식 **this afternoon**이 보이면 미래진행시제를 답으로 고른다.

─ 해석 오늘 오후, 우리는 인도적인 사업을 수행하기 위해 짧게나마 재난이 닥친 마을을 방문할 것입니다.

─ 어휘 **reach** 도달하다, 도착하다 **calamity-stricken** 재난이 닥친 **village** 마을 **shortly** 잠시, 짧게 **perform** 수행하다 **humanitarian** 인도주의적인 **work** 활동

09 **_____ Nowadays we _____ for confident financial investors that can help us fund our business venture from its very inception.**

(a) are looking (b) will be looking

─ 공식 **nowadays**가 보이면 현재진행시제를 답으로 고른다.

─ 해석 요즘 우리는 개시 시부터 우리의 모험사업에 자금을 지원하는 데 도움을 줄 수 있는 자신감 넘치는 재무 투자자들을 찾고 있습니다.

─ 어휘 **nowadays** 요즘 **look for** 찾다 **confident** 자신감 넘치는 **financial** 재정적인 **investor** 투자자 **help** 돕다 **fund** 자금을 제공하다 **business** 사업, 기업 **venture** 모험사업 **inception** 시작, 개시

10 **She got so absorbed in the story that she didn't even notice when Eric arrived while she _____ the book.**

(a) was still reading (b) are still reading

─ 공식 **when**절 속에 과거가 나오면 **while** 절 속의 빈칸엔 과거진행시제가 답이 된다.

─ 해석 그녀는 소설에 너무 빠져 있어서 그녀가 그녀가 책을 읽는 동안 에릭이 도착한 사실도 모르고 있었다.

─ 어휘 **get absorbed in** ~에 몰입해 들다 **story** 이야기 **notice** 알아차리다 **arrive** 도착하다 **read** 읽다

11

Significant numbers of youngsters _____ up in poverty these days.

(a) are growing   **(b) will grow**

─ 공식   **these days**가 나오면 현재진행시제를 답으로 고른다.

─ 해석   요즘도 상당히 많은 수의 젊은이들이 가난 속에서 자라고 있다.

─ 어휘   **significant** 상당한, 많은 **youngster** 젊은이 **grow** 자라다 **poverty** 가난

12

Tokyo Airport Authority _____ an experienced air-traffic controller for long-term employment.

(a) is now seeking   **(b) will be now seeking**

─ 공식   **now**가 보이면 현재진행시제를 답으로 고른다.

─ 해석   도쿄 공항 당국은 장기적으로 일할 경험이 풍부한 항공 교통 관제사를 현재 찾고 있습니다.

─ 어휘   **authority** 당국 **seek** 찾다 **experienced** 경험이 풍부한 **air-traffic controller** 항공 교통 관제사 **for long-term employment** 장기적으로 일 할

정답   **01 (a) 02 (b) 03 (b) 04 (b) 05 (b) 06 (a) 07 (a) 08 (a) 09 (a) 10 (a) 11 (a) 12 (a)**

ANSWER DAY 07

관계사

[G-TELP 공식 1]

Q1	Q2	Q3	Q4	Q5	Q6	Q7	Q8
(b)	(b)	(b)	(a)	(a)	(a)	(b)	(a)

[G-TELP 공식 2]

Q1	Q2	Q3	Q4	Q5	Q6
(a)	(a)	(a)	(b)	(b)	(b)

[G-TELP 공식 3]

Q1	Q2	Q3	Q4	Q5	Q6
(b)	(b)	(a)	(a)	(a)	(b)

[G-TELP 공식 4]

Q1	Q2	Q3	Q4	Q5
(b)	(a)	(b)	(b)	(a)

[모두지 PRACTICE]

01	02	03	04	05	06	07	08	09	10
(b)	(b)	(a)	(b)	(b)	(b)	(b)	(b)	(b)	(b)

11	12
(b)	(b)

DAY 01
DAY 02
DAY 03
DAY 04
DAY 05
DAY 06
DAY 07
DAY 08
DAY 09
DAY 10

모두의 지텔프 GRAMMAR SECTION

지텔프 공식 1 　**관계대명사의 선행사 수식** 매회 26문제 중 2문제 출제

Q1　The manager has decided to replace our old photocopier with **the new one,** _____ is able to print in both color and black and white.

(a) that　　　　　　　　(b) which

－공식　컴마가 나오고 앞에 사물이 있기 때문에 관계대명사 **which**가 필요하다.

－해석　그 관리자는 컬러와 흑백으로 인쇄가 가능한 새로운 복사기로 우리의 오래된 복사기를 교체하기로 결정했다.

－어휘　**manager** 관리자　**decide** 결정하다　**replace** 대체하다　**photocopier** 복사기　**print** 인쇄하다　**black and white** 흑백

Q2　His loyal customers agree that Ollie's steaks are **the best-tasting ones** _____ they have ever had.

(a) who　　　　　　　　(b) that

－공식　선행명사인 **the best-tasting ones**는 사물이기 때문에 관계대명사 **that**이 답이 된다.

－해석　그의 충성스러운 고객들은 올리의 스테이크가 그들이 먹어 본 스테이크 중 가장 맛이 좋은 스테이크라는데 동의하고 있다.

－어휘　**loyal** 충성스러운　**customer** 고객　**agree** 동의하다　**steak** 스테이크　**best-tasting** 가장 맛이 좋은

Q3　Workshop participants may choose any **seats** in the auditorium except **those** in the front row, _____ are reserved for the presenters. 고난이도

(a) who　　　　　　　　(b) which

－공식　컴마가 있고 앞에 사람이 없기 때문에 관계대명사 **which**가 정답이 된다.

－해석　연수회 참여자들은 발표자들을 위해서 예약된 앞줄의 좌석들을 제외하고는 강당의 어떤 좌석이든 선택해 앉을 수 있습니다.

－어휘　**workshop** 연수회　**participant** 참여자　**choose** 고르다　**seat** 좌석　**auditorium** 강당　**except** ~을 제외하고　**front** 맨 앞의　**row** 줄　**reserve** 예약하다　**presenter** 발표자

Q4　As a token of our apology, we would like to offer you **a 20 percent discount** on this reservation, _____ is our way of compensating you for inconvenience.

(a) which　　　　　　　　(b) that

－공식　컴마가 있기 때문에 관계대명사 **that**은 답이 될 수 없다.

－해석　사과의 증거로써, 우리는 이러한 예약에 **20** 퍼센트의 할인을 제공해 드리고 싶습니다. 그리고 이러한 할인의 제공은 불편함을 끼친 데에 대해 우리가 보상을 하는 우리의 방식입니다.

－어휘　**token** 증거, 증표　**apology** 사과　**offer** 제안하다　**discount** 할인　**reservation** 예약　**compensate** 보상하다　**inconvenience** 불편함

Q5　The share price of **Aviva Logistics,** _____ was recommended by my financial advisor last year, has gone down since I bought it for my retirement fund.

(a) which　　　　　　　　(b) who

－공식　회사는 사람이 아니기 때문에 관계대명사 **which**가 적절하다.

－해석　지난 해 나의 재무 조언자가 추천해 준 아비바 로지스틱스의 주가는 내가 은퇴 자금용으로 그 주식을 구입한 이후 계속 떨어지고 있다.

－어휘　**share price** 주가　**recommend** 추천하다　**financial** 재정적인　**advisor** 고문, 조언가　**go down** 하락하다　**buy** 사다　**retirement** 은퇴　**fund** 자금

Q6

The press conference, _____ Ms. Celine was planning to attend today, was canceled due to rain.

(a) which　　　　　　　**(b) that**

- 공식　콤마가 있기 때문에 관계대명사 **that**은 답이 될 수 없다.

- 해석　오늘 셀린양이 참석하기로 예정되어 있던 기자 회견은 비 때문에 취소가 되었다.

- 어휘　**press** 언론　**conference** 회의, 모임　**plan** 계획하다　**attend** 참석하다　**cancel** 취소하다　**due to** ~때문에　**rain** 비

Q7

The new community college will be especially attractive to the part-time workers _____ want to enroll in night classes.

(a) which　　　　　　　**(b) who**

- 공식　선행명사가 사람이기 때문에 관계대명사 **who**가 답이 된다.

- 해석　새로운 지역 전문대학은 야간 수업을 듣고자 원하는 비정규 시간제 근로자들에게 특별히 매력적일 것입니다.

- 어휘　**community** 지역, 공동체　**college** 대학　**especially** 특히　**attractive** 매력적인　**part-time worker** 시간제 근로자　**want** 원하다　**enroll** 등록하다　**night class** 야간 수업

Q8

The Ferrari Car Factory was the first car parts company to switch to aluminum, _____ is lighter and less expensive than steel.

(a) which　　　　　　　**(b) that**

- 공식　콤마가 있기 때문에 관계대명사 **that**은 정답이 될 수 없다.

- 해석　페라리 자동차 공장은 철강보다 더 가볍고 덜 비싼 알루미늄으로 전환한 첫 번째 자동차 부품회사였다.

- 어휘　**factory** 공장　**parts company** 부품 공장　**switch** 바꾸다, 전환하다　**aluminum** 알루미늄[금속]　**lighter** 더 가벼운　**less expensive** 덜 비싼　**steel** 철, 철강

정답　**01 (b) 02 (b) 03 (b) 04 (a) 05 (a) 06 (a) 07 (b) 08 (a)**

DAY 01
DAY 02
DAY 03
DAY 04
DAY 05
DAY 06
DAY 07
DAY 08
DAY 09
DAY 10

모두의 지텔프 GRAMMAR SECTION

지텔프 공식 2 | 관계대명사의 격 구별 10회에 1문제 정도 출제

Q1 Attendance is free for **those** _____ **bring** one canned food item for the homeless drive this afternoon.

(a) who   (b) whom

— 공식 빈칸 뒤에 주어가 빠지고 동사가 바로 나오기 때문에 주격관계대명사가 필요하다.

— 해석 오늘 오후에 있을 노숙자들을 위한 구호 활동에 통조림으로 된 식품 하나를 가져오는 사람들에게는 입장이 무료입니다.

— 어휘 **attendance** 출석, 참석 **free** 무료의 **bring** 가지고 오다 **canned food** 통조림 식품 **item** 상품 **homeless drive** 노숙자 구호 활동

Q2 The Chicago Art Gallery features works by **artists** _____ **offer** an array of paintings, drawing, and sculptures.

(a) who   (b) whom

— 공식 빈칸 뒤에 주어가 빠지고 동사가 바로 나오기 때문에 주격관계대명사가 필요하다.

— 해석 시카고 예술화랑은 일련의 그림, 드로잉, 그리고 조각들을 제공하는 예술가들의 작품 전시를 특징으로 합니다.

— 어휘 **gallery** 화랑, 미술관 **feature** 특징으로 하다, 특종으로 하다 **artist** 예술가 **offer** 제안하다 **array** 집합체, 배열 **painting** 그림 **drawing** 드로잉, 데생, 소묘, 그림 **sculpture** 조각(품)

Q3 All of the articles in this month's magazine were written by college **students** _____ **would like** to become professional writers.

(a) who   (b) whom

— 공식 빈칸 뒤에 주어가 빠지고 동사가 바로 나오기 때문에 주격관계대명사가 필요하다.

— 해석 이번 달 잡지의 모든 기사들은 전문적인 작가들이 되고자 하는 대학생들에 의해 쓰여 진 것입니다.

— 어휘 **article** 기사, 조항 **magazine** 잡지 **write** 쓰다 **college student** 대학교 학생 **become** 되다 **professional** 전문적인 **writer** 작가

Q4 All of the **employees** _____ **Christian Dior Cosmetics Ltd. fired** worked in research and development.

(a) who   (b) whom

— 공식 빈칸 뒤에 주어와 동사가 이어지고 목적어가 빠졌기 때문에 목적격관계대명사가 필요하다.

— 해석 크리스찬 디올 화장품 주식회사가 해고한 모든 직원들은 연구 개발 부서에서 일했던 직원들이었다.

— 어휘 **employee** 직원 **fire** 해고하다 **work** 일하다 **research** 연구 **development** 개발

Q5 Chevron Design Co. has 10 graphic artists, **all of** _____ are skilled designers with at least 3 years of experience. 고난이도

(a) who   (b) whom

— 공식 전치사 **of** 뒤의 자리이기 때문에 전치사의 목적어가 필요하므로 목적격관계대명사 **whom**이 답이 된다. 뒤에 나오는 동사 **are**의 주어는 **all**이기 때문에 주격관계대명사가 들어가는 자리가 아니다.

— 해석 쉐브론 디자인 사는 **10**명의 그래픽 아티스트들을 가지고 있는데, 그들 모두는 최소 **3**년의 경험을 가진 숙련된 디자이너들입니다.

— 어휘 **design** 디자인 **graphic** 그래픽 **artist** 예술가 **skilled** 기술이 있는 **designer** 디자이너 **at least** 최소 **experience** 경험

Q6 There are over 100 students from the University of New York's Political Science Department at today's conference, **some of** _____ will be selected to join the evening panel discussion. 고난이도

(a) who   (b) whom

— 공식 전치사 **of** 뒤의 자리이기 때문에 전치사의 목적어가 필요하므로 목적격관계대명사 **whom**이 답이 된다.

— 해석 오늘 회의에는 뉴욕 대학교의 정치학과에서 온 **100**명이 넘는 학생들이 있다, 그리고 그들 중 일부는 저녁에 있을 패널식 토론회에 선발되어 참여하게 될 것이다.

— 어휘 **political** 정치적인 **science** 과학 **department** 부서, 과 **conference** 회의, 회담, 모임 **select** 선택하다 **join** 합류하다 **panel discussion** 패널식의 토론회

정답 **01 (a) 02 (a) 03 (a) 04 (b) 05 (b) 06 (b)**

Q1 The Columbia Outfitter Company runs a Web site which allows backpackers from all over the world to find cheap **hotels _____ they can share the room with others**.

(a) which　　　　　(b) where

- 공식　장소명사 **hotels**와 완전한 문장을 연결하는 관계부사 **where**가 필요하다.

- 해석　콜롬비아 아웃피터 회사는 전 세계에서 온 배낭여행객들이 다른 사람들과 방을 공유해서 쓸 수 있는 가격이 저렴한 호텔을 찾을 수 있도록 해주는 웹 사이트를 운영하고 있다.

- 어휘　**outfitter** 남성복점, 캠핑 장비점　**company** 회사　**run** 운영하다　**allow** 허용하다　**backpacker** 배낭 여행객　**find** 찾다　**cheap** 값이 싼　**share** 공유하다, 나누다　**room** 방

Q2 Ms. Lorena wants to know **the place _____ we will be staying** in case she needs to call us during our trip. 고난이도

(a) which　　　　　(b) where

- 공식　장소명사 **the place**와 완전한 문장을 연결하는 관계부사 **where**가 필요하다. **stay**는 자동사로 뒤에 목적어를 쓰지 않기 때문에 본 문장 자체가 완전한 문장이 된다.

- 해석　로레나양은 우리의 여행 동안 그녀가 우리에게 전화를 해야 할 경우를 대비하여 우리가 머물게 될 장소를 알고 싶어 한다.

- 어휘　**want** 원하다　**know** 알다　**place** 장소　**stay** 머무르다, 머물다　**in case** ~의 경우를 대비하여　**need** 필요로 하다　**call** 전화하다　**during** ~동안　**trip** 여행

Q3 The construction crew was preparing to start work on **Monday _____ the building project was canceled**.

(a) when　　　　　(b) which

- 공식　시간명사 **Monday**와 완전한 문장을 연결하는 관계부사 **when**이 필요하다.

- 해석　그 건물의 공사가 취소되었던 월요일에 건설 근로자들은 일을 시작할 준비를 하고 있었다.

- 어휘　**construction** 건설, 건축　**crew** 승무원　**prepare** 준비하다　**start** 시작하다　**work** 업무, 일　**building** 빌딩, 건물　**project** 프로젝트　**cancel** 취소하다

Q4 Anyone applying should be prepared for a challenging **career _____ the stakes are high and the rewards are too**.

(a) where　　　　　(b) who

- 공식　관계부사 **where**는 선행하는 명사로 장소명사뿐만 아니라 장소명사화 되어 쓰이는 분야명사 등을 수식하는 데 쓰일 수 있다.

- 해석　신청하는 사람들은 위험도 높지만 보상도 또한 높은 도전적인 경력에 대한 준비가 되어 있어야 합니다.

- 어휘　**apply** 지원하다, 신청하다　**prepare** 준비하다　**challenging** 도전적인, 힘든, 힘겨운　**career** 직업, 경력, 커리어　**stake** 내기에 건 돈, 위험, 상금　**reward** 보상

Q5 The catering service companies are usually busiest in **December _____ many awards ceremonies and employee appreciation parties are being held**.

(a) when　　　　　(b) which

- 공식　시간명사 **December**와 완전한 문장을 연결하는 관계부사 **when**이 필요하다. 일반적인 수동태 문장은 목적어가 없는 형태로 완전한 문장을 구성한다.

- 해석　식음료 제공업 회사들은 일반적으로 많은 시상식과 직원 감사 파티들이 열리는 **12월**에 가장 바쁘다.

- 어휘　**catering** 식음료 제공업　**service** 서비스　**company** 회사　**usually** 보통　**busiest** 가장 바쁜　**December** 12월　**award** 상　**ceremony** 의식, 예식　**employee** 직원　**appreciation** 감사　**party** 파티　**hold** 열다

Q6 Our new goal is to have a more open, relaxed work **environment _____ employees can easily communicate with each other** and have a great place to take breaks. 고난이도

(a) which　　　　　(b) where

- 공식　장소명사 **environment**와 완전한 문장을 연결하는 관계부사 **where**가 필요하다.

- 해석　우리의 새로운 목표는 직원들이 쉽게 서로 서로 의사소통을 하고 쉴 수 있는 멋진 장소를 가지는 좀 더 열려있고 좀 더 편안한 작업 환경을 가지는 것입니다.

- 어휘　**goal** 목표　**relaxed** 편안한　**environment** 환경　**employee** 직원　**easily** 쉽게　**communicate with** 의사소통을 하다　**take breaks** 쉬다

정답 **01 (b) 02 (b) 03 (a) 04 (a) 05 (a) 06 (b)**

DAY 01　DAY 02　DAY 03　DAY 04　DAY 05　DAY 06　DAY 07　DAY 08　DAY 09　DAY 10

모두의 지텔프 GRAMMAR SECTION

지텔프 공식 **4** 주로 오답으로 등장하는 **whose**와 **what** 36회에 1문제 정도 출제

Q1 Voice actress, Emilia Dobbins, _____ **stories have captivated children** all over the world, announced that she is planning to retire at the end of this year.

(a) who　　　　　　　　　　(b) whose

- 공식　뒤 문장이 완벽하기 때문에 관계대명사 **who**는 답이 되지 못한다.

- 해석　그녀의 이야기로 전 세계의 아이들을 사로잡아 왔던 성우 에밀리아 도빈스는 올해 말에 은퇴할 예정이라고 발표했다.

- 어휘　**voice actress** 성우　**story** 이야기　**captivate** 사로잡다　**children** 아이들　**announce** 발표하다　**plan** 계획하다　**retire** 은퇴하다

Q2 Taking a bath in water _____ **temperature ranges between 35'C and 36'C** helps calm you down when you are feeling nervous. 고난이도

(a) whose　　　　　　　　　(b) which

- 공식　뒤 문장이 완전하기 때문에 관계대명사 **which**는 답이 되지 못한다.

- 해석　온도가 **35**도씨에서 **36**도씨 정도 나가는 물에서 목욕을 하는 것은 당신이 불안함을 느낄 때 당신을 차분하게 진정시키는 데 도움을 줍니다.

- 어휘　**bath** 목욕　**temperature** 온도　**range** 범위 등이 나가다　**help** 돕다　**calm** 진정시키다　**feel** 느끼다　**nervous** 불안한

Q3 To better prepare for the meeting, you can **use** _____ **you consider necessary.**

(a) that　　　　　　　　　　(b) what

- 공식　선행하는 명사가 없기 때문에 선행사가 필요한 관계대명사 **that**은 답이 되지 못한다.

- 해석　회의를 더 잘 준비하기 위해서, 당신은 당신이 필요하다고 생각하는 것을 이용할 수 있습니다.

- 어휘　**better** 더 잘　**prepare** 준비하다　**meeting** 회의　**consider** 고려하다, 생각하다　**necessary** 필요한

Q4 Adobe Decor appeals to customers _____ **tastes in home furnishings are simple** yet sophisticated.

(a) who　　　　　　　　　　(b) whose

- 공식　뒤 문장이 완전하기 때문에 관계대명사 **who**는 답이 되지 못한다.

- 해석　어도비 데코사는 가정용 가구의 취향이 단순하지만 정교한 고객들에게 흥미를 끌고 있습니다.

- 어휘　**appeal to** ~에 호소하다, ~의 흥미를 끌다　**customer** 고객　**taste** 취향　**furnishings** 가구들　**simple** 단순한　**yet** 그럼에도 불구하고　**sophisticated** 복잡한, 정교한

Q5 A dinner took place last night for Roland Jason, _____ **tenure** as CEO of Santiago Securities **lasted two decades.** 고난이도

(a) whose　　　　　　　　　(b) who

- 공식　뒤 문장이 완전하기 때문에 관계대명사 **who**는 답이 되지 못한다.

- 해석　산티아고 증권의 대표이사로서 **20**년간 근무해 온 롤랜드 제이슨 대표님을 위해 오늘 밤 저녁 식사 파티가 있을 것입니다.

- 어휘　**dinner** 저녁 식사　**take place** 열리다　**tenure** 재임 기간, 재임　**securities** 증권　**last** 지속되다　**decade** 10년

정답 **01 (b) 02 (a) 03 (b) 04 (b) 05 (a)**

01 The Doctors Without Borders, **a volunteer group** _____ **provides** free medical aid to people in disaster areas, is known for its efficiency.

(a) whom (b) that

─공식 빈칸 뒤에 주어가 빠지고 바로 동사가 이어지기 때문에 관계대명사 **that**이 필요하다.

─해석 재난 지역의 사람들에게 무료 의료 지원을 제공해 주는 자원 봉사 단체인 국경없는 의사회는 그 효율성으로 유명하다.

─어휘 **border** 국경 **volunteer** 자원봉사자 **group** 그룹, 단체 **provide** 제공하다 **free** 무료의 **medical** 의료의 **aid** 도움 **disaster** 재난 **area** 지역 **be known for** ~때문에 유명하다 **efficiency** 효율성

02 Water treatment facilities are used in **countries** _____ **there is limited freshwater.** 고난이도

(a) which (b) where

─공식 장소명사 **countries** 뒤에 완전한 문장이 나오기 때문에 관계부사 **where**가 필요하다.

─해석 민물 처리 시설들은 제한된 민물이 있는 나라들에서 사용되어 지고 있습니다.

─어휘 **treatment** 처리 **facility** 시설 **country** 나라 **limited** 제한된 **freshwater** 민물

03 Other skills _____ were encouraged included mastery of the tea ceremony and of Go, a traditional Japanese board game.

(a) that (b) who

─공식 선행사가 사물이기 때문에 관계대명사 **who**는 답이 될 수 없다.

─해석 장려되는 다른 기술들은 일본 전통의 판 게임인 바둑과 차 의식인 다도에 대한 숙달을 포함했었다.

─어휘 **skill** 기술 **encourage** 장려하다, 격려하다, ~하게 하다 **include** 포함하다 **mastery** 숙달, 통달 **ceremony** 의식 **Go** 바둑 **traditional** 전통적인 **Japanese** 일본 **board game** 판 게임

04 They consulted a local family physician, _____ advised them to take a vacation.

(a) that (b) who

─공식 컴마가 나오기 때문에 관계대명사 **that**은 답이 될 수 없다.

─해석 그들은 지역의 가정의와 상담을 했고 그 의사는 그들에게 휴가를 가져 보라고 조언했다.

─어휘 **consult** 상담하다 **local** 지역의 **family** 가족 **physician** 내과의사 **advise** 조언하다 **take a vacation** 휴가를 가다

05 We will concentrate on improving customer services, _____ offer rudimentary e-mail, Internet access and a variety of other bells and whistles.

(a) that (b) which

─공식 컴마가 나오기 때문에 관계대명사 **that**은 답이 될 수 없다.

─해석 우리는 기본적인 이메일과 인터넷 접속과 다양한 벨소리와 음향소리를 제공하는 고객 서비스 개선에 집중할 것입니다.

─어휘 **concentrate** 집중하다 **improve** 개선하다 **customer** 고객 **service** 서비스 **offer** 제공하다 **rudimentary** 가장 기본적인 **access** 접근(권한) **variety** 다양성 **bell** 벨, 종, 초인종 **whistle** 호각, 호루라기, 휘파람

06 Lydia Paula, _____ is a student at Harvard Medical School, wants to attend lectures with the most famous surgeon, Dr. Kris Loren.

(a) which (b) who

─공식 선행사가 사람이기 때문에 관계대명사 **which**는 답이 될 수 없다.

─해석 하바드 의과대학의 학생인 리디아 폴라는 가장 유명한 외과의사인 크리스 로렌 박사의 수업에 참여하기를 원하고 있다.

─어휘 **medical** 의료의, 의학의 **want** 원하다 **attend** 참석하다 **lecture** 강좌, 강의 **famous** 유명한 **surgeon** 외과의사

07

Bexco made profits of over $200 million last year, _____ will allow it to expand its brand into foreign markets.

(a) that   (b) which

─ 공식   컴마가 있기 때문에 관계대명사 **that**은 답이 될 수 없다.

─ 해석   벡스코는 작년에 **2**억 달러 이상의 수익을 걷었습니다, 그리고 이것은 벡스코가 자신의 브랜드를 외국 시장으로 확장할 수 있도록 해 줄 것입니다.

─ 어휘   **profit** 이익, 수익   **million** 백만   **allow** 허용하다, 허락하다   **expand** 확장하다   **brand** 브랜드, 상표   **foreign** 외국의   **market** 시장

08

Each of our cruise ships follows a different set route, but they all offer the same high-quality accommodations, services, and value _____ our company has become known for.

(a) who   (b) that

─ 공식   선행사가 사람이 아니기 때문에 관계대명사 **who**는 답이 될 수 없다.

─ 해석   우리의 크루즈 선박들 각자는 각기 다르게 세팅된 노선을 따르지만, 그들은 우리 회사가 제공을 잘 한다고 알려진 동일하게 높은 품질의 숙박시설과 서비스와 가치를 모두 제공합니다.

─ 어휘   **each** 각자   **cruise ship** 유람선   **follow** 따르다   **different set route** 다르게 세팅된 노선   **offer** 제공하다   **high-quality** 고품질의   **accommodation** 숙박시설   **service** 서비스   **value** 가치   **company** 회사   **become** 되다

09

Frank Morhaime, _____ turned a small computer company into one of the largest video game developers in the world, has announced to retire next week as president of Dustwing Entertainment.

(a) which   (b) who

─ 공식   선행사가 사람이기 때문에 관계대명사 **who**가 답이 된다.

─ 해석   작은 컴퓨터 회사를 세계에서 가장 큰 비디오 게임업체로 변화시킨 프랭크 모하이메는 다음 주 더스트윙 엔터테인먼트의 사장직에서 은퇴를 할 것이라고 발표했습니다.

─ 어휘   **turn** 바꾸다   **largest** 가장 큰   **developer** 개발자   **announce** 발표하다   **retire** 은퇴하다   **president** 회장, 사장   **entertainment** 연예, 방송

10

This is done to avoid the hanging "tails" in certain letters like "j" and "q," _____ lessens the space between lines and makes them easier to read. 고난이도

(a) that   (b) which

─ 공식   컴마가 있기 때문에 관계대명사 **that**은 답이 될 수 없다.

─ 해석   이것은 줄 사이의 공간을 줄여 글자를 더 쉽게 읽을 수 있도록 만들기 위해, **"j"**나 **"q"**와 같은 특정 글자들의 늘어진 꼬리를 피하기 위해서 행해집니다.

─ 어휘   **avoid** 피하다   **hanging** 길게 늘어진, 매달린   **tail** 꼬리   **certain** 특정한   **letter** 글자   **lessen** 줄이다   **space** 공간   **line** 행   **easier** 더 쉬운   **read** 읽다

11

Silver coins _____ are in mint condition are more desirable to collectors than those that are dented or damaged.

(a) where   (b) that

─ 공식   빈칸 뒤에 불완전한 문장이 나오기 때문에 관계대명사가 필요하다.

─ 해석   갓 만들어진 상태의 은화들은 찌그러지거나 손상이된 은화들보다 수집가들에게 더 원함을 당하게 됩니다.

─ 어휘   **silver** 은   **coin** 동전   **mint condition** 갓 만들어진 상태   **desirable** 바람직한, 더 원함을 당하는   **collector** 수집가   **dented** 찌그러진   **damaged** 손상된

12

Mohan's creation was inspired by her observations in Chennai, India, _____ women fear going to public places due to sexual attacks. 고난이도

(a) which   (b) where

─ 공식   장소명사 **Chennai, India**와 완전한 문장을 연결하는 관계부사가 필요하다.

─ 해석   모한의 개발품은 여성들이 성폭력 때문에 공공장소에 나가는 것을 두려워하는 인도의 첸나이 지역에서 그녀가 직접 본 광경으로부터 영감을 받았습니다.

─ 어휘   **creation** 작품   **inspire** 영감을 주다   **observation** 관찰   **fear** ~을 두려워하다   **public place** 공공장소   **due to** ~때문에   **sexual attack** 성폭행, 성폭력

정답 **01** (b) **02** (b) **03** (a) **04** (b) **05** (b) **06** (b) **07** (b) **08** (b) **09** (b) **10** (b) **11** (b) **12** (b)

ANSWER DAY 08

조동사

[G-TELP 공식 1]

Q1	Q2	Q3	Q4	Q5	Q6	Q7	Q8	Q9
(a)	(a)	(b)	(b)	(a)	(a)	(b)	(a)	(b)

[G-TELP 공식 2]

Q1	Q2	Q3
(a)	(b)	(b)

[모두지 PRACTICE]

01	02	03	04	05	06	07	08	09	10
(a)	(b)	(b)	(b)	(b)	(a)	(b)	(b)	(b)	(a)

11	12
(b)	(b)

Q1

The company spokesman reported that the press conference _____ be held on next Monday at 7 P.M. [고난이도]

(a) will   (b) would

─ 공식 영어강사들도 조동사의 쓰임을 제대로 몰라 매우 많이 틀렸던 문제이다. will은 현재를 기점으로 확실한 미래를 나타내며, would는 과거를 기점으로 좀 더 불확실한 앞의 일을 나타낸다. 따라서 will은 현재의 사실이나 미래의 일을 나타내는 데 쓰이고, would는 과거와 현재와 미래의 일을 나타낼 때 쓴다. will과 would는 모두 미래를 나타낼 수 있지만 "다음 주 월요일 오후 7시에"처럼 확실한 미래의 확정된 일을 언급할 때에는 will을 쓴다. 본 문장에서 would를 쓰면 매우 어색한 문장이 되며 문법적으로 올바른 문장이 되지 못한다. 엉터리 콩글리시 문법책으로 잘못된 영어교육의 피해를 받아 온 수험생들에게는 매우 어려운 문제가 될 수 있다. 이런 어려운 문제의 이해를 위해서는 전문가의 인강을 듣는 것이 좋다. 엉터리 지텔프 강사들에게 현혹되어 인생을 낭비하지 않도록 주의해야 한다.

─ 해석 그 회사의 대변인은 기자 회견이 다음 주 월요일 오후 7시에 열릴 것이라고 보고했다.

─ 어휘 company 회사 spokesman 대변인 report 보고하다 press 언론 conference 회의 be held 열리다

Q2

The doctor told him that he _____ see a neuro-orthopedic surgeon right away. [고난이도]

(a) must   (b) would

─ 공식 역시 엉터리 콩글리시 문법책으로 잘못된 영어 교육을 받아 온 수험생들에게만 어려웠던 문제가 아니라 조동사의 쓰임을 제대로 모르는 영어강사들도 엄청나게 틀렸던 문제이다. 지텔프에는 선택문항에 had to가 (거의) 나오지 않는다. 그리고 실제 선택문항에 had to가 있다고 해도 right away 때문에 정답은 must가 되며, had to는 오답으로 처리되는 문제이다. 국제공인 영어시험인 지텔프는 공식 기본서를 통해 학습해야 하며, 절대 콩글리시 엉터리 영문법 책을 지텔프 교재라고 짜깁기한 쓰레기 강사의 허접한 제본 책을 맹신해서는 안 된다. 이제 더 이상 그런 쓰레기들에 시간과 돈과 여러분의 인생을 낭비해서는 절대 안 된다.

─ 해석 의사는 그에게 그가 당장 신경 정형외과 의사를 만나 보아야 한다고 말했다.

─ 어휘 doctor 의사 tell 말하다 see 보다 neuro-orthopedic 신경 정형외과 surgeon 외과의사

Q3

AC Computers, which has manufactured personal computers since 2011, _____ be expanding into other areas next year. [고난이도]

(a) can   (b) will

─ 공식 간단해 보이지만 지텔프 시험에서 조동사 can과 will의 구별은 지텔프 전문·강사들도 혼동하기 쉬운 문제이다. 물론 지텔프와 같은 국제공인영어를 정확하게 분석하고 가르쳐 본 적이 없는 일반적인 영어강사들에게는 너무 너무 어려운 문제가 된다. 본인의 영어 실력으로는 자신의 정답을 확신할 수 없기에 둘 다 답이 된다거나 문제가 이상하다는 등 사이코와 같은 엉뚱한 헛소리로 결국 수험생들의 영어 학습에 엄청난 피해를 주게 된다. next year처럼 확실한 미래 시점을 언급하며, 내부적이든 외부적이든 정해진 일정을 발표하거나 예측하는 문장에서는 can을 쓰지 않고 will을 쓴다. can은 조건부 가능의 의미를 내포하고 있는 조동사이다.

─ 해석 2011년 이후 개인용 컴퓨터를 제조해 온 AC 컴퓨터사는 내년에 다른 분야로[지역으로] 확장을 할 것입니다.

─ 어휘 manufacture 제조하다 personal 개인의 expand 확장하다 area 지역

Q4

If the technician _____ find the cause of the malfunction, please let me know.

(a) will   (b) should

─ 공식 "시간과 조건의 부사절에서는 will을 쓰지 못한다!"와 같은 과격한 콩글리시 영문법의 과도하게 단정된 막말을 조심해야 한다. 적절하게 표현하면 "시간과 조건의 부사절에서는 will의 쓰임이 제한된다!" 정도로 원어민 영문법 교재들은 정리를 하고 있다. 시간과 조건의 부사절인 If절에서도 의미만 맞는다면 will은 당연히 쓰일 수 있다. If절에서 will(~할 것이다)이 쓰이는 경우는 주어의 확고한 고집과 의지를 나타낼 때이다. 흔하게 쓰이는 영문으로는 주어가 you일 때 일반적으로 쓰는 If you will not go, I will not go, either.(네가 굳이 안 갈 거라면, 나도 역시 안 갈래.) [원어민 영문법 교재의 설명을 받아 들여 대한민국도 새로운 중고등학교 교육과정 속에서 교과서에 최근 반영] 등이 있다. 지텔프에서도 출제는 되지만 정답으로는 (거의) 출제되지 않기 때문에 편하게 푼다. If절 속의 should는 가망성(혹시)을 나타낼 때 흔하게 쓰인다. 본 문제는 will이 쓰일 경우 "굳이 원인을 찾을 것이라면"의 의미가 되기 때문에 적절하지 못하며 should가 들어가서 "혹시 원인을 찾으면"의 의미를 전달하는 게 적절하기 때문에 should가 답이 된다.

─ 해석 만약 혹시 기술자가 오작동의 원인을 발견하게 된다면, (즉시) 저에게 알려주시기 바랍니다.

─ 어휘 technician 기술자 find 찾다 cause 원인 malfunction 오작동

Q5

The job advertisement stipulates that the applicant _____ have three years' experience.

(a) must   (b) will

- 공식   지텔프 조동사 문제는 항상 해석으로 접근해야 하는 것이 원칙이다.

- 해석   그 구인 광고는 지원자들이 3년의 경험을 가져야만 한다고 규정하고 있다.

- 어휘   **job advertisement** 구인 광고   **stipulate** 규정하다   **applicant** 지원자   **experience** 경험

Q6

Some research claims that the cold medicine, Alcor, _____ induce vomiting if taken after eating.

(a) may   (b) must

- 공식   지텔프 조동사 문제에선 **if**절의 **if**를 보고 마구 찍을 생각에 흥분해서는 안 된다.

- 해석   일부 연구는 감기약인 알코르가 만약 식사 후 복용된다면 구토를 유발할 수도 있다고 주장하고 있다.

- 어휘   **research** 연구   **claim** 주장하다   **cold medicine** 감기약   **induce** 유발하다   **vomit** 구토를 하다   **eat** 먹다

Q7

Before starting a business, entrepreneurs _____ understand every aspect of their chosen industry.

(a) will   (b) should

- 공식   지텔프 조동사 문제는 항상 해석으로 접근해야 하는 것이 원칙이다.

- 해석   사업을 시작하기 전에, 기업가들은 그들이 선택한 산업의 모든 측면에 대해서 이해를 해야한다.

- 어휘   **start** 시작하다   **business** 사업   **entrepreneur** 사업가, 기업가   **understand** 기억하다   **aspect** 측면, 양상   **chosen** 선택된   **industry** 산업

Q8

Management _____ guarantee the privacy of personal information sent while using the hotel's wireless Internet service.

(a) cannot   (b) must not

- 공식   **cannot**은 **can not**처럼 분리해서 써서는 안 된다. **cannot**으로 쓰거나 **can't**라고 쓴다. 영어에도 맞춤법에 관한 몇몇 규정이 있다. 이것도 모르는 영어 선생들이 많다.

- 해석   경영진은 호텔의 무선 인터넷 서비스를 사용하는 동안 전송된 개인 정보의 사생활 보호까지는 보장해 드릴 수 없습니다.

- 어휘   **management** 경영진   **guarantee** 보증하다, 보장하다   **privacy** 사생활 보호, 개인의 프라이버시   **personal** 개인적인   **information** 정보   **send** 보내다   **use** 사용하다   **wireless** 무선   **service** 서비스

Q9

The subway construction project _____ likely affect the sales of food vendors along the 31 block of Teheran Street.

(a) must   (b) will

- 공식   지텔프의 조동사 문제는 항상 해석으로 접근해야 하는 것이 원칙이다.

- 해석   그 지하철 건설 공사는 아마도 테헤란로 31번 블록을 따라 있는 포장마차들의 매출에 영향을 끼치게 될 것입니다.

- 어휘   **subway** 지하철   **construction** 건설, 건축   **project** 프로젝트   **affect** 영향을 끼치다   **sales** 판매량   **food** 음식   **vendor** 행상인, 노점상

정답   01 (a) 02 (a) 03 (b) 04 (b) 05 (a) 06 (a) 07 (b) 08 (a) 09 (b)

DAY 01
DAY 02
DAY 03
DAY 04
DAY 05
DAY 06
DAY 07
DAY 08
DAY 09
DAY 10

모두의 지텔프 GRAMMAR SECTION

지텔프 공식 2　조동사의 완료형　6회에 1문제 정도 출제

Q1 Some survey questions created by the Embrain Research Foundation was not expressed as clearly as they _____ have been. 고난이도

(a) should　　　　　　　(b) must

─공식　조동사의 완료형 **should have p.p.**는 조동사의 완료형 문제에서 가장 많이 나오는 문제이다.

─해석　엠브레인 리서치 협회가 만들어낸 몇몇 설문 조사의 질문들은 원래 그렇게 해야 했던 것보다 명확하게 표현되지 못했다.

─어휘　**survey** 조사　**question** 질문　**create** 만들다　**research** 연구　**foundation** 협회　**express** 표현하다　**clearly** 명확하게

Q2 The bookstore _____ have decided to extend its business hours during weekends.

(a) can　　　　　　　(b) should

─공식　**can have p.p.**는 현대 영어에서 거의 사용하지 않는다.

─해석　그 서점은 주말 동안 영업시간을 연장하는 결정을 해야 했었다.

─어휘　**bookstore** 서점　**decide** 결정하다　**extend** 연장하다　**business hour** 영업시간　**weekends** 주말

Q3 The performance assessment _____ not have been prepared without the contribution of our newest personnel staff.

(a) should　　　　　　　(b) could

─공식　본 문제와 같은 문제를 풀기 위해 **without** 하나를 잡아서 **if**를 대신하는 **without**의 용법을 설명하며, **if** 대용 가정법을 언급하는 것은 지텔프를 한 번도 쳐보지 않은 완전 초보 강사나 저지르는 말도 안 되는 짓이다. 이런 실전 지텔프 문제에서는 선택문항에 **would could might** 등이 모두 나오기 때문에 찍을 수가 없다. 따라서 원칙에 따라 선택문항에 조동사가 하나씩 모두 **4**개 나오면 해석으로 풀어야 하는 조동사 문제라고 생각하고 철저히 해석적으로 접근해야 하며, 문장 전체의 해석이 안 될 때에는 과감하게 찍고, 쉬운 문제에 에너지를 집중해야 한다.

─해석　새로운 직원들의 기여가 없었더라면 직무능력 평가는 준비되지 못했을 것이다.

─어휘　**performance** 성과, 수행　**assessment** 평가　**prepare** 준비하다　**contribution** 기여, 공헌　**newest** 가장 최신의　**personnel staff** 인사과 직원

정답　**01 (a) 02 (b) 03 (b)**

01 Passengers should be careful when opening the overhead luggage bins as contents _____ during travel. 고난이도

(a) may have shifted   (b) should have shifted

− 공식   조동사의 완료형 **may have p.p**도 자주는 아니지만 정답으로 등장한다.

− 해석   승객 여러분들께서는 머리 위 수하물 함을 여실 때 수화물들이 이동되었을 수도 있기 때문에 조심하셔야 합니다.

− 어휘   **passenger** 승객 **careful** 조심스러운 **open** 열다 **overhead** 머리 위의 **luggage** 수화물 **bin** 함, 통 **contents** 내용물 **shift** 이동되다 **travel** 여행

02 The deadline for submission is rapidly approaching, so data collection _____ be finished within five days. 고난이도

(a) can   (b) should

− 공식   지텔프의 조동사 문제는 해석으로 접근하는 것이 원칙이다.

− 해석   제출 마감기일이 빠르게 다가오고 있기 때문에, 자료 수집 작업을 **5**일 이내에 끝마쳐야 한다.

− 어휘   **deadline** 마감기일 **submission** 제출 **rapidly** 빠르게 **approach** 접근하다, 다가오다 **data** 자료 **collection** 수집 **finish** 끝내다

03 When using the building's side entrance, remember that an alarm _____ sound if your security code is not entered on the keypad within 30 seconds. 고난이도

(a) can   (b) will

− 공식   어떤 조건이 성취되면 결과가 확실하게 이어질 땐 **will**을 사용한다.

− 해석   건물의 측면 출구를 사용하실 때에는 만약 보안 암호가 **30**초 이내에 키패드에 입력되지 않는다면 경보가 울리게 될 것이라는 것을 기억하셔야 합니다.

− 어휘   **use** 사용하다 **building** 건물, 빌딩 **side entrance** 옆쪽 입구 **remember** 기억하다 **alarm** 경보 **sound** 울리다, 소리를 내다 **security code** 보안 암호 **enter** 입력하다 **keypad** 키패드 **second** 초

04 All employees _____ adhere to current rules on cleanliness and sanitation on a day to day basis. 고난이도

(a) will   (b) must

− 공식   지텔프의 조동사 문제는 해석으로 접근하는 것이 원칙이다.

− 해석   모든 직원들은 매일 매일 청결과 위생에 관한 현재 규정들을 준수해야 합니다.

− 어휘   **employee** 직원 **adhere to** 집착하다, 준수하다 **current** 현재의 **rule** 역할 **cleanliness** 청결함 **sanitation** 위생 **day to day basis** 매일 매일

05 I would like to inquire if you _____ offer a discount for bulk purchases.

(a) must   (b) could

− 공식   **if**절 속 **could**는 가정적 가능을 나타낸다. 본 문장은 가정법 과거의 문장이 아니고 **if**절이 목적어절로 쓰인 문장이다.

− 해석   저는 귀사가 대량 구매시에 할인을 제공할 수 있는지 아닌지 문의 드리고 싶습니다.

− 어휘   **inquire** 문의하다 **offer** 제공하다 **discount** 할인 **bulk** 대량의 **purchase** 구입, 구매

06 Based on this month's sales forecast we _____ expect revenue to be broadly flat. 고난이도

(a) can   (b) will

− 공식   자연히 따라오는 확실한 결과가 아니다. 지텔프에서는 **will**과 **can**을 구별해야 하는 문제가 매우 자주 출제된다.

− 해석   이번 달 매출액 예상치에 근거해 볼 때 우리는 수익이 대체로 평탄할 것이라고 예측할 수 있습니다.

− 어휘   **based on** ~에 기초해 볼 때 **sales forecast** 판매량 예측 **expect** 기대하다 **revenue** 수익 **broadly** 전반적으로 **flat** 평탄한

07 Direct TV would like to warn viewers that there _____ be a disruption in service for the next 24 hours due to repairs on its main motherboard. 고난이도

(a) must   (b) could

— 공식   24시간 동안 서비스의 중단이 있을지도 모른다는 가망에 관한 문장이다.

— 해석   다이렉트 TV사는 주 회로기판의 수리 때문에 앞으로 24시간 동안 서비스의 중단이 있을지도 모른다는 사실을 시청자 여러분들에게 알려 드리고 싶습니다.

— 어휘   **direct** 직접적인 **warn** 경고하다 **viewer** 시청자 **disruption** 중단 **service** 서비스 **due to** ~때문에 **repair** 수리 **main** 주된 **motherboard** 기판

08 When I started living alone, I _____ normally eat at an expensive restaurant instead of cook.

(a) will   (b) would

— 공식   과거의 습관을 나타내는 "~하곤 했다"의 **would** 용법은 지텔프 시험의 정답으로 자주 출제되는 편이다.

— 해석   나는 혼자 살기 시작했을 때, 일반적으로 요리를 하는 대신에 비싼 식당들에서 식사를 하곤 했다.

— 어휘   **start** 시작하다 **live alone** 혼자 살다 **normally** 보통 **expensive** 비싼 **restaurant** 식당 **instead of** ~대신에 **cook** 조리

09 He says there is no other profession he _____ rather be in.

(a) will   (b) would

— 공식   **would rather**에 이어서 **would later**의 용법을 물어보는 문제가 최근 지텔프에 출제되었다.

— 해석   그는 (이 직업 말고) 다른 직업을 가지고 싶어 하지 않는다고 말하고 있다.

— 어휘   **profession** 직업, 소명

10 We apologize for this delay and hope that it _____ not cause any problems with your schedule. 고난이도

(a) will   (b) can

— 공식   **hope**은 **will**이나 **would**와 친하다.

— 해석   우리는 이러한 지연에 사과를 드리며 이것이 귀하의 스케줄에 문제를 일으키지 않기를 바랍니다.

— 어휘   **apologize** 사과하다 **delay** 지연, 지체 **hope** 바라다 **cause** 발생시키다 **problem** 문제 **schedule** 스케줄

11 Instead of using butter, Sunkist Foods states that you _____ substitute corn oil for it for a healthier meal. 고난이도

(a) will   (b) can

— 공식   대체 가능함을 언급하는 문장이다.

— 해석   버터를 사용하는 대신에, 선키스트 푸즈사는 당신이 더 건강한 음식을 위해 버터 대신 옥수수 오일을 사용할 수 있다고 말하고 있다.

— 어휘   **instead of** ~대신에 **use** 사용하다 **butter** 버터 **state** 말하다 **substitute** 대체하다 **corn oil** 옥수수 오일 **healthier** 더 건강한 **meal** 식사

12 Cleaning products typically contain varying amounts of irritants, dangerous chemicals, or explosive compounds that _____ affect our health and the environment.

(a) shall   (b) may

— 공식   영향을 끼칠지도 모른다는 추측의 문장이다.

— 해석   전형적으로 청소용 용품들은 우리의 건강과 환경에 영향을 끼칠지 모르는 다양한 양의 자극제, 위험한 화학물질, 또는 폭발성의 복합물을 가지고 있습니다.

— 어휘   **cleaning product** 청소 용품 **typically** 전형적으로 **contain** 담다 **varying** 가지각색의 **amount** 양 **irritant** 자극적인 것 **dangerous** 위험한 **chemical** 화학물질 **explosive** 폭발성의 **compound** 복합물 **affect** 영향을 끼치다 **health** 건강 **environment** 환경

정답 **01 (a) 02 (b) 03 (b) 04 (b) 05 (b) 06 (a) 07 (b) 08 (b) 09 (b) 10 (a) 11 (b) 12 (b)**

ANSWER DAY 09

접속사

DAY 01
DAY 02
DAY 03
DAY 04
DAY 05
DAY 06
DAY 07
DAY 08
DAY 09
DAY 10

[G-TELP 공식 1]

Q1	Q2
(b)	(b)

[G-TELP 공식 2]

해석으로 풀어야 하는 접속사

Q1	Q2	Q3	Q4	Q5	Q6	Q7	Q8	Q9
(b)	(a)	(a)	(b)	(a)	(a)	(a)	(a)	(a)

접속사 역할을 하는 복합관계사

Q1	Q2	Q3	Q4
(a)	(b)	(b)	(a)

[모두지 PRACTICE]

01	02	03	04	05	06	07	08	09	10
(b)	(b)	(b)	(a)	(a)	(a)	(b)	(b)	(b)	(b)

11	12
(a)	(b)

Q1

The audience became bored with the movie because of an overly simplified plot _____ left the cinema before it was even over.

(a) when (b) and

─ 공식 지텔프의 접속사 문제는 해석으로 접근해서 문제를 푸는 게 원칙이다. 해석 자체가 되지 않을 경우 쉬운 문제에 먼저 집중한다.

─ 해석 청중은 과도하게 단순화된 줄거리 때문에 그 영화에 지루해하게 되었고 그래서 영화가 끝나기도 전에 극장을 떠났다.

─ 어휘 **audience** 청중 **become bored** 지루해 하다 **overly** 과도하게 **simplified** 단순화 된 **plot** 줄거리 **leave** 떠나다 **cinema** 극장 **be over** 끝나다

Q2

The technical assistant has inspected Mr. Graham's computer for the last three hours, _____ he has yet to find the reason why it does not work properly.

(a) as well as (b) but

─ 공식 지텔프의 접속사 문제는 해석으로 접근해서 문제를 푸는 게 원칙이다. 해석 자체가 되지 않을 경우 쉬운 문제에 먼저 집중한다.

─ 해석 기술자가 그레이험씨의 컴퓨터를 지난 3시간 동안이나 조사했지만 그는 왜 이것이 적절하게 작동하지 않는지에 대한 이유를 아직 찾지 못하고 있다.

─ 어휘 **technical** 기술적인 **assistant** 조교 **inspect** 검사하다 **have yet to find** 아직도 찾지를 못하다 **reason** 이유 **properly** 적절하게

정답 **01 (b) 02 (b)**

해석으로 풀어야 하는 접속사

Q1 Mr. Glenn would like to know _____ either Tony or Barbara would like to attend the business conference in Vegas with him.

(a) that   (b) if

─ 공식   지텔프의 접속사 문제는 해석으로 접근해서 문제를 푸는 게 원칙이다. 해석 자체가 되지 않을 경우 쉬운 문제에 먼저 집중한다.

─ 해석   글렌은 토니가 그와 함께 베가스에서 열리는 사업상 회의에 참석하고 싶어 하는지 바바라가 참석하고 싶어 하는지 알고 싶어 하고 있다.

─ 어휘   **know** 알다   **attend** 참석하다   **business conference** 비즈니스 컨퍼런스

Q2 Everyone left the office early on Friday _____ the computer servers were taken down for emergency maintenance.

(a) since   (b) although

─ 공식   영문의 해석 능력 자체가 없을 때에는 가벼운 마음으로 찍고 나머지 쉬운 문제에 먼저 집중한다.

─ 해석   금요일에 모든 사람들은 컴퓨터 서버가 응급조치를 위해 가동 중지되었기 때문에 일찍 퇴근을 했다.

─ 어휘   **everyone** 모든 사람들   **leave** 떠나다   **office** 사무실, 회사   **Friday** 금요일   **server** 서버   **take down** 중단시키다   **emergency** 응급   **maintenance** 관리, 유지

Q3 _____ high-level managers have paid attention to total sales revenues, local store managers have always been more concerned with customer satisfaction. 고난이도

(a) While   (b) As soon as

─ 공식   지텔프의 접속사 문제는 해석으로 접근해서 문제를 푸는 게 원칙이다. 해석 자체가 되지 않을 경우 쉬운 문제에 먼저 집중한다.

─ 해석   고위 관리자는 전체 판매량 매출에 신경을 쓰는 반면에, 지역 상점 관리자들은 항상 고객 만족에 좀 더 신경을 쓴다.

─ 어휘   **high-level** 고급의   **manager** 관리자   **pay** 지불하다, 관심 등을 쏟다   **attention** 관심, 주의   **total sales revenue** 총수익   **local** 지역의   **store** 가게   **be concerned with** ~에 관심을 가지다   **customer** 고객   **satisfaction** 만족

Q4 _____ there had been so many unknown factors involved, the research assistant realized that the data was not accurate.

(a) Although   (b) Because

─ 공식   영문의 해석 능력 자체가 없을 때에는 가벼운 마음으로 찍고 나머지 쉬운 문제에 먼저 집중한다.

─ 해석   관련된 알려지지 않은 많은 요인들이 있었기 때문에, 그 연구자는 자료가 정확하지 못하다는 것을 깨닫게 되었다.

─ 어휘   **unknown** 알려지지 않은   **factor** 요소   **involved** 관련된   **research** 연구   **assistant** 조교   **realize** 깨닫다   **data** 자료   **accurate** 정확한

Q5 _____ our company is relatively new and small in the field, the significance of maximizing the capabilities of our limited human resources cannot be emphasized enough. 고난이도

(a) Given that   (b) Once

─ 공식   영문의 해석 능력 자체가 없을 때에는 가벼운 마음으로 찍고 나머지 쉬운 문제에 먼저 집중한다.

─ 해석   우리 회사가 상대적으로 신규 회사이고 이 분야에서 작은 회사라는 것을 고려해 볼 때, 우리의 제한된 인적 자원들의 능력을 극대화하는 것이 가지는 중요성은 아무리 강조해도 지나치지 않습니다.

─ 어휘   **company** 회사   **relatively** 상대적으로   **field** 분야   **significance** 중요성   **maximize** 극대화하다   **capability** 능력, 수용력   **limited** 제한된   **human resource** 인적 자원   **cannot be emphasized enough** 아무리 강조해도 지나치지 않다

Q6

Ms. Guillmor will have been absent for six weeks _____ she recovers from her accident.

(a) by the time   **(b) on time**

- 공식   지텔프의 접속사 문제는 해석으로 접근해서 문제를 푸는 게 원칙이다. 해석 자체가 되지 않을 경우 쉬운 문제에 먼저 집중한다.

- 해석   길모어양이 그녀의 사고로부터 회복되게 될 즈음이면 그녀는 **6**주간 회사에 출근을 못하고 있는 것이 될 것이다.

- 어휘   **absent** 결석한 **recover** 회복하다 **accident** 사고

Q7

The Costco account will be subsequently handled by Mr. Brown _____ Ms. Shelly is no longer working for us. 고난이도

(a) now that   **(b) except that**

- 공식   지텔프의 접속사 문제는 해석으로 접근해서 문제를 푸는 게 원칙이다. 해석 자체가 되지 않을 경우 쉬운 문제에 먼저 집중한다.

- 해석   지금 쉘리양이 더 이상 우리를 위해 일하지 못하기 때문에 코스트코 거래는 이후부터는 브라운씨에 의해서 관리될 것입니다.

- 어휘   **account** 계정, 거래, 계좌 **subsequently** 이후에 **handle** 처리하다 **no longer** 더 이상 ~하지 않다

Q8

_____ the weather is favorable, our running group will still be meeting at the trailhead at the base of the park.

(a) As long as   **(b) As well as**

- 공식   영문의 해석 능력 자체가 없을 때에는 가벼운 마음으로 찍고 나머지 쉬운 문제에 먼저 집중한다.

- 해석   날씨가 양호한 한, 우리의 달리기 단체는 계속 공원의 초입에 있는 길의 기점에서 만날 것입니다.

- 어휘   **weather** 날씨 **favorable** 호의적인, 양호한 **running group** 달리기 모임 **meet** 만나다 **trailhead** 길의 기점 **base** 아래 부분, 초입 부분 **park** 공원

Q9

_____ new memberships have continuously increased due to a free three-month promotion, our regular memberships have continued to decline steadily.

(a) Although   **(b) Just as**

- 공식   지텔프의 접속사 문제는 해석으로 접근해서 문제를 푸는 게 원칙이다. 해석 자체가 되지 않을 경우 쉬운 문제에 먼저 집중한다.

- 해석   비록 새로운 신규 회원 가입은 무료 **3**개월 홍보 때문에 꾸준히 증가하고 있지만, 우리의 기존 회원 유지는 꾸준히 계속해서 하락을 하고 있습니다.

- 어휘   **membership** 회원 **continuously** 계속적으로 **increase** 증가하다 **due to ~** 때문에 **promotion** 홍보 **regular** 일반의 **continue** 계속하다 **decline** 하락하다, 감소하다 **steadily** 꾸준히

정답 **01 (b) 02 (a) 03 (a) 04 (b) 05 (a) 06 (a) 07 (a) 08 (a) 09 (a)**

접속사 역할을 하는 복합관계사

Q1
We would be happy to help you by phone or e-mail _____ you need any assistance in ordering online. 고난이도

(a) whenever   (b) unless

─공식   지텔프의 복합관계사 문제는 문법적 분석이 아닌 의미로 풀이하도록 출제된다.

─해석   인터넷으로 주문 시에 도움이 필요하시면 언제든지 우리는 기꺼이 전화나 이메일을 통해 당신을 도와드릴 것입니다.

─어휘   **happy** 행복한, 만족한   **help** 돕다   **by phone** 전화로   **assistance** 도움   **order** 주문하다   **online** 온라인상에서

Q2
_____ busy they are, they never bump into the customers because they have special sensing systems. 고난이도

(a) Whenever   (b) However

─공식   지텔프의 복합관계사 문제는 문법적 분석이 아닌 의미로 풀이하도록 출제된다.

─해석   아무리 바쁘고 번잡하다고 하더라도, 그 기계들은 특별한 감지 시스템을 가지고 있기 때문에 절대 고객들과 부딪치지 않습니다.

─어휘   **busy** 바쁜   **bump into** 부딪치다   **customer** 고객   **special** 특별한   **sensing** 감지   **system** 시스템

Q3
Gerald Travis, the company's new CFO, acknowledged that there was a possibility, _____ remote, that the merger deal would not go through as planned. 고난이도

(a) much   (b) however

─공식   지텔프의 복합관계사 문제는 문법적 분석이 아닌 의미로 풀이하도록 출제된다.

─해석   회사의 새로운 재무이사인 제럴드 트래비스씨는, 그럴 일은 없겠지만, 그 합병 협상이 계획대로 진행되지 못할 가능성도 있다는 것을 인정했다.

─어휘   **company** 회사   **CFO** 재무이사   **acknowledge** 인정하다   **possibility** 가능성   **remote** 희박한   **merger** 합병   **deal** 협상   **as planned** 계획대로

Q4
The book review team encourages its new members to consult one another _____ possible. 고난이도

(a) whenever   (b) whoever

─공식   영문의 해석 능력 자체가 없을 때에는 가벼운 마음으로 찍고 나머지 쉬운 문제에 먼저 집중한다.

─해석   서평 팀은 가능할 때마다 새로운 직원들에게 서로 서로 의견을 물어보라고 권장하고 있다.

─어휘   **book review** 서평   **encourage** 권장하다, 격려하다, ~하게 하다   **new member** 신규 회원   **consult** 상담하다   **one another** 서로 서로

정답 **01 (a) 02 (b) 03 (b) 04 (a)**

DAY 01
DAY 02
DAY 03
DAY 04
DAY 05
DAY 06
DAY 07
DAY 08
DAY 09
DAY 10

모두의 지텔프 GRAMMAR SECTION

모두지 PRACTICE Day 09 접속사

01

_____ you make a reservation for the Night Safari guided tour, you will receive a free wind-breaker to wear while on the trip.

(a) Although   (b) When

─ 공식   지텔프의 접속사 문제는 해석으로 접근해서 문제를 푸는 게 원칙이다. 해석 자체가 되지 않을 경우 쉬운 문제에 먼저 집중한다.

─ 해석   야간 가이드가 있는 사파리 여행을 예약하시면, 투어 도중에 입으실 수 있는 무료 바람막이 잠바를 받게 되실 것입니다.

─ 어휘   **reservation** 예약   **guided tour** 가이드가 있는 여행   **receive** 받다   **free wind-breaker** 무료 바람막이 잠바   **wear** 입다   **while on the trip** 여행 도중

02

Wooden doors have a tendency to expand in humid weather _____ they are treated with a chemical stabilizer. 고난이도

(a) if   (b) unless

─ 공식   영문의 해석 능력 자체가 없을 때에는 가벼운 마음으로 찍고 나머지 쉬운 문제에 먼저 집중한다.

─ 해석   나무로 된 문은 화학 안정제로 처리되지 않는다면 습한 날씨에서는 팽창을 하는 경향이 있다.

─ 어휘   **wooden** 나무로 된   **door** 문   **tendency** 경향   **expand** 확장하다, 팽창하다   **humid** 습한   **weather** 날씨   **treat** 처리하다   **chemical** 화학적인 **stabilizer** 안정제

03

Let's make sure that Ms. Jobs has looked over the revised contract thoroughly _____ we send her a final copy.

(a) as far as   (b) before

─ 공식   영문의 해석 능력 자체가 없을 때에는 가벼운 마음으로 찍고 나머지 쉬운 문제에 먼저 집중한다.

─ 해석   우리가 잡스양에게 최종본을 보내기 전에 잡스양이 철저하게 개정된 계약서를 검토했는지 확실히 해야 합니다.

─ 어휘   **make sure** ~을 확실히 하다   **look over** 검토하다   **revised** 개정된   **contract** 계약서   **thoroughly** 철저하게   **send** 보내다   **final copy** 최종본

04

Club 478 can fit only 350 people and slots are limited, _____ reserve online now to secure your attendance. 고난이도

(a) so   (b) but

─ 공식   지텔프의 접속사 문제는 해석으로 접근해서 문제를 푸는 게 원칙이다. 해석 자체가 되지 않을 경우 쉬운 문제에 먼저 집중한다.

─ 해석   **478** 클럽은 오직 **350**명의 사람들만 수용할 수 있고 좌석은 제한되어 있습니다, 따라서 참석하고자 하신다면 당신의 자리를 확보하기 위해서 지금 인터넷으로 예약을 하길 바랍니다.

─ 어휘   **fit** 수용하다   **slot** 자리   **limited** 제한된   **reserve** 예약하다   **online** 온라인으로   **secure** 확실하게 하다, 보장받다   **attendance** 참석, 출석, 자리

05

A building's construction was stopped _____ the inspector saw the lack of a fire escape ladder in the building plan.

(a) after   (b) even if

─ 공식   영문의 해석 능력 자체가 없을 때에는 가벼운 마음으로 찍고 나머지 쉬운 문제에 먼저 집중한다.

─ 해석   감리자가 건물 설계도에서 화재 시 피난 사다리가 없는 것을 발견하고 나서 건물의 공사가 중지되었다.

─ 어휘   **building** 건물, 빌딩   **construction** 건설, 건축   **stop** 멈추다, 그만두다   **inspector** 감리자, 조사자   **see** 보다   **lack** 결핍   **fire escape ladder** 화재 시 피난 사다리   **building plan** 건물 구조 도면

06

Most employees welcomed the company's relocation to Singapore _____ they considered it an attractive place to raise children.

(a) because   (b) although

─ 공식   지텔프의 접속사 문제는 해석으로 접근해서 문제를 푸는 게 원칙이다. 해석 자체가 되지 않을 경우 쉬운 문제에 먼저 집중한다.

─ 해석   대부분의 직원들은 그들이 싱가포르를 아이들을 기르기 위해 매력적인 장소라고 생각했기 때문에 싱가포르로의 회사 이전을 환영했다.

─ 어휘   **employee** 직원 **welcome** 환영하다 **company** 회사 **relocation** 이전 **consider** 고려하다, 생각하다 **attractive** 매력적인 **place** 장소 **raise** 기르다, 키우다 **children** 아이들

07

_____ she successfully mediated the conflict between Hwang Finance Inc. and Lindale National Bank, Donna Evert was offered a position as a chief financial officer.

(a) As long as   (b) After

─ 공식   영문의 해석 능력 자체가 없을 때에는 가벼운 마음으로 찍고 나머지 쉬운 문제에 먼저 집중한다.

─ 해석   성공적으로 황 파이낸스사와 린데일 국립 은행과의 갈등을 중재한 이후, 도나 에버트는 재무총괄이사의 직책을 제안 받았다.

─ 어휘   **successfully** 성공적으로 **mediate** 중재하다 **conflict** 갈등, 충돌 **offer** 제안하다 **position** 직책 **chief financial officer** 최고 재무 책임자

08

Even for domestic flights, baggage allowance is three pieces of checked luggage _____ the largest bag does not exceed 62 inches in length. 고난이도

(a) after   (b) as long as

─ 공식   지텔프의 접속사 문제는 해석으로 접근해서 문제를 푸는 게 원칙이다. 해석 자체가 되지 않을 경우 쉬운 문제에 먼저 집중한다.

─ 해석   심지어 국내 항공편에서도, 수화물 허용량은 가장 큰 수화물이 길이 상 62인치를 초과하지 않는다면 검사된 수화물 3개입니다.

─ 어휘   **domestic** 국내의 **flight** 비행(편) **baggage** 수화물 **allowance** 허용량 **piece** 점, 부분 **checked luggage** 검사된 수화물 **largest** 가장 큰 **bag** 가방 **exceed** 초과하다, 넘다 **length** 키, 길이

09

Our company reserves the right to cancel its contract _____ the customers violate the rules.

(a) unless   (b) if

─ 공식   영문의 해석 능력 자체가 없을 때에는 가벼운 마음으로 찍고 나머지 쉬운 문제에 먼저 집중한다.

─ 해석   회사는 고객들이 규정을 위반한다면 계약을 취소할 권리를 보유합니다.

─ 어휘   **company** 회사 **reserve** 예약하다, 권리 등을 가지다 **right** 권리 **cancel** 취소하다 **contract** 계약 **customer** 고객 **violate** 위반하다 **rule** 규칙

10

It is unsure _____ Skyblue Airlines have begun the search for her replacement, although it is widely expected that Samantha Kelley's assistant, Thomas Fullerton will be picked to serve as the interim Deputy Chief. 고난이도

(a) even if   (b) whether

─ 공식   지텔프의 접속사 문제는 해석으로 접근해서 문제를 푸는 게 원칙이다. 해석 자체가 되지 않을 경우 쉬운 문제에 먼저 집중한다.

─ 해석   비록 켈리의 조수인 토마스 풀러톤이 대체로 임시 대리인으로 선발될 것이라고 예상은 비록 되지만, 아직 스카이블루 항공사가 켈리의 대체자를 찾기 시작했는지 아닌지는 확실하지 않습니다.

─ 어휘   **unsure** 확실하지 않은 **airline** 항공사 **begin** 시작하다 **search** 찾기, 수색, 수배 **replacement** 대체자 **widely** 폭 넓게 **expect** 기대하다 **assistant** 조수 **pick** 집다, 고르다, 선택하다 **serve** 임무를 수행하다 **interim** 임시의 **deputy** 대행인, 대리인 **chief** 수장, 수석

DAY 01
DAY 02
DAY 03
DAY 04
DAY 05
DAY 06
DAY 07
DAY 08
DAY 09
DAY 10

모두의 지텔프 GRAMMAR SECTION

11

The firm has a total monopoly on the apparatus _____ it is the only company authorized to produce it.

(a) because   (b) before

─ 공식   영문의 해석 능력 자체가 없을 때에는 가벼운 마음으로 찍고 나머지 쉬운 문제에 먼저 집중한다.

─ 해석   그 회사는 그 제품을 생산할 수 있는 권한을 부여받은 유일한 회사이기 때문에 그 장치에 대한 완전 독점 권한을 가지고 있다.

─ 어휘   **firm** 회사   **total** 전체의   **monopoly** 독점권   **apparatus** 장비, 기구   **authorized** 허가 등을 받은   **produce** 생산하다

12

_____ you feel lonely, what do you do and who do you talk to?

(a) Even if   (b) When

─ 공식   지텔프의 접속사 문제는 해석으로 접근해서 문제를 푸는 게 원칙이다. 해석 자체가 되지 않을 경우 쉬운 문제에 먼저 집중한다.

─ 해석   당신은 외로움을 느낄 때, 무엇을 하며 누구와 이야기를 합니까?

─ 어휘   **feel** 느끼다   **lonely** 외로운   **talk** 이야기 하다

정답   01 (b) 02 (b) 03 (b) 04 (a) 05 (a) 06 (a) 07 (b) 08 (b) 09 (b) 10 (b) 11 (a) 12 (b)

ANSWER **DAY 10**

접속부사

[G-TELP 공식 1]
지텔프 시험에 정답으로 자주 나오는 접속부사

Q1	Q2	Q3	Q4	Q5	Q6	Q7	Q8	Q9
(b)	(b)	(b)	(b)	(b)	(b)	(b)	(a)	(b)

[G-TELP 공식 2]

Q1	Q2	Q3	Q4	Q5
(b)	(a)	(a)	(a)	(a)

[모두지 PRACTICE]

01	02	03	04	05	06	07	08	09	10
(a)	(b)	(b)	(b)	(b)	(a)	(a)	(b)	(b)	(b)

Q1

She told her mom that she really wanted to get married. _____, Michelle warned her mother that when she brought up this issue in front of other people, she was making Michelle ever more resistant to the idea of marriage.

(a) Instead   **(b) However**

- 공식   지텔프의 접속부사 문제는 빈칸 앞뒤의 문장을 해석한 후 문장의 논리관계에 따라 가장 적절한 접속부사를 고르는 문제로 출제된다.

- 해석   그녀는 엄마에게 그녀가 정말로 결혼을 하고 싶어 한다고 말했다. 그러나 미쉘은 그녀의 엄마에게 엄마가 다른 사람들 앞에서 이런 문제를 꺼내면, 엄마가 그녀에게 결혼에 대한 생각에 더욱 더 저항감을 가지게 만든다고 경고했다.

- 어휘   **tell** 말하다 **mom** 엄마 **really** 정말로 **want** 원하다 **get married** 결혼하다 **warn** 경고하다 **bring up** 언급하다, 꺼내다 **issue** 문제 **in front of** ~ 앞에서 **resistant** 저항하는 **idea** 생각 **marriage** 결혼

Q2

According to a recent survey, taste ranks the highest. Next comes price, and healthfulness is only third on the scale, despite the fact that consumers say they want healthier options. _____, taste is the one thing they are not willing to compromise. 고난이도

(a) Otherwise   **(b) Indeed**

- 공식   해석 능력이 전혀 없을 경우엔, 다른 쉬운 문제에 집중해야 한다.

- 해석   최근의 설문 조사에 따르면, 맛이 가장 높은 순위를 차지했다고 한다. 소비자들이 말로는 그들이 항상 더 건강한 선택안을 원한다고 말하고 있다는 사실에도 불구하고 맛 다음으로는 가격이 왔고 그리고 건강은 척도에서 오직 세 번째에 불과했다. 정말로, 맛은 사람들이 기꺼이 타협[포기]하려고 하지 않는 유일한 것이다.

- 어휘   **according to** ~에 따르면 **recent** 최근의 **survey** 조사 **taste** 맛 **rank** 순위를 차지하다 **highest** 가장 높은 **price** 가격 **healthfulness** 건강 **third** 세 번째 **scale** 등급, 규모 **despite** ~에도 불구하고 **fact** 사실 **consumer** 소비자 **want** 원하다 **healthier** 더 건강한 **option** 선택안 **compromise** 타협하다

Q3

If they didn't receive clear directions, then nothing got done. _____, if they received directions that they knew, they carried them out anyway. 고난이도

(a) Moreover   **(b) However**

- 공식   **Day 03** 가정법의 **Basic Grammar** 조건가정문 표에서 간단히 설명했던, 과거 조건문이 실제 나온 매우 중요한 문장이다. 과거 조건문은 일반적으로 **If**대신에 보통 **When**이나 **Whenever**를 쓰기 때문에 **G-TELP**에서는 문법 문제로 출제되지는 않지만 지금처럼 문법 문제가 아닌 해석으로 풀어야 하는 접속부사 문제 등에는 출제가 된다.

- 해석   만약 그들이 명확한 지시를 못 받았을 때에는, 그럴 땐 아무 일도 일어나지 않았다. 그러나 그들이 알고 있는 지시를 받았을 때에는, 그들은 그것들을 어떤 식이든 실행해 냈다.

- 어휘   **receive** 받다 **clear** 분명한 **direction** 지시 **carry** 수행하다, 이행하다

Q4

Studies predict that the President's plan would only restore a small number of the jobs. _____, only about six percent of the President's plan would go into effect this year, while nearly 84 percent of the plan will be implemented over the next five years. 고난이도

(a) Instead   **(b) Moreover**

- 공식   해석 능력이 전혀 없을 경우엔, 다른 쉬운 문제에 집중해야 한다.

- 해석   연구들에 따르면 대통령의 그 계획은 오직 적은 수의 일자리만을 회복시킬 수 있을 것이라고 한다. 게다가, 그 계획 중 거의 **84**퍼센트가 향후 **5**년에 걸쳐서 실행되는 반면에 대통령의 그 계획 중 **6**퍼센트만이 올해에 유효하게 될 것이라고 한다.

- 어휘   **study** 연구 **predict** 예상하다 **president** 대통령 **plan** 계획 **restore** 회복시키다 **job** 일자리 **go into effect** 유효하게 되다 **implement** 실행하다, 시행하다

Q5

The primitive society has less specialized knowledge to transmit, and since its way of life is enacted before the eyes of all, it has no need to create a separate institution of education such as the school. _____, the child acquired the heritage of his culture by observing and imitating adults. 고난이도

(a) Similarly   (b) Instead

- 공식   지텔프의 접속부사 문제는 빈칸 앞뒤의 문장을 해석한 후 문장의 논리관계에 따라 가장 적절한 접속부사를 고르는 문제로 출제된다.

- 해석   원시 사회는 이전시킬 전문 지식을 적게 가지고 있었다, 그리고 생활 방식이 모두지 눈앞에서 시행되었기 때문에, 학교와 같은 별개의 교육기관을 만들어낼 필요도 없었다. 대신에, 원시 시대의 아이들은 어른들을 관찰하고 모방함으로서 문화의 유산을 전수 받았다.

- 어휘   **primitive** 원시의 **society** 사회 **specialized** 전문화된 **knowledge** 지식 **transmit** 전수하다, 전송하다 **enact** 일어나다, 벌어지다, 시행하다 **eye** 눈 **create** 만들어 내다 **separate** 별도의 **institution** 기관 **education** 교육 **acquire** 획득하다 **heritage** 유산 **culture** 문화 **observe** 관찰하다 **imitate** 모방하다 **adult** 성인

Q6

In 1934, she convinced Hahn to join her in studying nuclear processes, and they made great progress. _____, Meitner's Jewish ancestry made her a target of Nazi academic restriction and she fled to Sweden in 1938.

(a) Similarly   (b) Unfortunately

- 공식   지텔프의 접속부사 문제는 빈칸 앞뒤의 문장을 해석한 후 문장의 논리관계에 따라 가장 적절한 접속부사를 고르는 문제로 출제된다.

- 해석   **1934**년에, 그녀는 한에게 말해 그녀를 핵 처리의 연구에 합류하도록 만들었다, 그리고 그들은 위대한 진전을 이루어 냈다. 불행히도, 메이트너의 유대인 선조 때문에 그녀는 나치가 탄압하는 학문적 억압의 대상이 되었고 그래서 그녀는 **1938**년에 스웨덴으로 달아나게 되었다.

- 어휘   **convince** 설득시키다 **join** 합류하다 **study** 연구하다 **nuclear process** 핵 공정 **progress** 진보, 성과, 전진 **Jewish** 유대인의 **ancestry** 조상, 선조 **target** 타깃, 목표 **academic** 학업의, 학문적인 **restriction** 제한, 통제 **flee** 달아나다, 도망가다 **Sweden** 스웨덴

Q7

Thus frustrated, the waiter took up the issue with the manager, and the two of them began a lengthy conversation. _____, the manager came over to me and said, "I am very sorry."

(a) Therefore   (b) Finally

- 공식   해석 능력이 전혀 없을 경우엔, 다른 쉬운 문제에 집중해야 한다.

- 해석   그렇게 어찌할 바를 몰라서, 그 종업원은 그 문제를 매니저에게 가지고 갔다, 그리고 그들 둘은 긴 대화를 시작했다. 그리고 마침내, 매니저가 나에게 와서 "너무 죄송합니다."라고 말했다.

- 어휘   **frustrate** 좌절시키다 **waiter** 웨이터, 종업원 **issue** 문제 **manager** 관리자 **lengthy** 긴, 장황한 **conversation** 대화

Q8

He worked on his telephone for several years, and his models became more and more sophisticated. _____, Reis sent some improved models of his telephone to scientists around the world. 고난이도

(a) Eventually   (b) Likewise

- 공식   해석이 정확히 되지는 않으나 어느 정도 흐름이 파악되는 경우엔 철저히 소거법에 따라 선택문항을 소거해 나간다.

- 해석   그는 수년에 걸쳐 그의 전화에 관한 연구를 진행했고, 그의 모델들은 더욱 더 정교해져 갔다. 마침내, 라이스는 그의 전화기 중 몇몇 개선된 모델들을 전 세계의 과학자들에게 보낼 수 있게 되었다.

- 어휘   **work** 일하다 **telephone** 전화기 **sophisticated** 정교한 **send** 보내다 **improved** 개선된 **scientist** 과학자

Q9

Fire can appear to be a highly destructive disturbance to a forested landscape. _____, fire releases nutrients that nourish a new crop of plants. 고난이도

(a) Moreover   (b) Nevertheless

- 공식   지텔프의 접속부사 문제는 빈칸 앞뒤의 문장을 해석한 후 문장의 논리관계에 따라 가장 적절한 접속부사를 고르는 문제로 출제된다.

- 해석   화재는 숲으로 우거진 지형에 엄청나게 파괴적인 장애를 주는 것처럼 보일 수 있다. 그럼에도 불구하고, 화재는 새로운 식물들을 키우는 영양분을 (또한) 방출한다.

- 어휘   **fire** 화재 **appear to be** ~처럼 보이다 **highly** 매우 **destructive** 파괴적인 **disturbance** 방해, 장애 **forested** 숲으로 우거진 **landscape** 지형, 광경 **release** 방출하다, 출시하다 **nutrient** 영양분 **nourish** 키우다, 영양분을 제공하다 **crop** 농작물 **plant** 식물

정답 **01** (b) **02** (b) **03** (b) **04** (b) **05** (b) **06** (b) **07** (b) **08** (a) **09** (b)

01 DAY
02 DAY
03 DAY
04 DAY
05 DAY
06 DAY
07 DAY
08 DAY
09 DAY
10 DAY
모두의 지텔프 GRAMMAR SECTION

지텔프 공식 2   전치사가 답이 되는 경우   24회 중 1문제 정도 출제

Q1 _____ having spent a considerable amount of fund developing new products, they are still unable to increase sales. 고난이도

(a) Because of   (b) In spite of

— 공식   해석이 정확히 되지는 않으나 어느 정도 흐름이 파악되는 경우엔 철저히 소거법에 따라 선택문항을 소거해 나간다.

— 해석   새로운 제품들의 개발에 상당히 많은 자금을 썼음에도 불구하고, 그들은 여전히 매출액을 증가시키지 못하고 있다.

— 어휘   **spend** 쓰다 **considerable** 상당한 **amount** 양 **fund** 자금 **develop** 개발하다 **product** 제품 **unable** ~할 수 없는 **increase** 증가시키다 **sales** 판매량

Q2 _____ the growing popularity of the Internet, television advertising remains one of the most effective ways to promote products.

(a) Despite   (b) As well as

— 공식   해석 능력이 전혀 없을 경우엔, 다른 쉬운 문제에 집중해야 한다.

— 해석   인터넷의 늘어나는 인기에도 불구하고, 텔레비전 광고는 여전히 제품을 홍보하는 가장 효과적인 방법들 중 하나로 남아 있다.

— 어휘   **growing** 늘어나는 **popularity** 인기 **television** 텔레비전 **advertising** 광고 **remain** 남아 있다 **effective** 효과적인 **promote** 홍보하다 **product** 제품

Q3 _____ low registration, however, you cannot attend the other course you intended to enroll in. 고난이도

(a) Because of   (b) Despite

— 공식   해석이 정확히 되지는 않으나 어느 정도 흐름이 파악되는 경우엔 철저히 소거법에 따라 선택문항을 소거해 나간다.

— 해석   그러나 낮은 등록률 때문에, 당신이 수강신청을 통해 등록하고자 하는 다른 과목에는 참석할 수 없게 되었습니다.

— 어휘   **low** 낮은 **registration** 등록 **attend** 참석하다 **course** 과목, 수업 **intend** 의도하다 **enroll** 등록하다

Q4 Researchers are advised to check the list or contact the library _____ visiting. 고난이도

(a) before   (b) during

— 공식   해석이 정확히 되지는 않으나 어느 정도 흐름이 파악되는 경우엔 철저히 소거법에 따라 선택문항을 소거해 나간다.

— 해석   연구자들은 방문하시기 전에 도서관에 연락을 하거나 리스트를 먼저 검토해 보는 것이 좋습니다.

— 어휘   **researcher** 연구자 **advise** 조언하다 **check** 확인하다, 검사하다 **list** 명단 **contact** 접촉하다, 연락하다 **library** 도서관 **visit** 방문하다

Q5 _____ receiving notice that the director of the Chicago Orchestra will retire, the board of directors has been searching for a replacement.

(a) Since   (b) While

— 공식   해석 능력이 전혀 없을 경우엔, 다른 쉬운 문제에 집중해야 한다.

— 해석   시카고 오케스트라의 단장이 은퇴할 것이라는 통지를 받은 이후, 이사회는 대체인력을 찾기 시작했다.

— 어휘   **receive** 받다 **notice** 통지 **director** 이사, 임원 **orchestra** 오케스트라, 악단 **retire** 은퇴하다 **board of directors** 이사회 **search for** 찾다 **replacement** 대체자, 대체인력

정답 **01 (b) 02 (a) 03 (a) 04 (a) 05 (a)**

01

Even if we succeed in abolishing nuclear weapons, _____, our work to keep peace will not be done.

(a) however   (b) instead

─ 공식 지텔프의 접속부사 문제는 빈칸 앞뒤의 문장을 해석한 후 문장의 논리관계에 따라 가장 적절한 접속부사를 고르는 문제로 출제된다.

─ 해석 심지어 우리가 핵무기의 폐기에 성공을 한다고 하더라도, 그러나, 우리의 평화를 지키기 위한 노력은 끝나지 않을 것이다.

─ 어휘 **even if** 심지어 ~한다고 하더라도 **succeed** 성공하다 **abolish** 폐지하다, 폐기하다 **unclear weapon** 핵무기 **keep peace** 평화를 지키다 **be done** 끝나다

02

Dr. Testa inferred that readers of romance novels like to read their books quickly and easily and _____ prefer e-books.

(a) instead   (b) therefore

─ 공식 해석 능력이 전혀 없을 경우엔, 다른 쉬운 문제에 집중해야 한다.

─ 해석 테스타 박사는 로맨스 소설의 독자들은 책을 빠르고 쉽게 읽기를 좋아하며 따라서 전자책을 더 선호한다고 추론했다.

─ 어휘 **infer** 추론하다 **reader** 독자 **romance** 낭만 **novel** 소설 **read** 읽다 **quickly** 빠르게 **easily** 쉽게 **prefer** 선호하다

03

Michael had no appetite; _____ they had to coax him to eat. 고난이도

(a) however   (b) so

─ 공식 지텔프의 접속부사 문제는 빈칸 앞뒤의 문장을 해석한 후 문장의 논리관계에 따라 가장 적절한 접속부사를 고르는 문제로 출제된다.

─ 해석 마이클은 식욕이 없었다; 그래서 그들은 그를 구슬려 밥을 먹게 만들어야 했다.

─ 어휘 **appetite** 식욕 **coax** 구슬리다, 달래다 **eat** 먹다

04

Our database indicates that these items passed inspection; _____, we suspect that they were damaged in transit.

(a) however   (b) thus

─ 공식 해석이 정확히 되지는 않으나 어느 정도 흐름이 파악되는 경우엔 철저히 소거법에 따라 선택문항을 소거해 나간다.

─ 해석 저의 데이터베이스는 그러한 상품들이 검사를 통과했다는 것을 보여주고 있습니다; 따라서, 우리는 그것들이 (생산 도중이 아니라) 운송 도중에 손상을 입은 것이라고 생각합니다.

─ 어휘 **database** 데이터베이스 **indicate** 나타내다 **item** 상품 **pass** 통과하다 **inspection** 조사, 검사 **suspect** 의심하다 **damage** 손상을 입히다 **in transit** 운송 중

05

By the time the canal was finished, the railroad had been established as the fittest technology for transportation. _____, when the fuel cell becomes the automotive engine of choice, the car companies may find themselves left behind. 고난이도

(a) Besides   (b) Likewise

─ 공식 지텔프의 접속부사 문제는 빈칸 앞뒤의 문장을 해석한 후 문장의 논리관계에 따라 가장 적절한 접속부사를 고르는 문제로 출제된다.

─ 해석 운하가 완성되었을 땐, (이미) 철도가 수송에 가장 적합한 기술로 자리를 잡은 상태였습니다. 비슷하게도, 연료 전지가 자동차 엔진의 대안이 될 즈음에, 자동차 회사들은 그들이 뒤쳐져 있다는 사실을 발견하게 될지도 모릅니다.

─ 어휘 **canal** 운하 **finish** 끝내다 **railroad** 도로 **establish** 설립하다 **fittest** 가장 적합한 **technology** 기술 **transportation** 교통, 운송, 수송 **fuel cell** 연료 전지 **become** 되다 **automotive** 자동차의 **engine** 엔진 **choice** 선택 **left behind** 뒤쳐진

DAY 01
DAY 02
DAY 03
DAY 04
DAY 05
DAY 06
DAY 07
DAY 08
DAY 09
DAY 10
모두의 지텔프 GRAMMAR SECTION

06

Language is used to convey meaning in the communication process. This is as true in written as in spoken communications. _____, sometimes language proves to be a communication barrier.

(a) However   **(b) Therefore**

ㅡ공식 해석 능력이 전혀 없을 경우엔, 다른 쉬운 문제에 집중해야 한다.

ㅡ해석 언어는 의사소통 과정에서 의미를 전달하기 위해 사용된다. 이것은 문어체적인 의사소통이건 구어체적인 의사소통이건 마찬가지로 진실이다. 그러나, 때대로 언어는 의사소통의 장애물이라고 입증되기도 한다.

ㅡ어휘 **convey** 전달하다 **meaning** 의미 **communication** 의사소통 **process** 과정 **true** 진실의 **language** 언어 **prove to be ~**으로 판명이 나다 **barrier** 장애, 장벽

07

We want to stop watching so much TV, but on the other hand, we also want to watch lots of TV. _____, we keep doing it, so what we really want, it seems, is to stop wanting. 고난이도

(a) After all   **(b) Regardless**

ㅡ공식 지텔프의 접속부사 문제는 빈칸 앞뒤의 문장을 해석한 후 문장의 논리관계에 따라 가장 적절한 접속부사를 고르는 문제로 출제된다.

ㅡ해석 우리는 텔레비전을 과도하게 시청하는 것을 그만 두기 원한다, 그러나 반면에, 우리는 또한 많은 텔레비전을 보기 원하기도 한다. 결국, 우리는 텔레비전을 계속 본다, 따라서 우리가 정말로 원하는 것은 원하는 것을 그만두는 것처럼 보인다.

ㅡ어휘 **want** 원하다 **stop** 멈추다, 중단하다 **watch** 보다 **want** 원하다 **seem ~**처럼 보이다

08

The hand can move so fast that ideas can follow each other with a speed that is not possible with words. _____, with two hands moving two ideas can be expressed simultaneously. 고난이도

(a) Nonetheless   **(b) Moreover**

ㅡ공식 지텔프의 접속부사 문제는 빈칸 앞뒤의 문장을 해석한 후 문장의 논리관계에 따라 가장 적절한 접속부사를 고르는 문제로 출제된다.

ㅡ해석 손은 너무나 빠르게 움직여서 말로는 불가능한 속도로 아이디어를 전달할 수 있다. 게다가 두 개의 아이디어도 두 손을 사용하면 동시에 표현될 수 있다.

ㅡ어휘 **hand** 손 **move** 움직이다 **fast** 빠르게 **idea** 아이디어 **follow** 따르다 **speed** 속도 **possible** 가능한 **words** 글, 말 **express** 표현하다 **simultaneously** 동시에

09

An overemphasis on making money does not lead to greater satisfaction. _____, it takes time away from such important activities as building a close-knit community, spending time with our family, teaching children sound values, and developing new skills and interests. 고난이도

(a) Therefore   **(b) Instead**

ㅡ공식 해석이 정확히 되지는 않으나 어느 정도 흐름이 파악되는 경우엔 철저히 소거법에 따라 선택문항을 소거해 나간다.

ㅡ해석 돈을 버는 것에 대한 과도한 강조가 더 큰 만족으로 이어지지는 않는다. 대신에, 이것은 친밀한 공동체 사회를 만들거나, 가족과 함께 시간을 보내는 것이나, 아이들에게 건전한 가치를 가르치는 것이나, 새로운 기술이나 관심을 개발하는 것과 같은 중요한 활동들에 시간을 쏟지 못하게 만든다.

ㅡ어휘 **overemphasis** 과도한 강조 **make money** 돈을 벌다 **lead to** 이어지다 **greater satisfaction** 더 큰 만족 **take time away** 시간을 뺏어 가다 **important** 중요한 **activity** 활동 **build** 만들다, 건설하다 **close-knit** 밀접하게 엮인 **community** 사회, 공동체 **spend** 보내다, 쓰다 **sound** 건전한 **value** 가치 **develop** 개발하다 **skill** 기술 **interest** 관심

10

But if not handled properly, this curiosity may hamper the adolescent's understanding of the opposite sex. _____, adolescence is the right time to help them understand the process of change so that they can take it as a normal and natural aspect of life and show mutual respect for each other. 고난이도

(a) However   **(b) Therefore**

ㅡ공식 지텔프의 접속부사 문제는 빈칸 앞뒤의 문장을 해석한 후 문장의 논리관계에 따라 가장 적절한 접속부사를 고르는 문제로 출제된다.

ㅡ해석 그러나 적절하게 다루어지지 못한다면, 이러한 호기심은 청소년의 반대 성에 대한 이해를 방해할지도 모른다. 따라서, 청소년기는 삶의 정상적이고 자연스러운 측면을 받아들일 수 있게 하고 서로 서로에게 상호 존중심을 보여주게 만들 수 있게 하기 위한 변화의 과정을 그들이 이해하는데 도움을 주는 가장 좋은 시기이다.

ㅡ어휘 **handle** 다루다 **properly** 적절하게 **curiosity** 호기심 **hamper** 방해하다 **adolescent** 청소년 **understanding** 이해 **opposite** 반대의 **sex** 성 **adolescence** 청소년기 **right time** 적절한 시기 **process** 과정 **change** 변화 **normal** 정상적인 **natural** 자연스러운 **aspect** 측면 **mutual** 상호간의 **respect** 존경, 존중

정답 **01 (a) 02 (b) 03 (b) 04 (b) 05 (b) 06 (a) 07 (a) 08 (b) 09 (b) 10 (b)**